D1701899

Sascha Scherer, Daniel Groß

Die Hesse koche

SASCHA SCHERER · DANIEL GROSS

Die Hesse koche

EGAL, WAS MER KOCHE – MER KOCHE'S RISCHTISCH

SOCIETÄTS
VERLAG

Klaa Schnibbelsche

Frankfurter Schneegestöber
(Rezept S. 17)

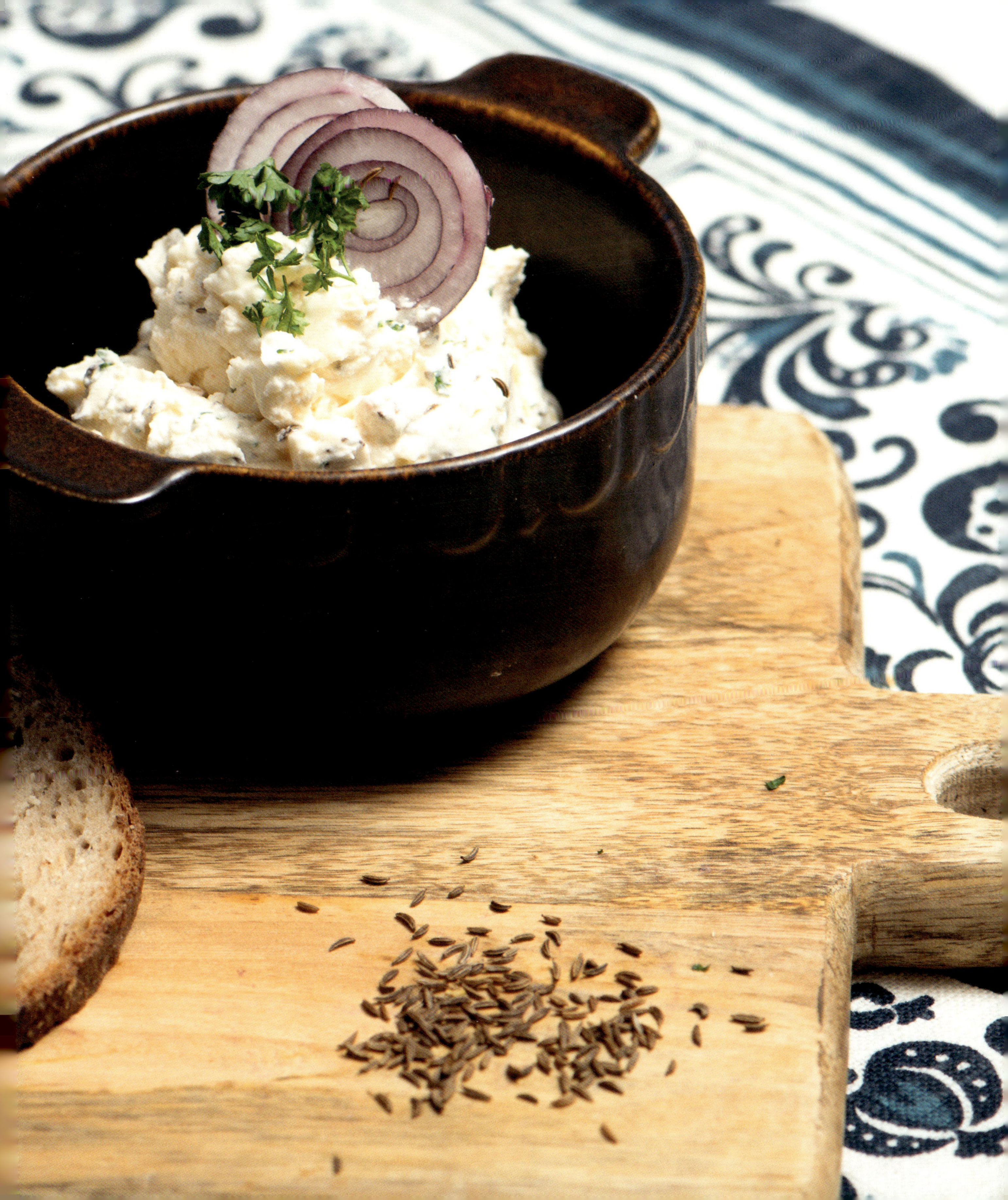

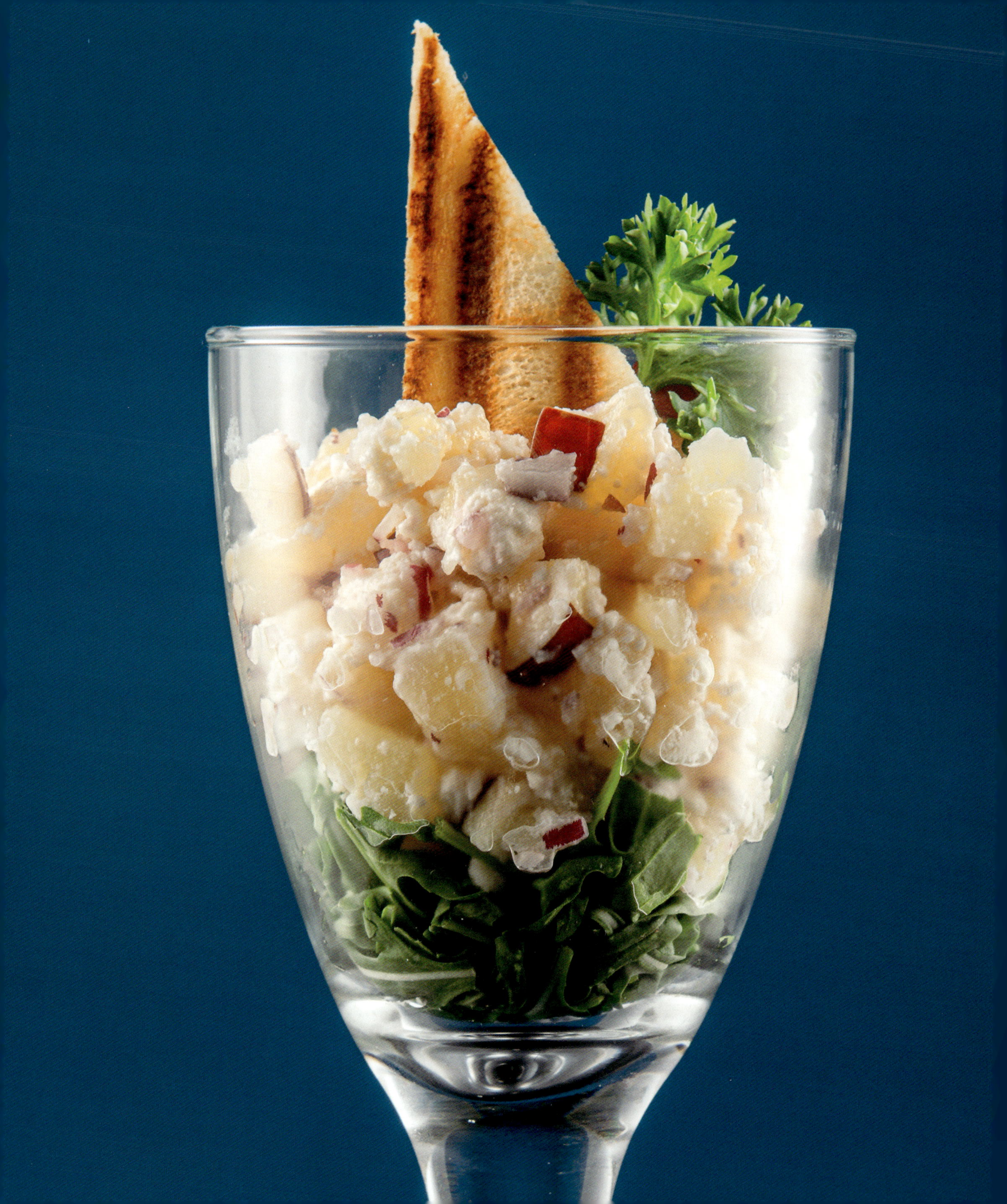

Harzer Käse-Salat

Zunächst den Käse kleinschneiden, die Zwiebeln schälen und anschließend würfeln. Beides mit Öl, Essig, Senf, Petersilie und Kümmel vermischen und mit Pfeffer und Paprikapulver abschmecken. Mindestens **zwei Stunden** gut durchziehen lassen.

Die Weißbrotscheiben in einer Pfanne mit etwas Butterschmalz goldgelb anbraten, anschließend halbieren und zusammen mit dem Käse-Salat beispielweise in einem hohen Glas (wie auf dem Bild) garnieren.

20 Min – ✳

8 Portionen:

2 Stangen Harzer Käse
2 Zwiebeln
2 EL Öl
1 TL Essig (am besten Apfelessig)
1 TL Senf
Pfeffer
Paprikapulver
Kümmel (nach Belieben), gehackt
1 Handvoll Petersilie, gehackt

Zutaten für die Beilage:
4 Weißbrotscheiben
Etwas Butterschmalz zum Anbraten

Klaa Schmihhelsche

Tipp: Als Garnitur eignen sich zudem noch frisch geriebener Apfel und Nüsse.

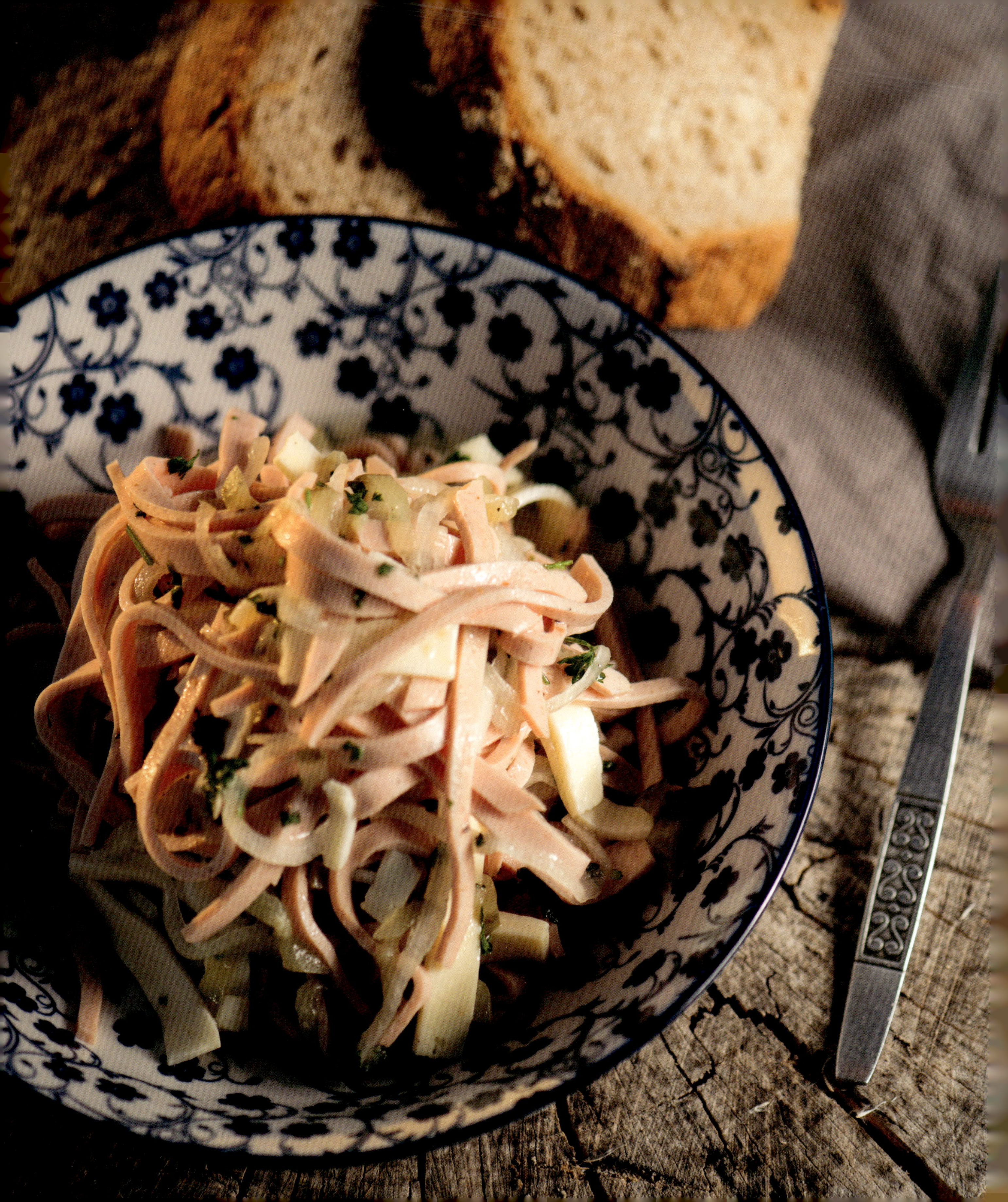

Worschtsalat

Die Zwiebeln schälen und in sehr feine Ringe schneiden. Die Petersilie waschen, trocken tupfen und ebenfalls sehr klein schneiden.

Wasser mit dem Meersalz vermischen und anschließend mit Essig, Öl, Senf und etwas Gurkenwasser in eine Schüssel geben. Zwiebelringe und Petersilie der Marinade hinzufügen und kurz zur Seite stellen.

Den Emmentaler, die Lyoner und die Essiggurken in feine Streifen schneiden und anschließend zu den Zwiebeln in die Marinade geben und alles gut vermengen. Mit etwas weißem Pfeffer und nach Geschmack noch ein wenig mit Salz abschmecken.

30 Min – ✳

6 Portionen:

1 ½ große Gemüsezwiebeln
½ Bund Petersilie
200 ml Wasser
2 TL Meersalz, für das Salzwasser
220 ml Essig, weiß
2 EL Senf
30 ml Sonnenblumenöl
2 Essiggurken + etwas Gurkenwasser
850 g Lyoner-Wurst
250 g Emmentaler
Pfeffer, weiß
Salz

Klaa Schnibbelsche

Tipp: Man sollte den Wurstsalat mindestens eine Stunde gut durchziehen lassen, damit er seinen vollen Geschmack entfalten kann. Dazu passt am besten ein frisches Bauernbrot.

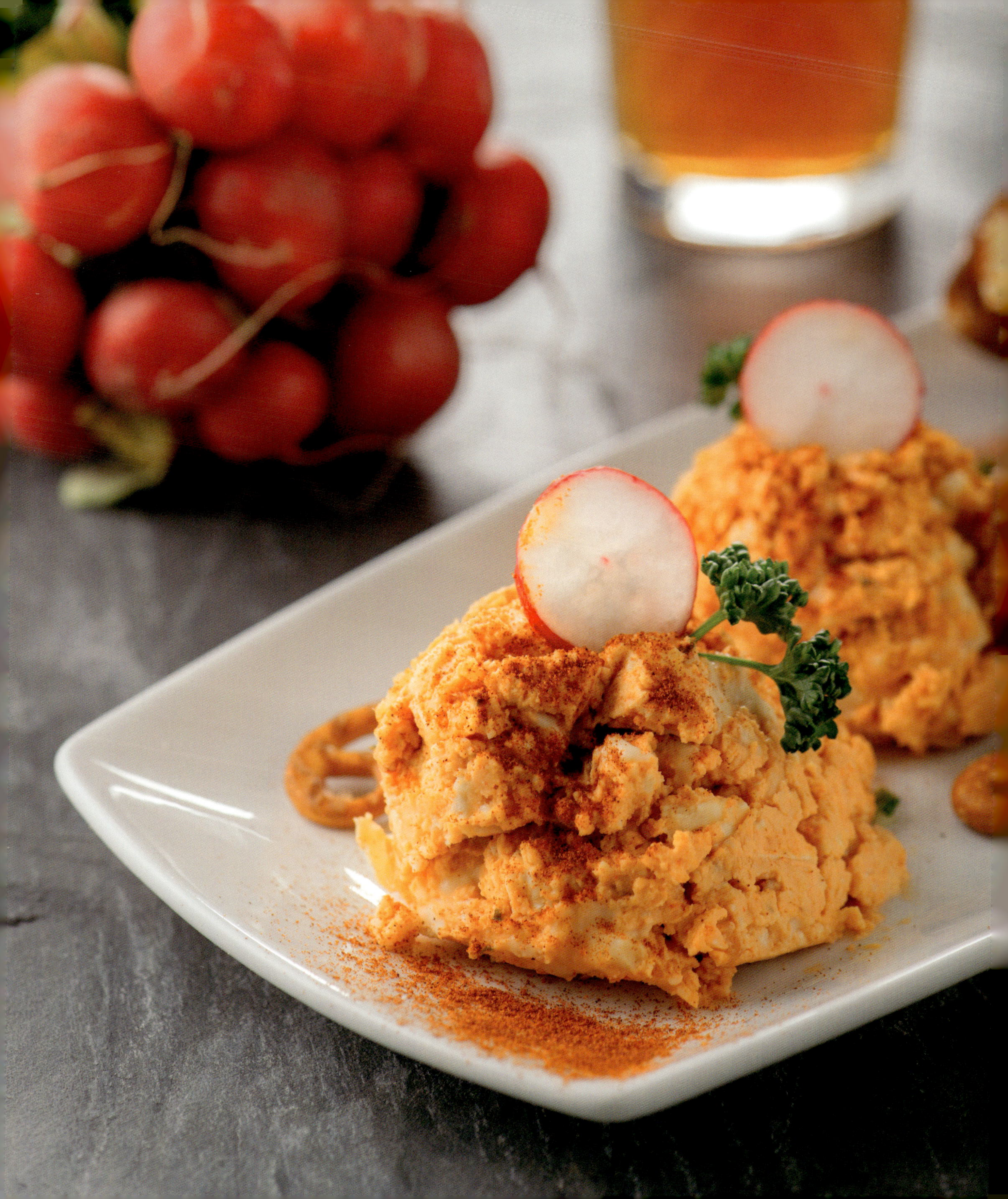

Hessischer Spundekäs

Zuerst den Camembert in feine Würfel schneiden. Magerquark mit Frischkäse, Camembert-Würfeln und Schmand kräftig verrühren. Knoblauch abziehen, fein hacken und zusammen mit dem Paprikapulver unter die Creme mischen und alles mit Zitronenabrieb, Salz und Pfeffer abschmecken.

Frühlingskräuter waschen, trocken schütteln, klein hacken und hinzugeben. Anschließend die Masse **ca. eine Stunde** kaltstellen und gut durchziehen lassen.

Zu guter Letzt die Radieschen raspeln, den Spundekäs damit ausgarnieren und servieren.

25 Min – ✻

4 – 6 Portionen:

100 g Camembert
200 g Magerquark
100 g Frischkäse
200 g Schmand
1 Knoblauchzehe
2 – 3 TL Paprikapulver, edelsüß
Salz, Pfeffer
Etwas Abrieb einer Bio-Zitrone
1 Handvoll Frühlingskräuter, z. B. Kerbel, Estragon, Zitronenmelisse
1 Bund Radieschen

Klaa Schnibbelsche

Tipp: Eine Brezel oder frisches Brot und ein kalter Apfelwein passen perfekt dazu!

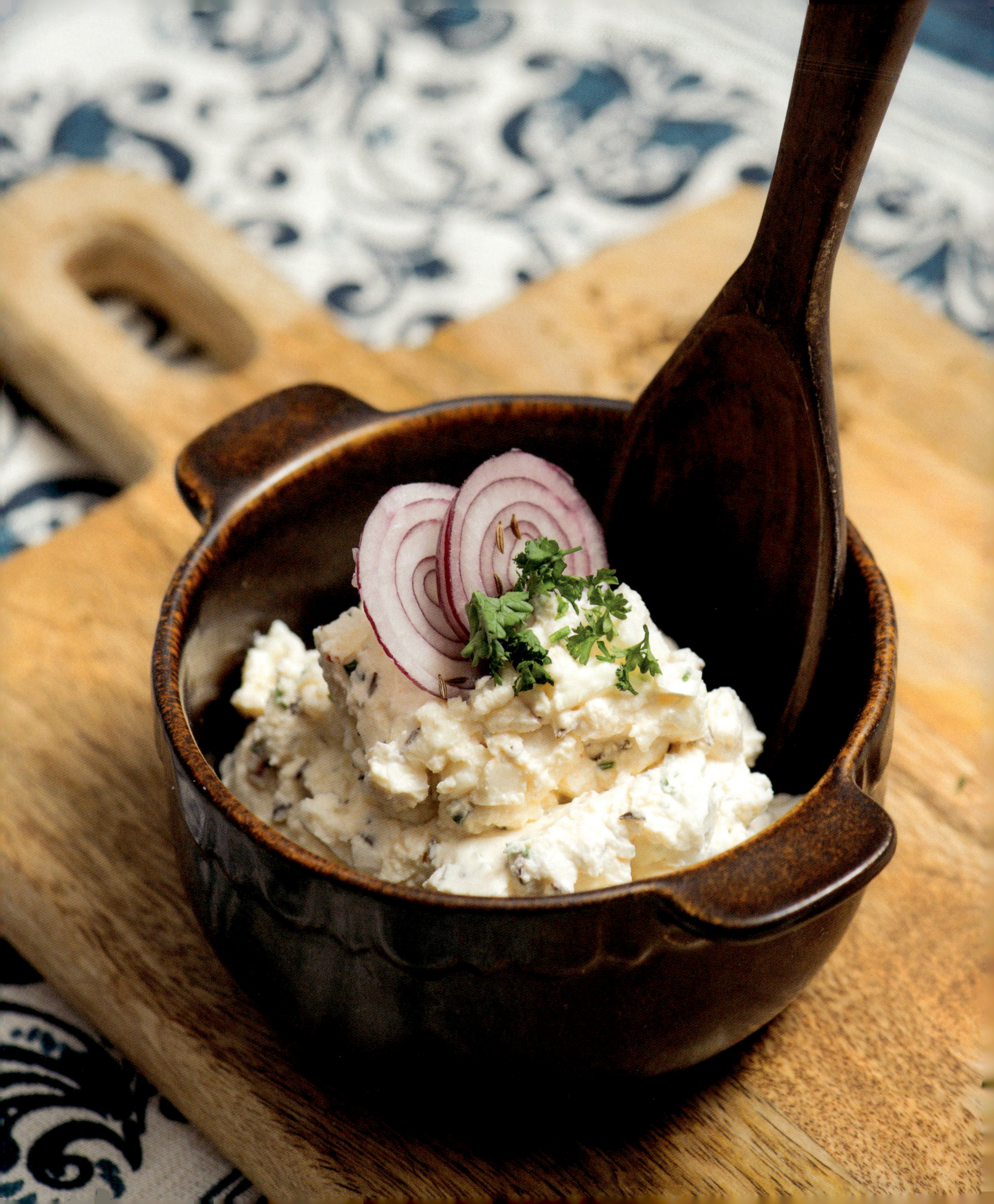

Frankfurter Schneegestöber

Camembert kleinschneiden und mit dem Frischkäse und der Butter in eine Schüssel geben. Zwiebeln schälen und sehr fein hacken, anschließend unter die Käsemasse geben und alles verrühren, bis die Masse eine schmierbare Konsistenz hat. Zum Schluss einen Schuss Apfelwein oder Apfelsaft dazugeben und mit Paprika und Kümmel abschmecken.

25 Min – ✳

6 Portionen:

2 Camembert, Rahmstufe
350 g Frischkäse
1 EL Butter
1 Zwiebel
1 Schuss Apfelwein (alternativ: Apfelsaft)
1 TL Paprika, edelsüß
Kümmel, gemahlen

Klaa Schwiwbelsche

Tipp: Das Schneegestöber schmeckt besser, wenn man es kühlstellt und ein paar Stunden durchziehen lässt. Dazu passt frisches Bauernbrot.

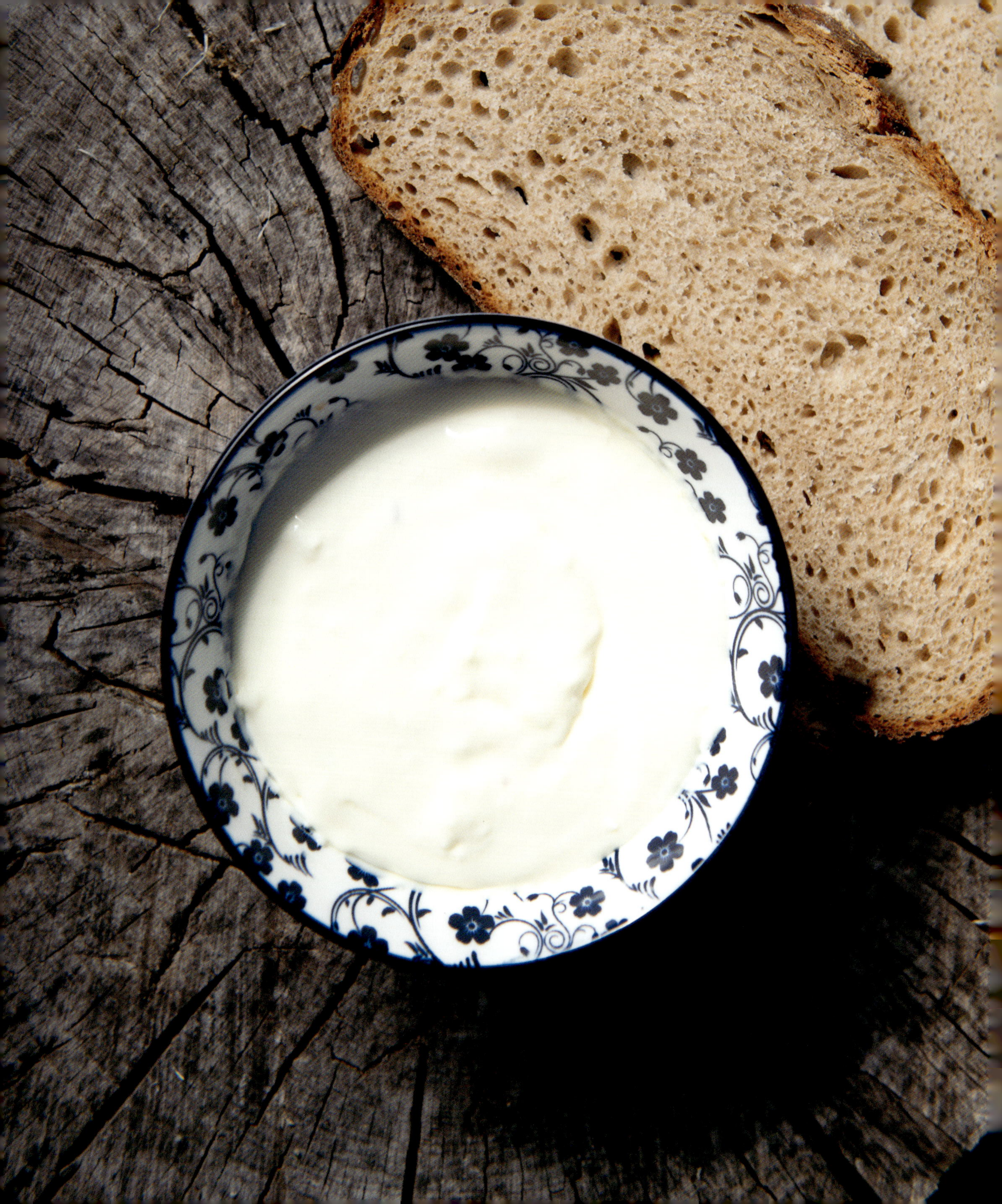

Hessischer Kochkäse

Quark mit Natron verrühren und abgedeckt bei Zimmertemperatur **ca. 1,5 Stunden** ziehen lassen, so dass der Quark aufgeht. Zwischendurch mehrmals gut umrühren.

Handkäse in kleine Stücke schneiden. Sahne im Topf erhitzen (nicht aufkochen lassen!), Butter und Handkäse zugeben und bei kleiner Hitze unter Rühren darin schmelzen lassen. Quark, Weißweinessig und Rapsöl unterrühren. Anschließend die Masse mit Kümmel würzen und mit Salz/Pfeffer abschmecken.

Den Kochkäse sofort in Gläser abfüllen (nicht verschließen!) und abkühlen lassen, erst jetzt wird der Kochkäse eine cremig-feste Konsistenz annehmen. Die Frühlingszwiebeln kleinschneiden und zusammen mit knusprigem Bauernbrot servieren.

2 Std. – ✳✳

6 Portionen:

250 g Magerquark
1 TL Natron
300 g Handkäse
200 g Schlagsahne
120 g Butter
2 EL Weißweinessig
4 EL Rapsöl
Salz, Pfeffer (aus der Mühle)
2–3 TL Kümmel, ganz
1 Bund Frühlingszwiebeln
Gläser zum Abfüllen

Klaa Schnibbelsche

Info: Im Kühlschrank hält sich der Kochkäse mindestens fünf Tage.

Tipp: Wer kein Freund von Handkäse ist, kann beim Käse gerne variieren! Auch die Gewürze bieten Spielraum – wer es etwas schärfer mag, kann mit Chilipulver und Curry würzen.

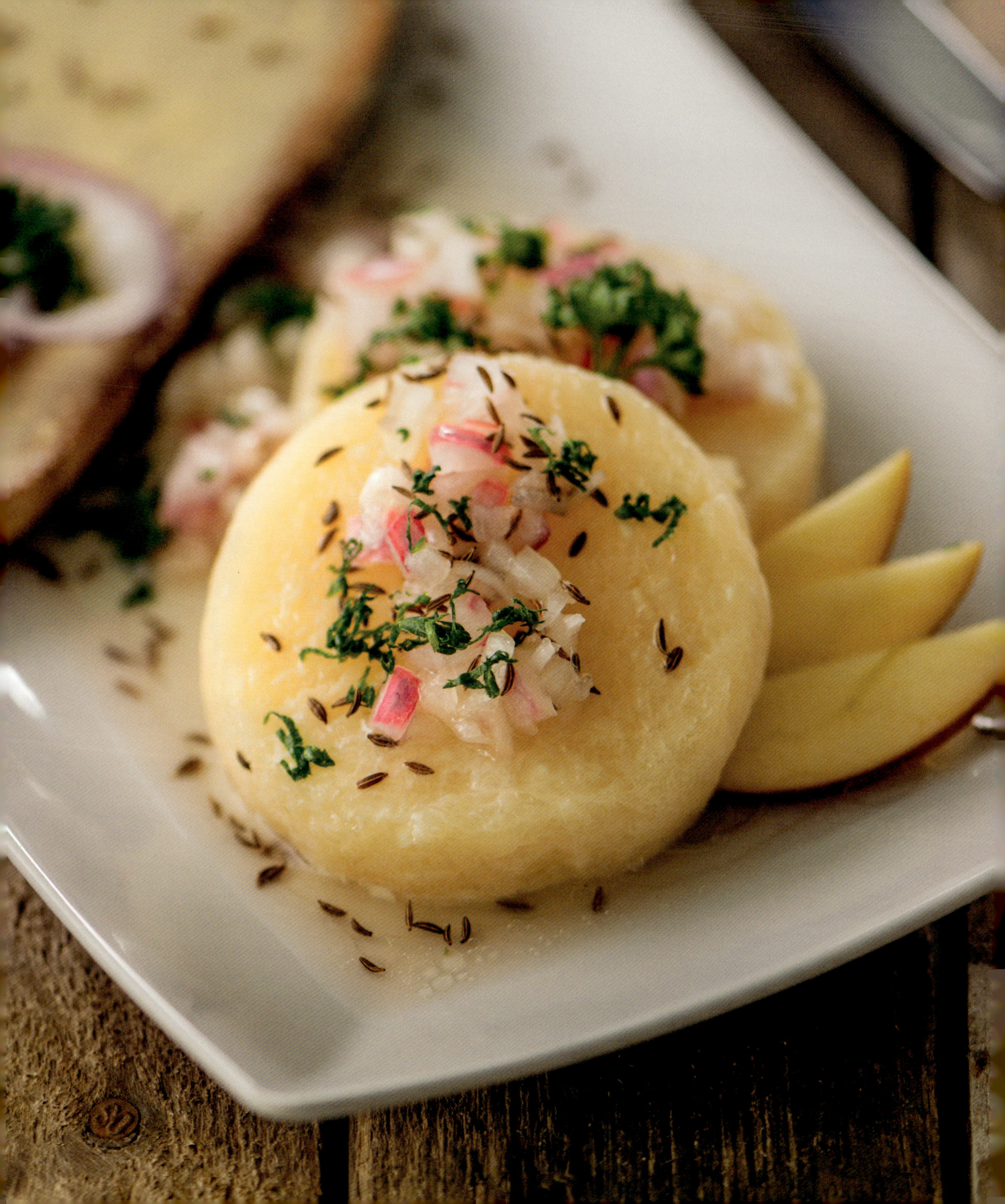

Handkäs mit Musik

Den Harzer Käse zunächst in einzelne Rollen teilen und in eine verschließbare Schale oder Dose legen.

Für die „Musik" Schalotten schälen und in kleine Würfelchen schneiden. Aus dem Wein, Essig, Öl, Schalottenwürfeln und Kümmel eine Marinade zubereiten und diese über die Harzer Stücke gießen. Abgedeckt bis zu **einem Tag** an einem kühlen Ort (nicht im Kühlschrank!) durchziehen lassen.

Zum Servieren die Zwiebel schälen und in feine Streifen schneiden. Die Petersilie waschen und hacken und anschließend gemeinsam mit den Zwiebelstreifen den Handkäs garnieren.

1 Tag – ✳

4 Portionen:

2 Stangen Harzer Käse
10 EL Weißwein, trocken
5 EL Essig
8 EL Öl
3 Schalotten
1 EL Kümmel
1 Zwiebel, rot
Etwas Krause Petersilie, gehackt

Klaa Schnibbelsche

Tipp: Dazu wird klassischerweise frisches Bauernbrot und Butter gereicht.

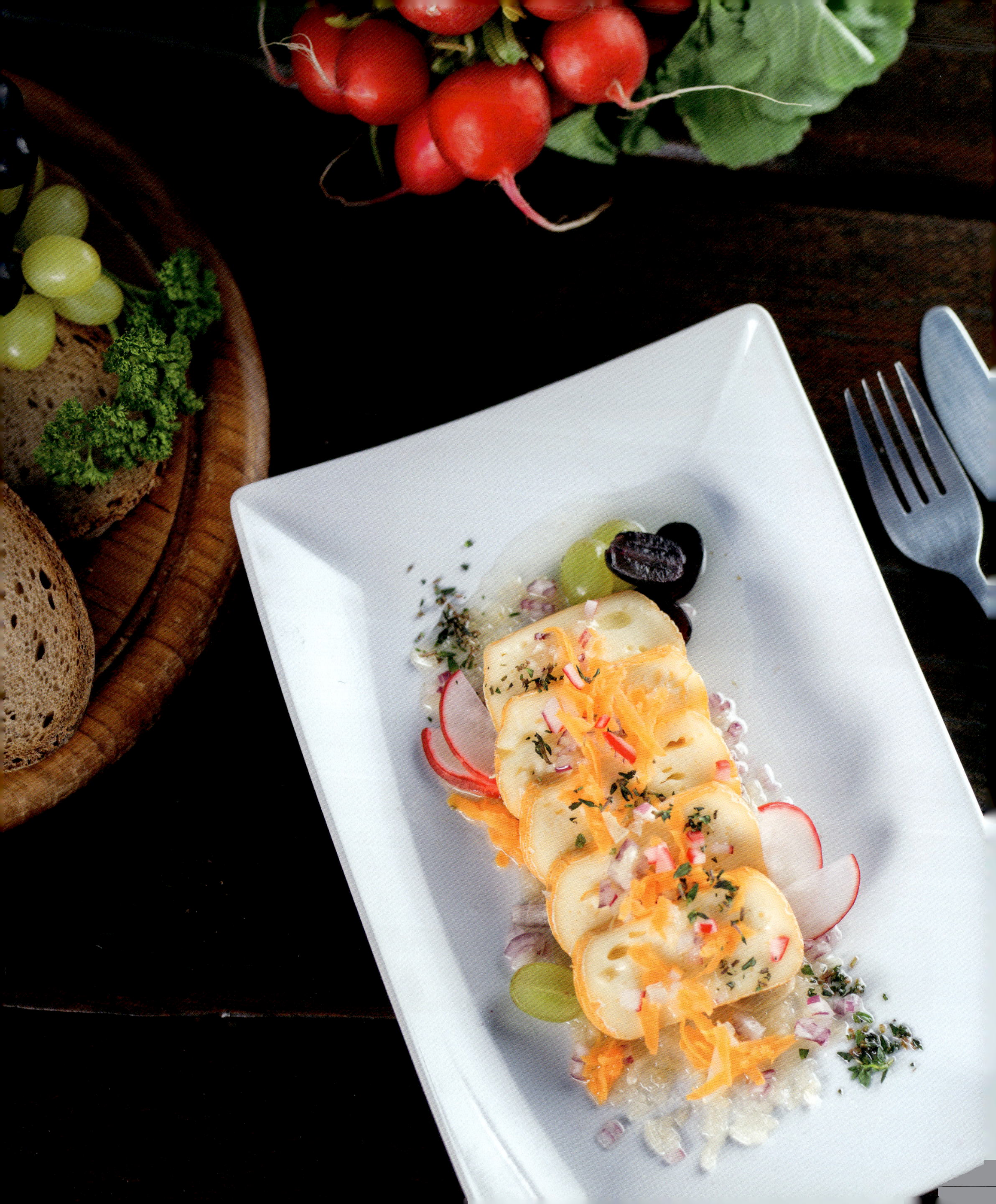

Limburger Käse mit Musik und Radieschen

Zunächst die Zwiebeln schälen und in feine Würfel schneiden. Essig mit fünf EL Wasser, Salz, Pfeffer, einer Prise Zucker und Kümmel vermischen. Öl unterrühren. Zum Schluss die Zwiebeln in die Vinaigrette geben.

Den Käse in Scheiben schneiden und auf einem Teller ausrichten. Nun die Vinaigrette über den geschnittenen Käse geben, Radieschen in feine Scheibchen schneiden oder hobeln und zusammen mit etwas gehackter Krause Petersilie garnieren.

25 Min – ✳

4 Portionen:

2 Zwiebeln, rot
Salz, Pfeffer
8 EL Weißweinessig
(oder Birnenessig)
5 EL Wasser
1 Prise Zucker
1 TL Kümmel, ganz
4 EL Rapskernöl
200 g Limburger, 20%
5 Radieschen
Krause Petersilie

Klaa Schnibbelsche

Info: Limburger gibt's in drei Fettstufen von 20 bis 60 Prozent und ist in fast jedem Supermarkt erhältlich. Die weiche Rotschmierrinde sorgt dabei für das würzige Aroma und den intensiven Geruch.

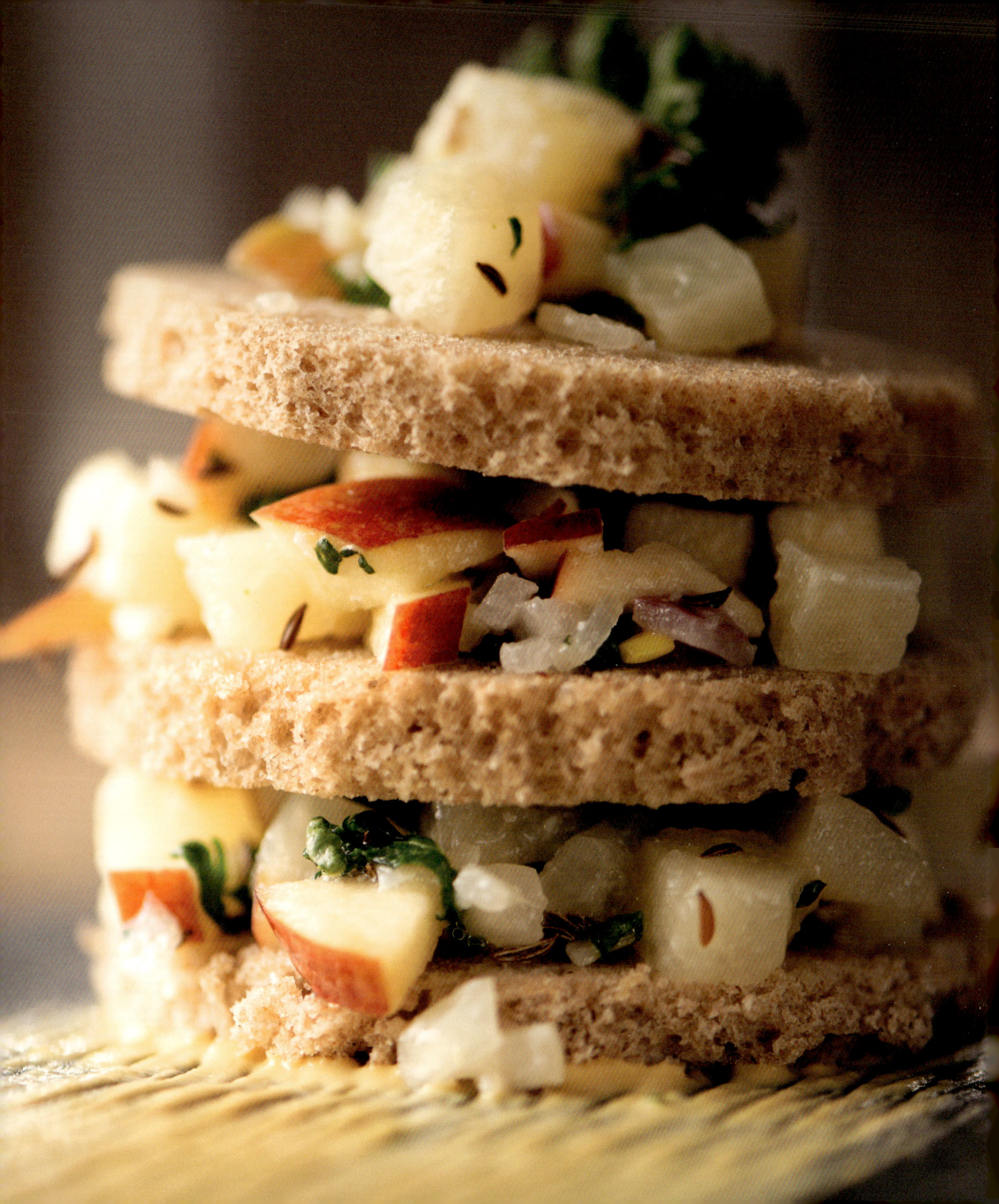

Handkästatar

Den Handkäse in ca. 2 x 2 cm große Stückchen würfeln. Schalotte schälen und ganz klein schneiden. Apfel und die Radieschen ebenfalls sehr klein schneiden und direkt mit etwas Zitronensaft beträufeln (verhindert, dass der Apfel braun wird). Petersilie und frische Gartenkresse fein hacken. Anschließend alles zusammen in einer Schüssel vermischen.

In einer anderen Schüssel für die Marinade etwas weißen Essig, Rapsöl, Salz, Pfeffer, Kümmel und Apfelwein anrühren, über die Handkäs-Mischung geben und ordentlich vermengen.

Das Tatar etwas durchziehen lassen und zum Schluss nochmals mit Salz, Pfeffer und Kümmel abschmecken.

25 Min – ✳

4 Portionen:

3–4 Stück Handkäse
1 Schalotte
1 Apfel, sauer
2–3 Radieschen
Saft einer halben Zitrone
2 EL Petersilie
2 EL Kresse
1 EL Essig, weiß
1 EL Rapsöl
Salz, Pfeffer
Kümmel, ganz
4 EL Apfelwein

Klaa Schbihbelsche

Tipp: Am besten auf geröstetem Bauernbrot anrichten und ein Glas Äppler dazu reichen! Nicht nur eine super Vorspeise, sondern auch als Fingerfood für Zwischendurch geeignet.

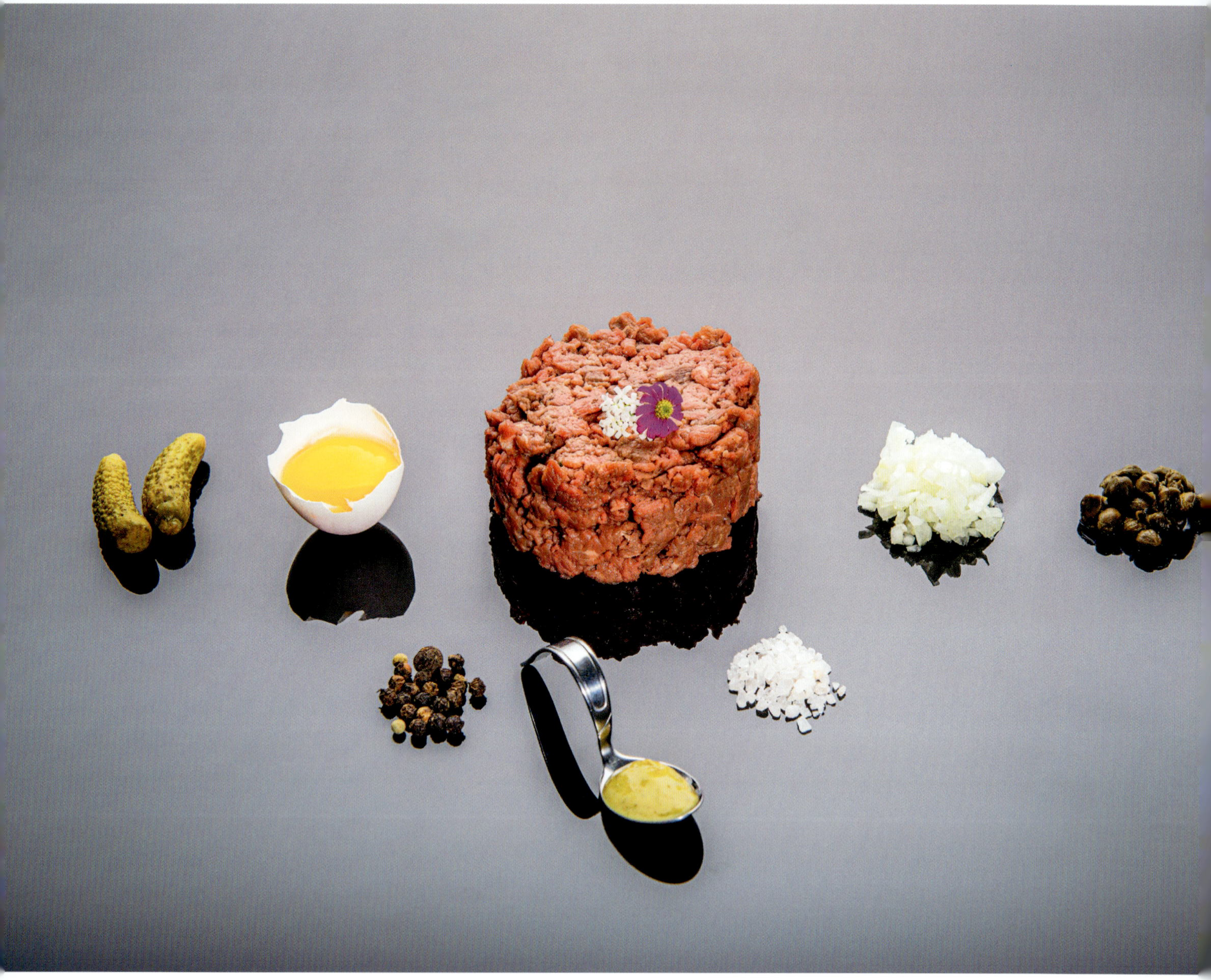

Rindertatar

Das Rinderfilet zunächst in feine Scheiben, diese Scheiben dann längs in dünne Streifen und schließlich in kleine Würfel schneiden. Die Zwiebel schälen und fein hacken, die Sardellenfilets ebenfalls fein hacken. Die Gewürzgurke fein würfeln.

Die Eigelb in einer Schüssel aufschlagen und mit einem Schneebesen verquirlen. Senf, Tabasco, Worcestersauce, Zitronensaft und Cayennepfeffer dazugeben und alles gut durchmischen. Zwiebel, Sardellen und Gurke sowie die Kapern und den gehackten Kerbel unterrühren. Alles erneut gut vermengen und mit Salz und Pfeffer abschmecken.

Entweder nun die Soße unter das vorbereitete Tatar mischen oder alternativ dazu das Fleisch auf einzelne Teller portionieren, so dass die Soße je nach Wunsch zum Tatar genommen werden kann.

Info: Das Fleisch fürs Tatar sollte unbedingt von höchster Qualität sein und darf erst kurz vor der Zubereitung geschnitten werden, damit die Frische garantiert ist!

30 Min – ✳✳

4 Portionen:

650 g Rinderfilet
1 Zwiebel, rot
3 Sardellenfilets
1 große Gewürzgurke
4 frische Eigelb
1 EL Senf
1–2 Spritzer Tabasco
1–2 Spritzer Worcestersauce
1 TL Zitronensaft
¼ TL Cayennepfeffer
3–4 EL kleine Kapern
1 EL Kerbel, gehackt
Salz, Pfeffer

Klaa Schnibbelsche

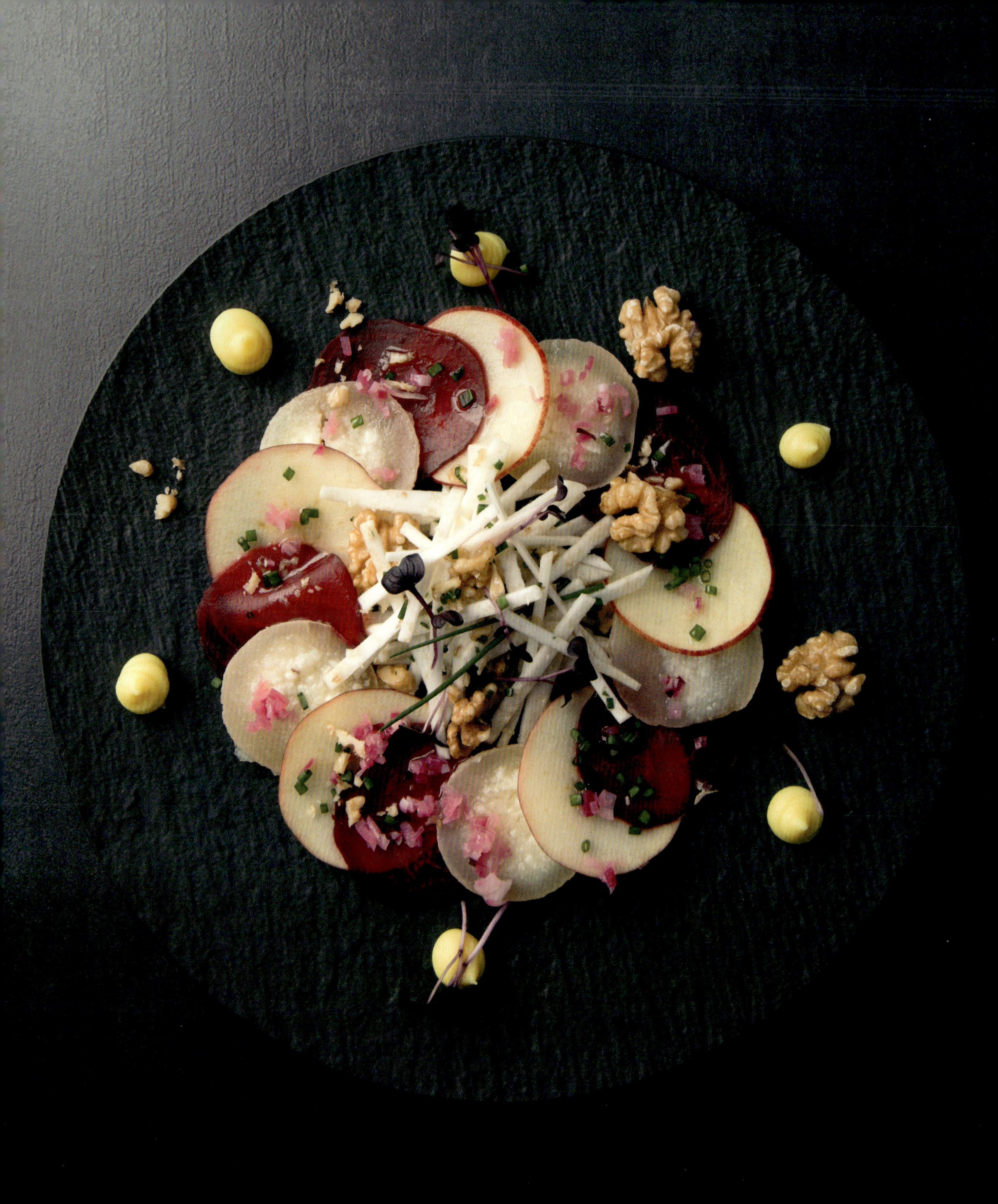

Handkäs-Carpacchio

mit Sellerie-Walnuss-Salat und Kartoffelmousse

Den Handkäs am besten mit der Aufschnittmaschine (Brotmaschine) in dünne Fächer schneiden. Das Gleiche mit der roten Beete und den Äpfeln machen.

Für die „Musik" die Zwiebel schälen und fein würfeln, mit etwas Essig/Öl mischen und mit Salz/Pfeffer abschmecken.

Sellerie-Salat:

Für den Selleriesalat zunächst den Sellerie schälen, waschen und in feine Streifen schneiden oder hobeln.

Die Walnüsse in einer Pfanne ohne Zugabe von Fett leicht anrösten, herausnehmen und grob hacken.

Den Joghurt mit dem Essig, Zitronenabrieb und -saft und einem Schuss Apfelsaft ordentlich verrühren. Mit Salz, Pfeffer und einer Prise Zucker abschmecken. Den Kerbel waschen, trocken schütteln, fein hacken und mit den Selleriestreifen, den Walnüssen und dem Joghurtdressing mischen.

Kartoffel-Sellerie-Mousse:

Kartoffeln und Sellerie waschen, schälen und in gleich große Würfel schneiden.

Anschließend die Milch und Sahne aufkochen und die Würfel darin weichkochen. Sobald sie weich sind, pürieren und mit Salz, Pfeffer, einer Messerspitze Curcuma und Muskat abschmecken.

Anrichten:

Den Handkäs, die roten Beete und die feingeschnittenen Apfelscheiben wie auf dem Bild auffächern. Etwas „Musik" darübergeben. Den Sellerie-Walnuss-Salat mittig anrichten. Das Mousse am besten in eine Spritzflasche füllen und damit rund um den Tellerrand herum Pünktchen spritzen.

45 Min – ✳✳✳

4 Portionen.

Handkäs-Carpaccio:
200 g Handkäs
4 Knollen rote Beete
2 große Äpfel, rote
1 Zwiebel, rot
Essig, Öl
Salz, Pfeffer

Sellerie-Salat:
1 Knollensellerie
2 EL Walnüsse
150 g Joghurt
2 EL Weißweinessig
Etwas Zitronenabrieb und -saft
1 Schuss Apfelsaft
1 Prise Zucker
2 EL Kerbel

Sellerie-Kartoffel-Mousse:
1 Knollensellerie
4 Kartoffeln
150 ml Sahne
150 ml Milch
Salz/Pfeffer
3 Msp. Muskat
1 Msp. Curcuma

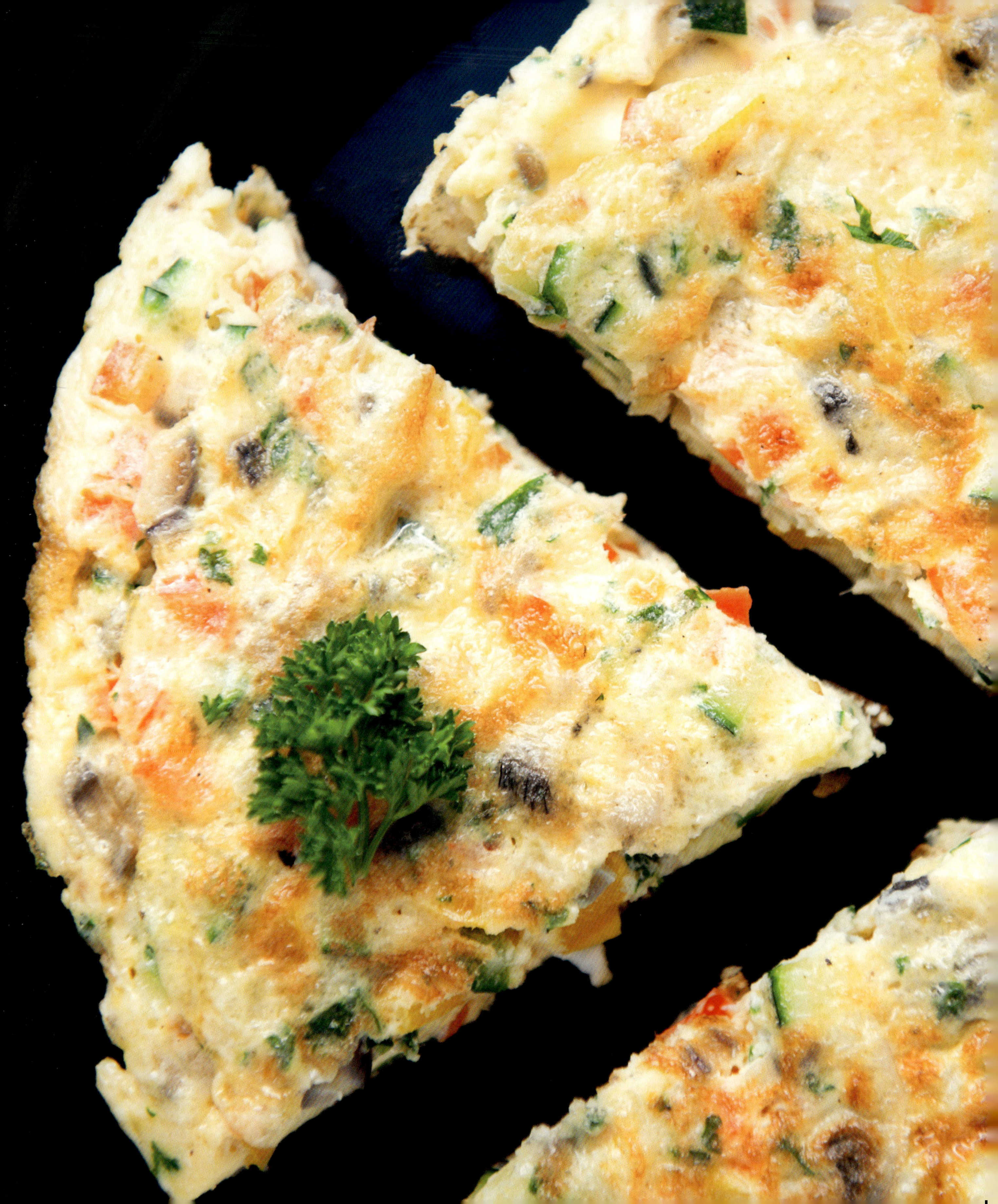

Original Frankfurter Gemüse-Omelette

Gemüsefüllung:

Zuerst das Gemüse gründlich waschen. Die Karotte und Sellerie lange in dünne Scheiben schneiden. Tomaten und Paprika fein würfeln und die Frühlingszwiebeln in schmale Ringe schneiden.

Das Gemüse anschließend in naturbelassenem Öl glasig anschwitzen (soll noch Biss haben). Zum Schluss mit Salz, Pfeffer und etwas geriebener Muskatnuss abschmecken.

Omelette-Teig:

Die Eier in einer Schüssel mit einem Schneebesen verquirlen, mit Salz und Pfeffer abschmecken und die feingehackten Kräuter unterrühren. Den Ofen auf 150 Grad vorheizen.

Anschließend Butter in einer Pfanne erhitzen und die Eimasse hineingießen. Wenn die Eimasse anfängt zu stocken, gibt man das angedünstete Gemüse auf das Ei und lässt es nochmal kurz gehen. Am besten lässt sich das Omelette im Ofen fertig backen.

Dazu die Pfanne in den Backofen geben und 10 Minuten darin stocken lassen.

Zum Schluss ein wenig frische Kräuter darüberstreuen und ggf. einen Klecks Schmand zugeben.

25 Min – ✳✳

2 Portionen:

Omelette-Teig:
6 Eier
15 g Butter
Etwas Kerbel, Petersilie und Schnittlauch, feingehackt
Salz, Pfeffer

Gemüsefüllung:
2 Frühlingszwiebeln
1 Karotte
1 Stangensellerie
2 Tomaten
1 Paprika
Olivenöl
Salz, Pfeffer
Muskatnuss
1 TL Schmand

Klaa Schnibbelsche

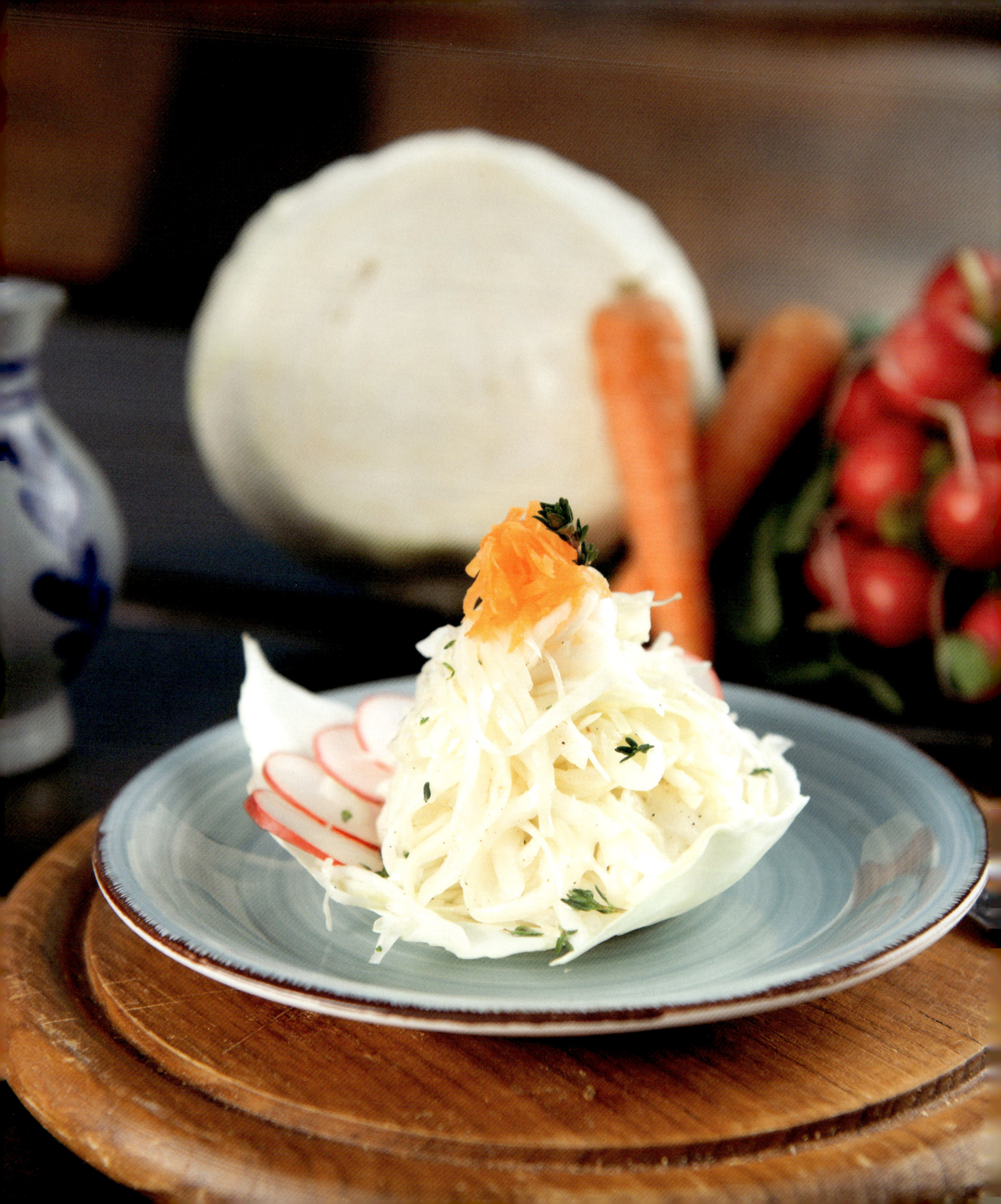

Ur-hessischer Krautsalat

Den Strunk vom Kohl entfernen. Anschließend den Kohl fein raspeln und in eine Schüssel geben. Die Zwiebeln abziehen, in kleine Würfel schneiden und zum geraspelten Kraut geben.

Zucker, Öl, Salz, Pfeffer, Apfelessig und Apfelsaft vermischen. Den Sud über das Kraut gießen.

Den Krautsalat von oben mit einem Teller oder einem Deckel, der einen geringeren Durchmesser hat als die Schüssel, beschweren und **einen Tag** durchziehen lassen.

Den Sud am Folgetag abgießen und Krautsalat servieren.

1 Tag – ✳✳

8 Portionen:

1 Weißkohl
2 Zwiebeln
1 EL Zucker
4 EL Öl
2 EL Salz
1 TL Pfeffer
350 ml Apfelessig
500 ml Apfelsaft (oder Apfelwein)
1 Prise Kümmel

Wichtig: Rezept kann abweichen, je nach Größe des Kohls!

Klaa Schnibbelsch

Info: Kraut soll immer „gebrochen" werden. Das heißt, das Kraut muss gekostet werden, wenn es noch fest ist, also bevor es durchzieht.

Tipp: Garnieren lässt sich der Krautsalat mit feingeschnittenen Radieschen.

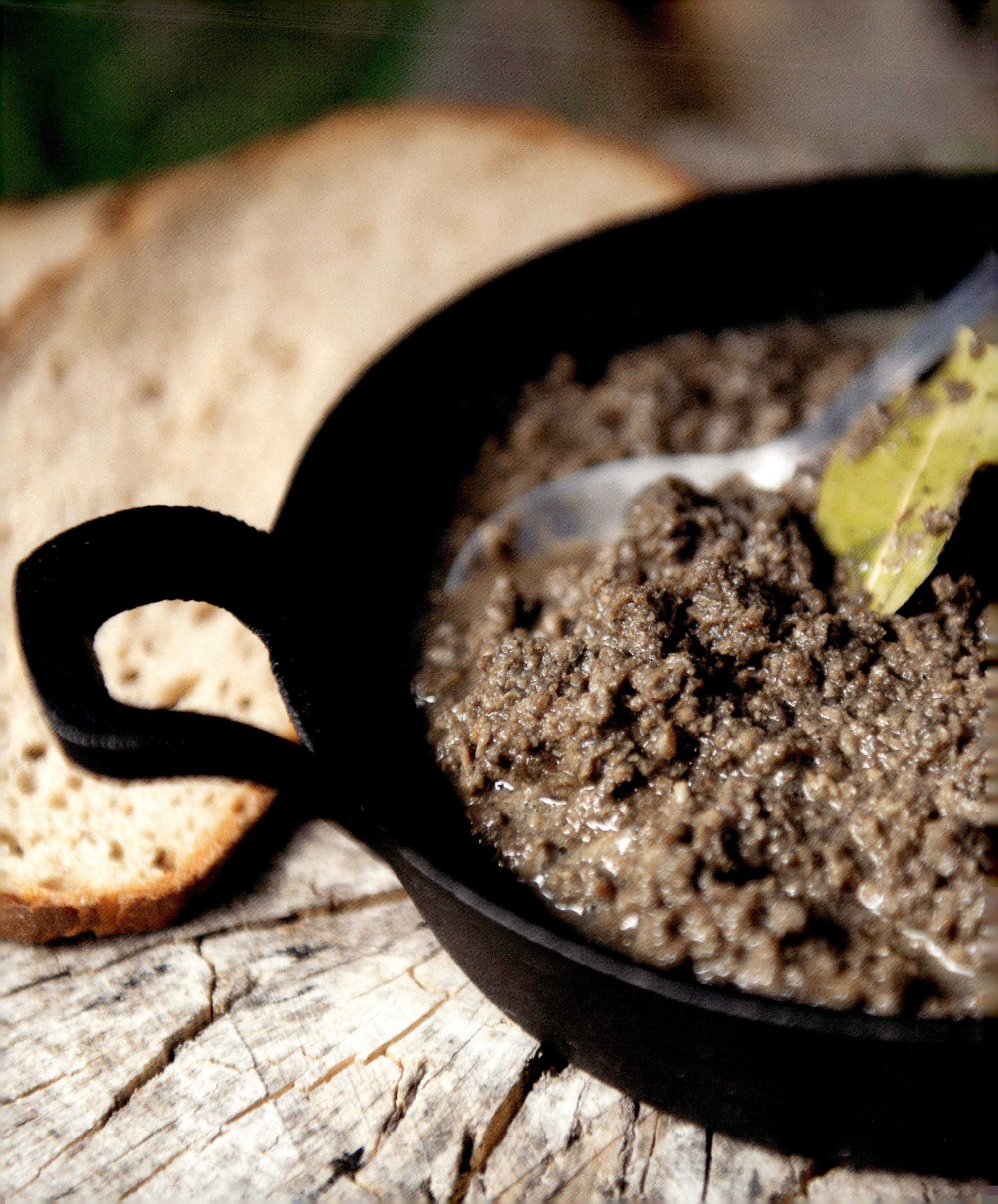

Opa Schorch's Lewwerworschtsoss

Die grobe Leberwurst in der Pfanne auslassen. In der Zwischenzeit die Zwiebel schälen und in kleine Würfel schneiden. Die Zwiebelwürfel in die Pfanne zur Leberwurst dazugeben und einkochen lassen. Das Lorbeerblatt und den Liebstöckel mit hinzugeben und weiter köcheln lassen.

Anschließend den kalten Kaffee zugießen und zum Schluss mit Majoran, Salz und Pfeffer abschmecken.

30 Min – ✲✲

6 Portionen:

500 g grobe Leberwurst vom Metzger
1 Zwiebel
1 Lorbeerblatt
1 Büschel Liebstöckel (Maggiekraut)
150 ml schwarzen Kaffee
1 Teelöffel Majoran
Salz, Pfeffer

Klaa Schwibbelsche

Info: Den Kaffee am besten einen Tag vorher schon kochen und kaltstellen. **Achtung:** Beim Kaffeekochen darauf achten, dass er nicht zu bitter wird!

Tipp: Dazu schmeckt am besten ein schönes Schwarz- oder Bauernbrot.

Supp

Spargelcreme-Süppchen
(Rezept S. 45)

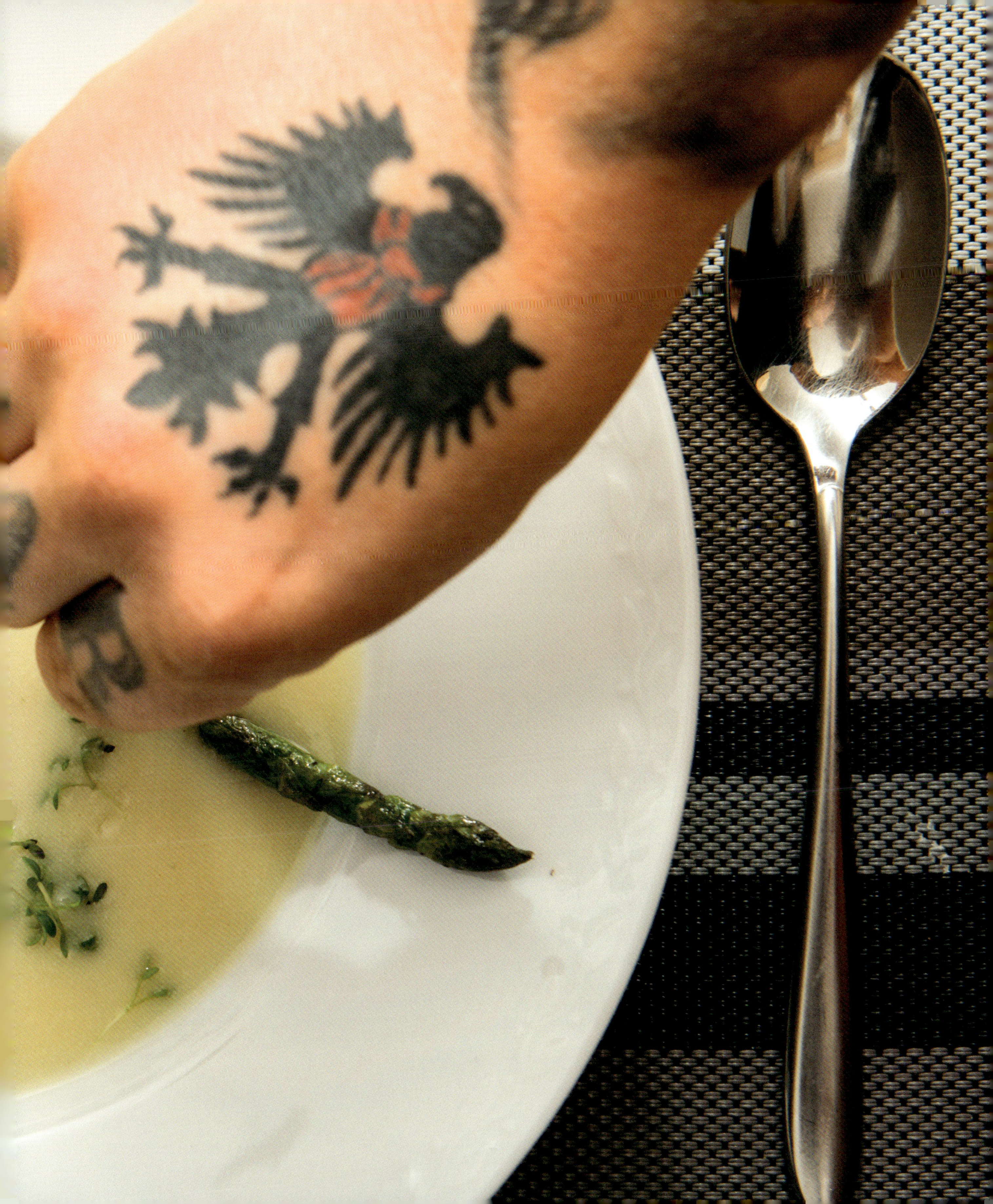

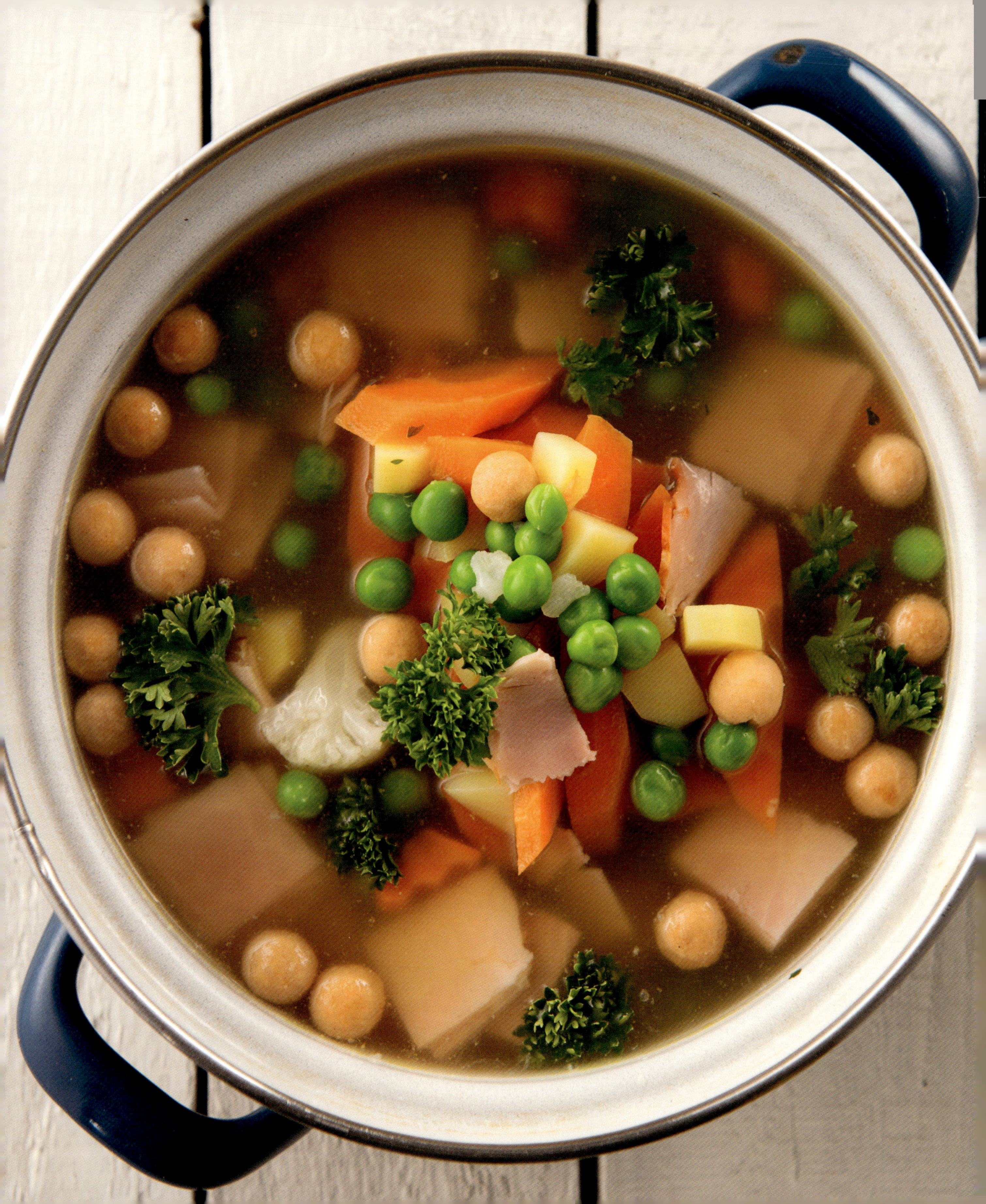

Erbsensuppe mit Kassler

Die Zwiebel schälen und würfeln. Butter in einem Topf erhitzen und die Zwiebel darin andünsten. Anschließend mit ca. 1,5 Liter Gemüsefond ablöschen. Erbsen, Majoran, Lorbeerblätter und Kassler (am Stück) hinzugeben und **ca. eine Stunde** kochen.

In der Zwischenzeit das Gemüse putzen und schälen, Porree in Ringe, Karotten in Scheiben und die Kartoffeln in Würfel schneiden.

Das Gemüse, nachdem die Suppe schon **ca. 30 Minuten** köchelt, hinzugeben und mitgaren.

Kassler aus der Suppe heben und in feine Scheiben oder Würfel schneiden, danach wieder zur Suppe dazugeben. Zu guter Letzt noch mit Salz und Pfeffer abschmecken und mit frischem Majoran bestreuen.

30 Min – ✻

4 Portionen:

1 Zwiebel
1 EL Butter
1,5 l Gemüsefond
250 g getrocknete, grüne Schälerbsen
500 g Kasseler
1 TL Majoran, getrocknet
3 Lorbeerblätter
200 g Karotten
300 g Kartoffeln
1 Stange Porree
Salz, Pfeffer
Etwas frischer Majoran (zum Bestreuen)

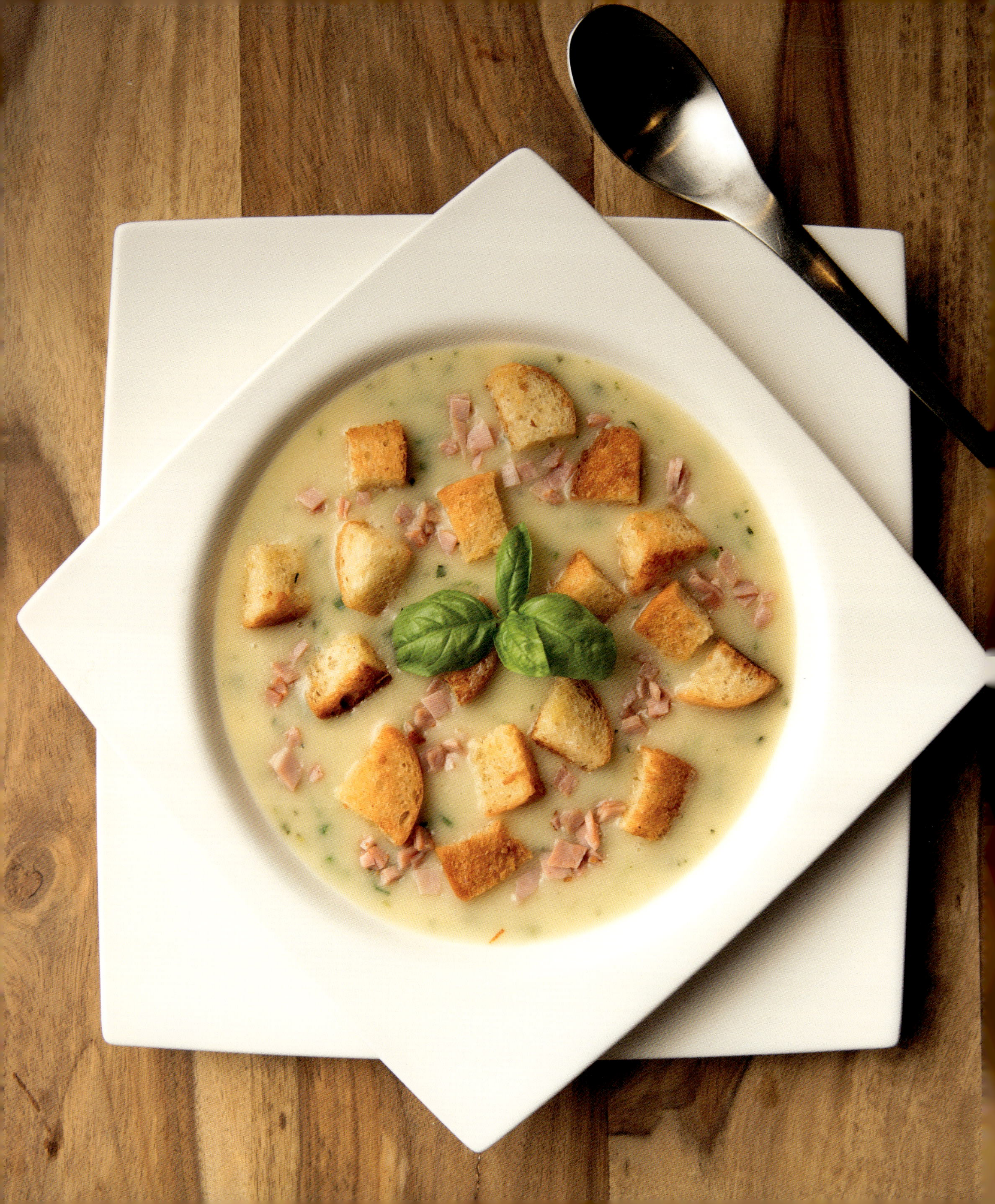

Nordhessische Wecksuppe

Zwiebel schälen und in Stücke schneiden. Butter in einem Topf erhitzen, Zwiebeln darin farblos anschwitzen, das Suppengrün hinzugeben und kurz mit anschwitzen. Mit Apfelwein ablöschen und Gemüsebrühe angießen, salzen und pfeffern. Zugedeckt, bei reduzierter Hitze **10 Minuten** dünsten.

Anschließend alles pürieren und ggf. durch ein feines Sieb in einen Topf passieren. Den Topf nochmals anstellen und mit der Sahne aufkochen und einreduzieren lassen.

In der Zwischenzeit Brötchen vom Vortag nehmen, grob würfeln und in Butter knusprig braten. Zum Schluss leicht salzen.

Die cremige Suppe anrichten und großzügig die krossen Brotwürfel zugeben und mit frischen Gartenkräutern ausgarnieren.

30 Min – ✳✳

4 Portionen:

60 g Butter + etwas Butter zum Anbraten
1 Zwiebel
1 Päckchen Suppengrün
300 ml Apfelwein
500 ml Gemüsebrühe
Salz, Pfeffer
250 ml Sahne
4–5 Brötchen, vom Vortag
Frische Gartenkräuter, nach Belieben

Tipp: Die Suppe lässt sich super mit kleinen Schinken- oder Kasslerwürfeln verfeinern, wie man auch auf dem Bild sieht!

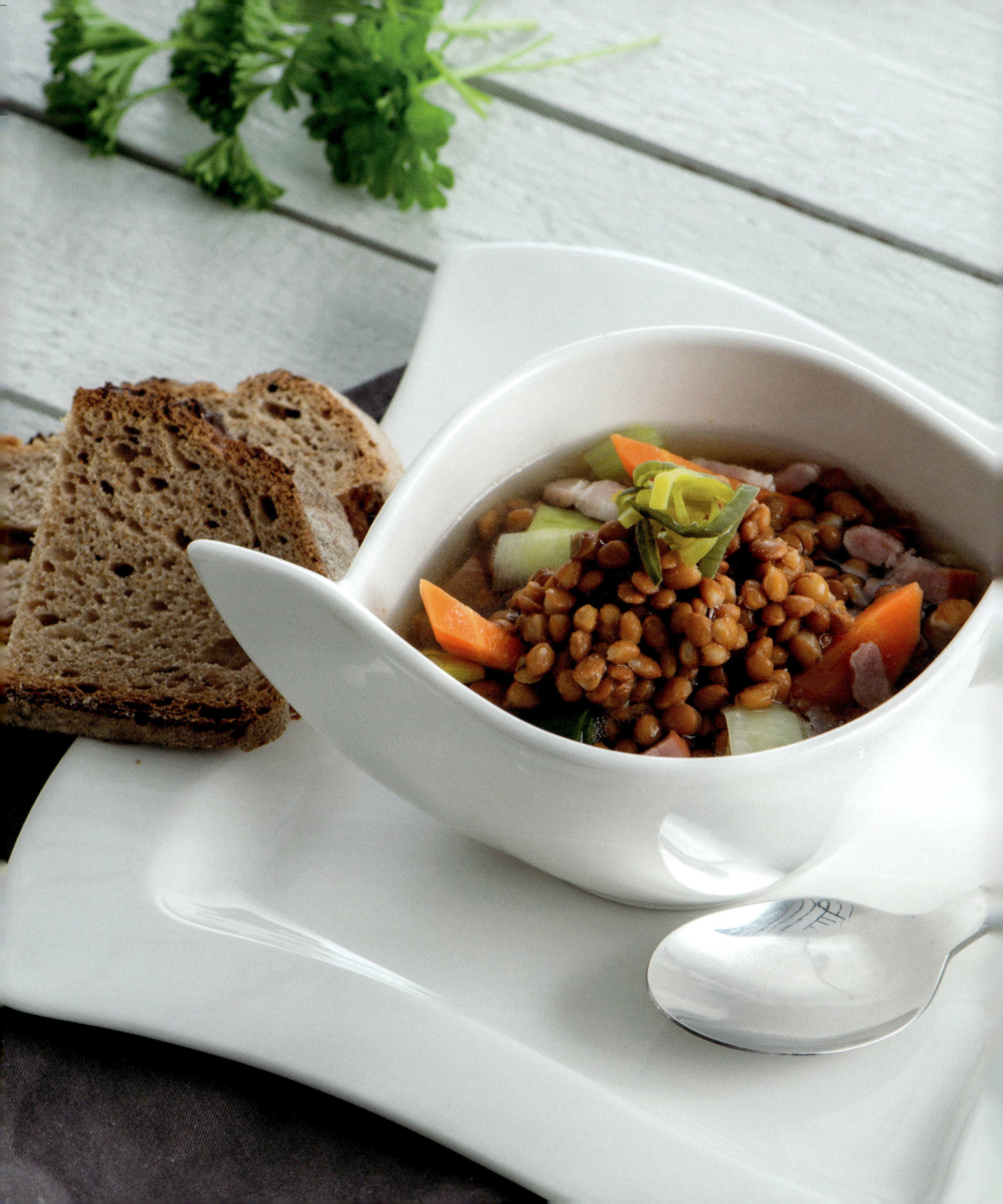

Bärlauchsüppchen

Zwiebel schälen und in feine Würfel schneiden. Kartoffeln, Sellerie und das Weiße vom Lauch ebenfalls fein schneiden. In einem großen Topf das Gemüse in Butter schön glasig anschwitzen, mit der Gemüsebrühe auffüllen und **ca. 10–15 Minuten** köcheln lassen.

In der Zwischenzeit den Bärlauch mit einem Schuss Sahne pürieren und zunächst stehen lassen.

Die Suppe mit dem Gemüse fein pürieren und mit dem Rest der Sahne auffüllen. Das Ganze wieder erhitzen und mit etwas Zitronensaft, Salz und Pfeffer abschmecken.

Ganz zum Schluss den pürierten Bärlauch mit hinzugeben, nochmals kurz erhitzen und servieren. Gerne noch mit Graubrotcroutons garnieren.

30 Min – ✱✱

4 Portionen:

1 Zwiebel
4 Kartoffeln
50 g Sellerie
50 g Lauch
2 EL Butter
1 l Gemüsebrühe
200 g Bärlauch, frisch
150 ml Sahne
Salz, Pfeffer
Saft einer ½ Zitrone

Info: Den Bärlauch erst zum Schluss dazugeben, damit er seine schöne grüne Farbe behält!

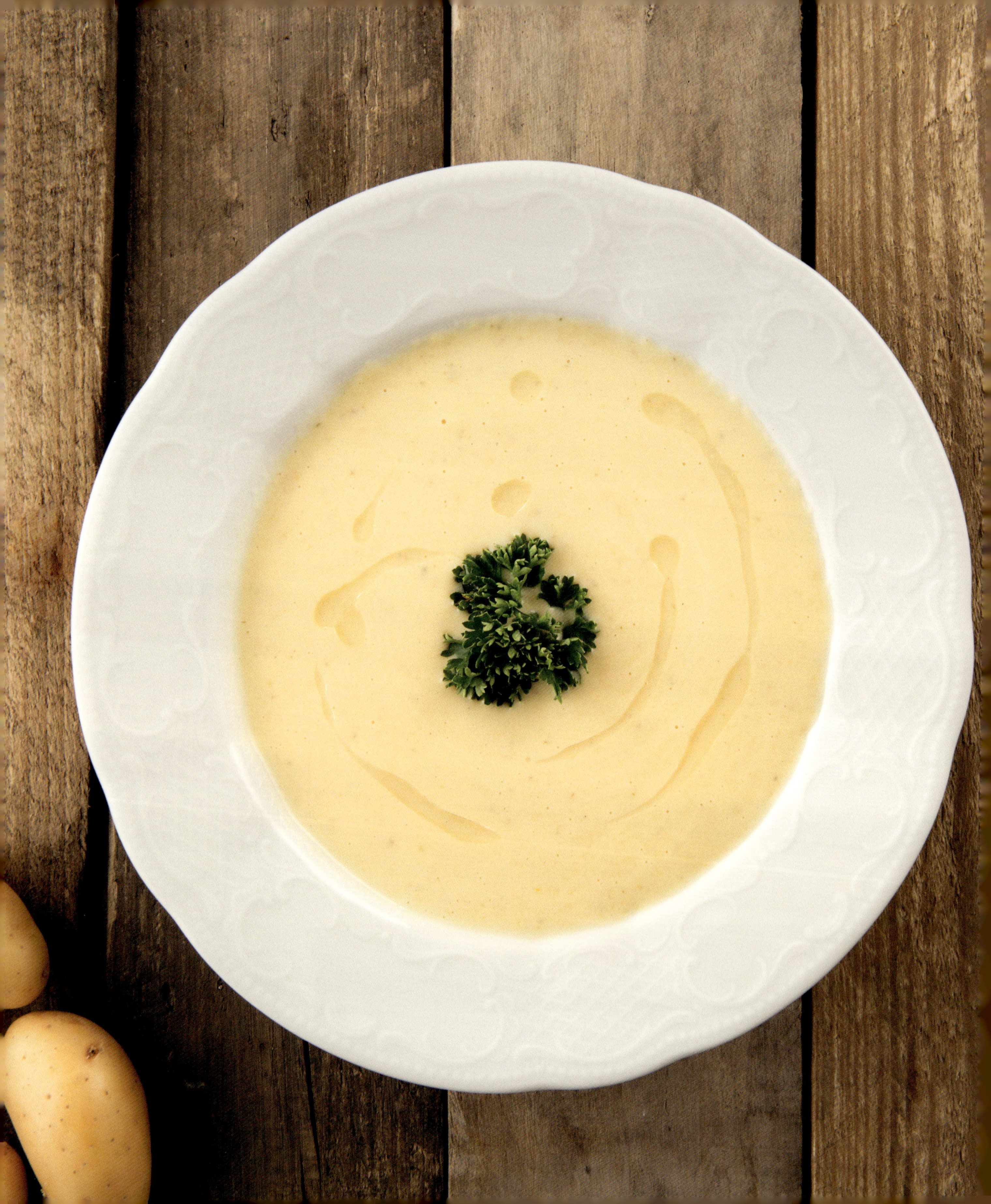

Kartoffelcremesüppchen

Zwiebeln schälen und in kleine Würfel schneiden. Kartoffeln, Karotten, Sellerie und Porree ebenfalls schälen, waschen und in kleine Würfel schneiden.

Öl in einem Topf erhitzen und Zwiebeln in dem Fett anschwitzen. Kartoffeln zu den Zwiebeln geben, kurz anschwitzen und mit Salz, Pfeffer und Rosenpaprika würzen. Anschließend mit Gemüsebrühe aufgießen. Gemüse, bis auf den Porree, in die Suppe geben und alles bei mittlerer Hitze **ca. 15 Minuten** garen.

Währenddessen Würstchen in Stücke schneiden. Majoran und Petersilie waschen, trocken tupfen und fein hacken.

Würstchen zusammen mit dem Porree in die Suppe geben. Sahne und die Hälfte der Kräuter dazugeben, nochmals aufkochen und mit Salz und Pfeffer abschmecken.

Zum Schluss mit den restlichen Kräutern ausgarnieren.

35 Min – ✲✲

4 Portionen:

2 Zwiebeln
1 kg Kartoffeln, mehlige
3 Karotten
1 kleiner Knollensellerie
1 Stange Porree
4 EL Öl
Salz, Pfeffer
Rosenpaprika
1 l Gemüsebrühe
4 Frankfurter Würstchen
4 Stiele Majoran
2 Stiele Petersilie
2 EL saure Sahne

Tipp: Die Suppe lässt sich ebenso mit violetten Kartoffeln machen und so wie auf unserem Bild servieren. Je nach Gusto kann man die Würstchen natürlich auch weglassen.

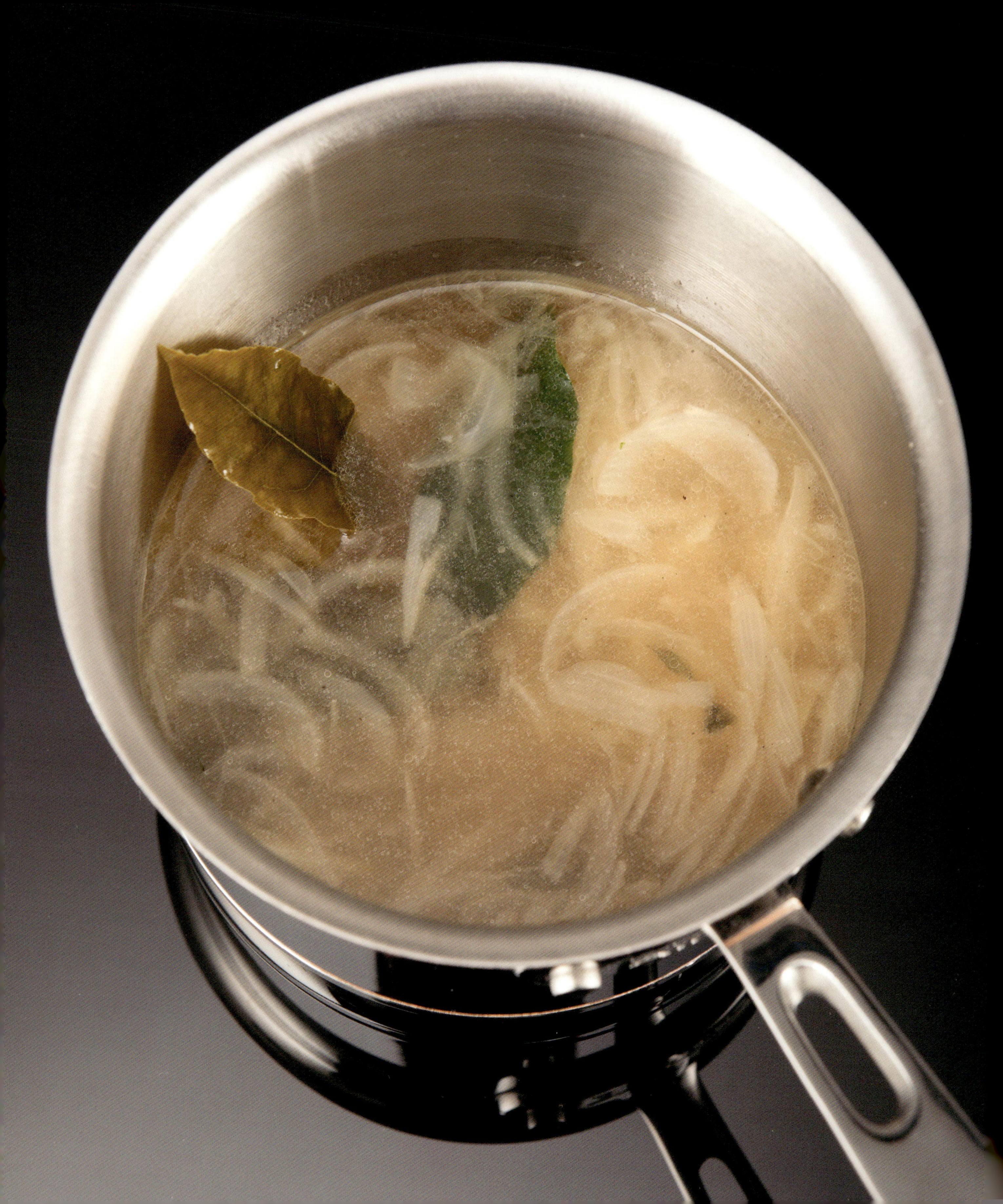

Ebbelwoi-Zwiwwel-Supp

Zwiebeln schälen und in dünne Ringe schneiden, Knoblauch abziehen und fein hacken.

Einen Topf mit etwas Butter erhitzen, Zwiebelringe und Knoblauch dazugeben und glasig andünsten. Anschließend mit Apfelwein (oder Apfelsaft) ablöschen und mit Gemüsebrühe aufgießen.

Lorbeerblatt, Wacholderbeeren und Senfsaat in ein Gewürzsäckchen geben. Das Säckchen in den Fond geben und **ca. 30 Minuten** einreduzieren lassen. Zuletzt mit Salz, Pfeffer und Muskat abschmecken.

30 Min – ✳

4 Portionen:

2–3 Zwiebeln
1 Knoblauchzehe
Butter, zum Anbraten
500 ml Apfelwein (oder Apfelsaft)
1 l Gemüsebrühe
1 Lorbeerblatt
4–5 Wacholderbeeren
1 TL Senfsaat
Salz, Pfeffer
Muskat
8 Baguettescheiben
100 g Handkäs

Tipp: Geschmacklich passen dazu hervorragend Baguettescheiben, die mit Handkäs überbacken werden!

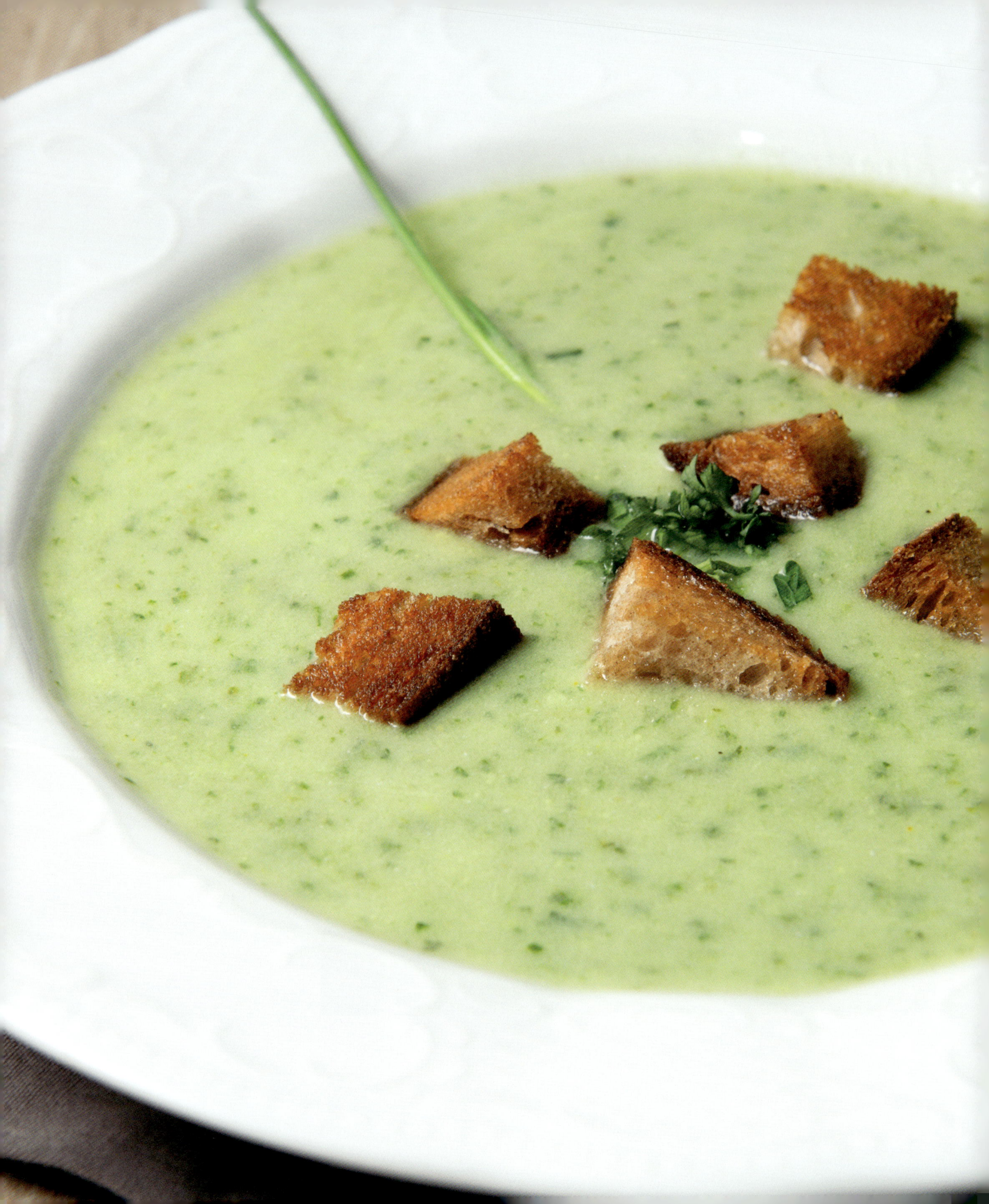

Frankfurter Grie Soss – Süppchen

Zwiebel schälen und in feine Würfel schneiden. Das Gemüse waschen und schälen. Kartoffeln, Sellerie und das Weiße vom Lauch fein schneiden. Das Gemüse in einem Topf in Butter schön glasig anschwitzen, mit der Gemüsebrühe auffüllen und **ca. 10–15 Minuten** köcheln lassen.

In der Zwischenzeit die Grüne-Soße-Kräuter mit einem Schuss Sahne pürieren und zur Seite stellen.

Die Suppe fein pürieren und mit dem Rest der Sahne auffüllen. Erneut erhitzen und mit etwas Zitronensaft, Salz und Pfeffer abschmecken.

Ganz zum Schluss die pürierten Kräuter mit hinzugeben, nochmals kurz erhitzen und servieren.

30 Min – ✳✳

4 Portionen:
1 Zwiebel
4 Kartoffeln
50 g Sellerie
50 g Lauch
2 EL Butter
1 l Gemüsebrühe
200 g Frankfurter Grüne-Soße-Kräuter, frisch
150 ml Sahne
Salz, Pfeffer
Saft einer ½ Zitrone

Tipp: Als Einlage eignet sich ganz klassisch ein hartgekochtes Ei.

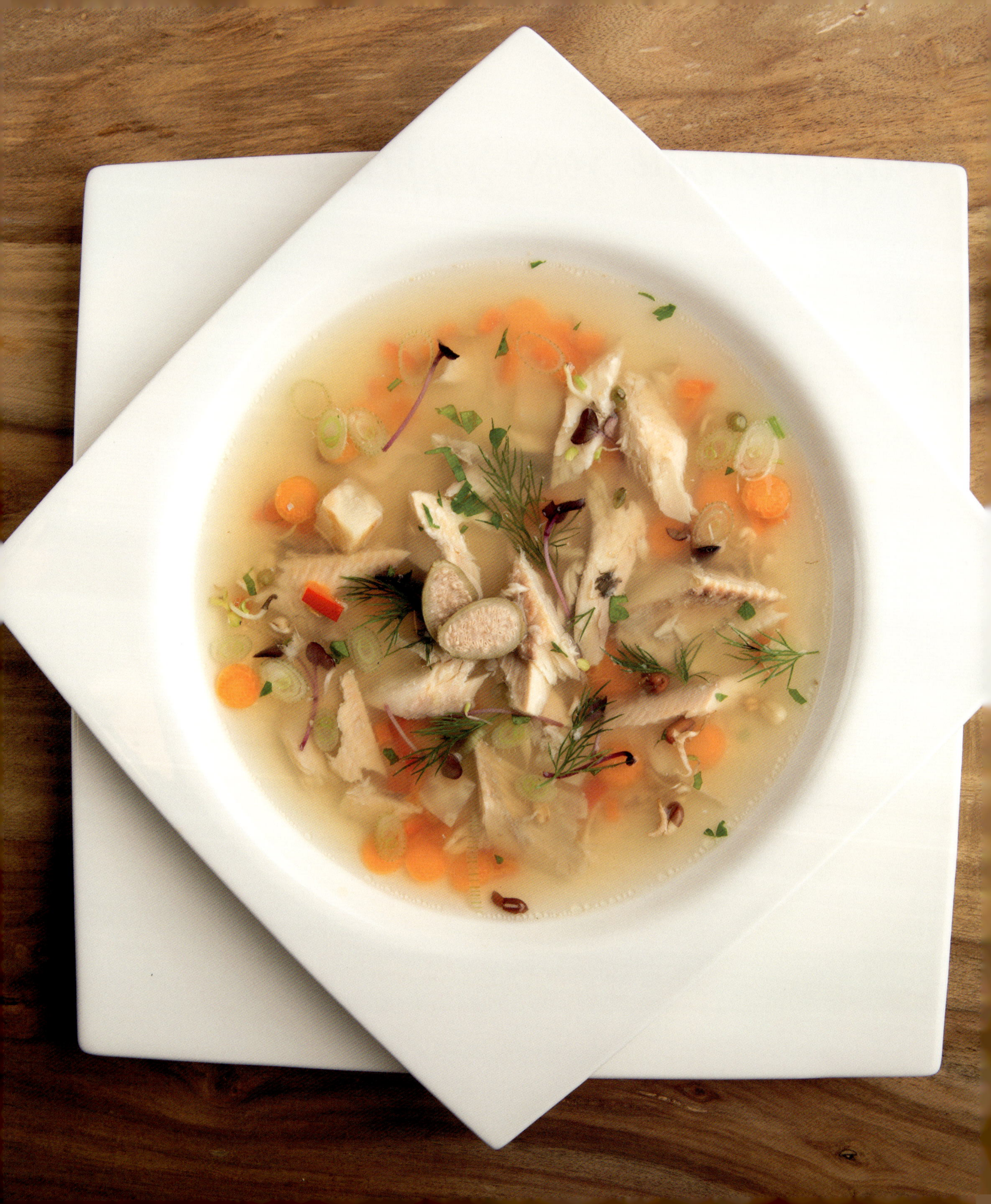

Sachsenhäuser Fischsupp

Die Paprikaschote entkernen, waschen und quer in dünne Streifen schneiden. Karotten ebenfalls waschen, schälen und in dünne Scheiben schneiden. Schalotten schälen und sehr fein würfeln.

Öl in einem Topf erhitzen. Paprika, Karotten und Schalotten darin bei mittlerer Hitze unter Rühren **zwei Minuten** lang andünsten. Leicht salzen und pfeffern. Fischfond dazugießen, aufkochen und zugedeckt **acht Minuten** leicht köcheln lassen.

Inzwischen Fischfilet kalt abspülen, mit Küchenpapier trocken tupfen und in mundgerechte Stücke schneiden. In die Suppe geben und den Fisch dort etwa **sechs Minuten** garziehen lassen.

Währenddessen den Koriander waschen, trocken schütteln und die Blättchen abzupfen.

Suppe mit Worcestersoße, Salz und Pfeffer abschmecken. Zum Servieren die Korianderblättchen unterrühren und ggf. mit etwas Dill garnieren.

1 Std. – ✳ ✳

4 Portionen:

1 Paprika, rot
2 Karotten
2 Schalotten
3–4 TL Rapsöl
Salz, Pfeffer
700 ml Fischfond (Glas)
200 g Schellfischfilet
Worcestersoße, nach Belieben
2 Stiele Koriander
Dill

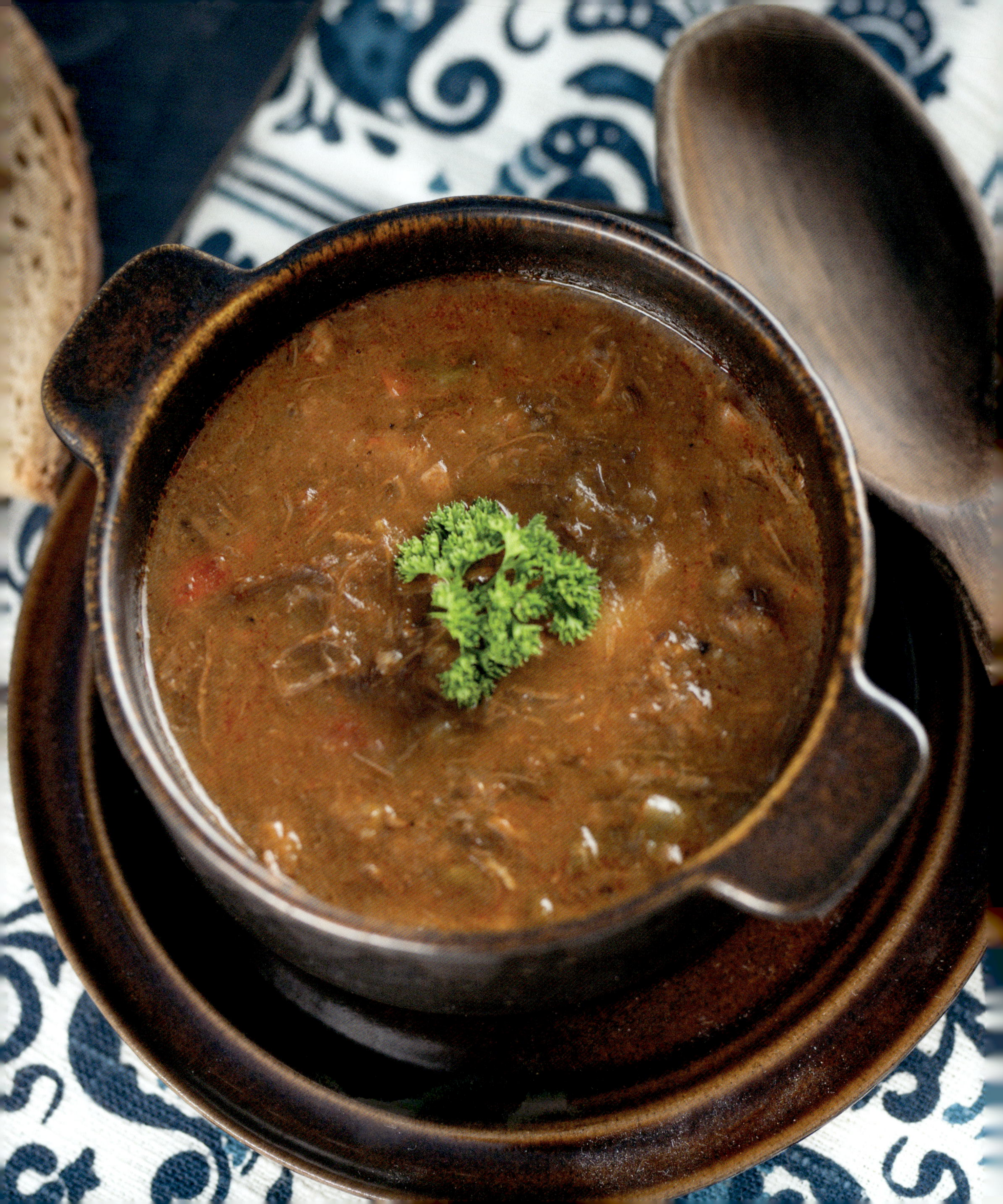

Gulaschsuppe

Rindfleischwürfel in einem großen Topf im Butterschmalz anbraten. Zwiebel und Knoblauch schälen, fein würfeln, zu den Rinderwürfeln geben und mitdünsten. Mit Rinderbouillon und Rotwein ablöschen, schließlich mit Salz, Pfeffer, Zucker, Paprikapulver, Lorbeerblättern, Tomatenmark und Majoran würzen. Mit geschlossenem Deckel ungefähr **eine Stunde** bei mittlerer Hitze schmoren lassen.

Kartoffeln waschen, schälen und in Würfel schneiden. Paprika ebenfalls in kleine Würfel schneiden und die Karotte in Scheiben. Die Kartoffeln, Paprika und Karotten dem Gulasch zugeben und ca. weitere **15–20 Minuten** köcheln lassen, bis das Gemüse gar ist.

1 ½ Std. – ✳✳

6 Portionen:

600 g Gulaschfleisch, vom Rind
2 EL Butterschmalz
1 große Zwiebel
2 Knoblauchzehen
100 ml Rotwein
850 ml Rinderbrühe
2 TL Paprikapulver, rosenscharf
2 EL Paprikapulver, edelsüß
1 EL Tomatenmark
Salz, Pfeffer
Etwas Majoran, grob gehackt
2 Lorbeerblätter
3 große Kartoffeln
1 große Karotte
3 Paprikaschoten

Tipp: Serviert mit einem Klecks Schmand und einem knusprigen Bauernbrot schmeckt's am besten!

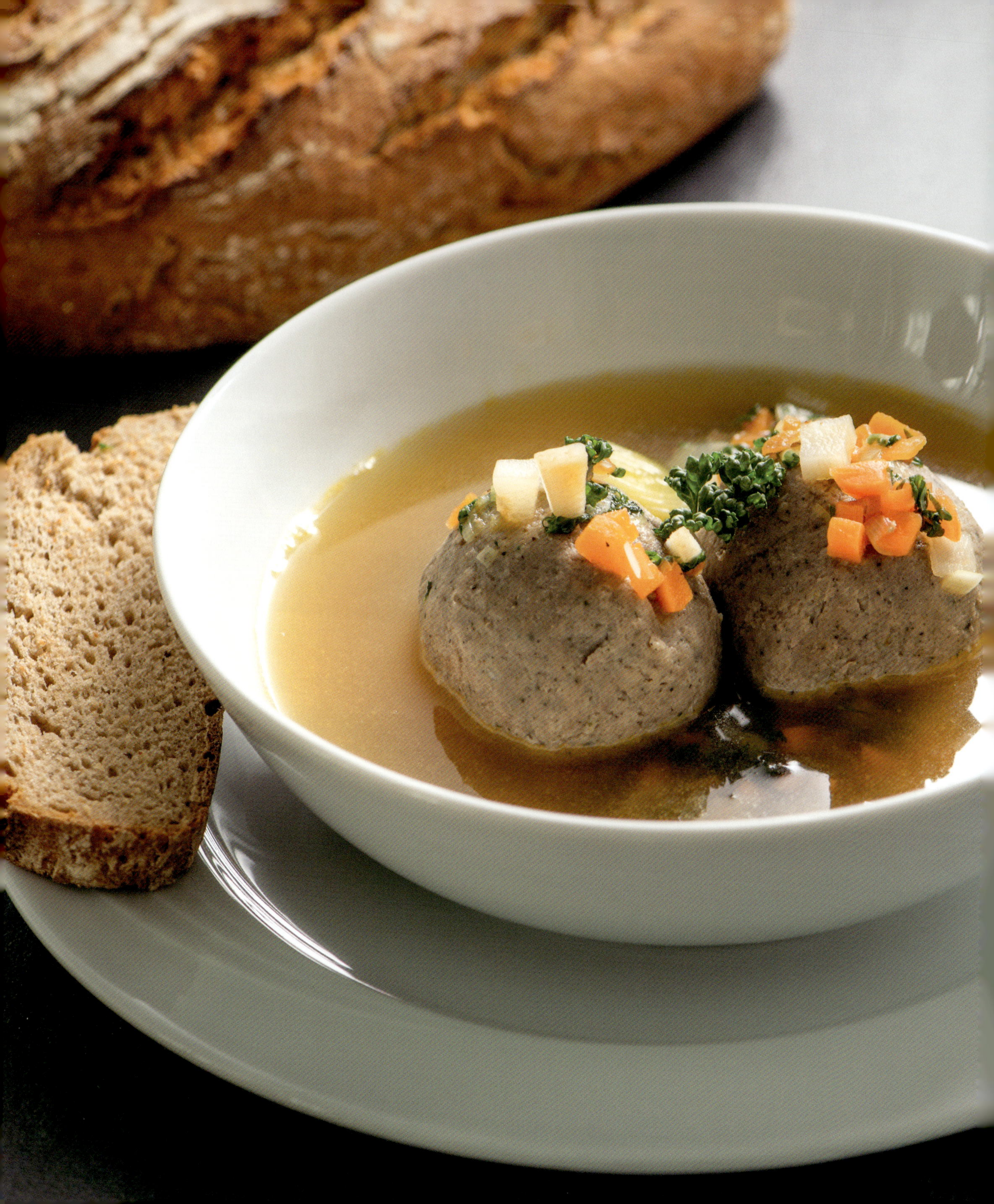

Leberknödelsuppe

Zuerst das Suppengrün, bestehend aus Karotten, Sellerie und Petersilienwurzel, schälen und in grobe Stücke schneiden. Lauch waschen und die Stange der Länge nach halbieren. Die Zwiebeln gründlich waschen, halbieren, aber nicht schälen, denn die Schale gibt der Suppe eine schöne Farbe. Zuletzt den Knoblauch schälen. Nun das Gemüse gemeinsam mit dem Thymian, Petersilie, Salz, Lorbeer, Nelke, Senfkörnern und einem Schuss Olivenöl in einen Topf geben und ca. zwei Liter Wasser angießen. Die Suppe aufkochen und für **ca. 1 ½ Stunden** köcheln lassen.

Anschließend die heiße Suppe durch ein feines Sieb gießen und nochmals mit Salz und ein wenig Pfeffer abschmecken. Erneut aufsetzen und die Leberknödel darin heiß ziehen lassen und servieren.

2 Std. – ✱✱

6 Portionen:

2 Bund Suppengrün
1 Stange Lauch
2 Zwiebeln
3 Knoblauchzehen
1 Bund Petersilie
1 TL Salz
1 Lorbeerblatt
Schuss Olivenöl
1 Gewürznelke
1 TL Senfkörner
1 Bund Thymian
1 Prise Pfeffer
1 Prise Muskat, gerieben

Die Leberknödel wie in dem Rezept auf S. 143 zubereiten.

Info: Für diese klassische, klare Gemüsesuppe benötigt man weder Pulver noch Suppenwürfel, nur frisches Gemüse, Gewürze und Wasser.

Aus dem Gadde (Vegetarisch)

Grüne-Soße-Risotto
(Rezept S. 85)

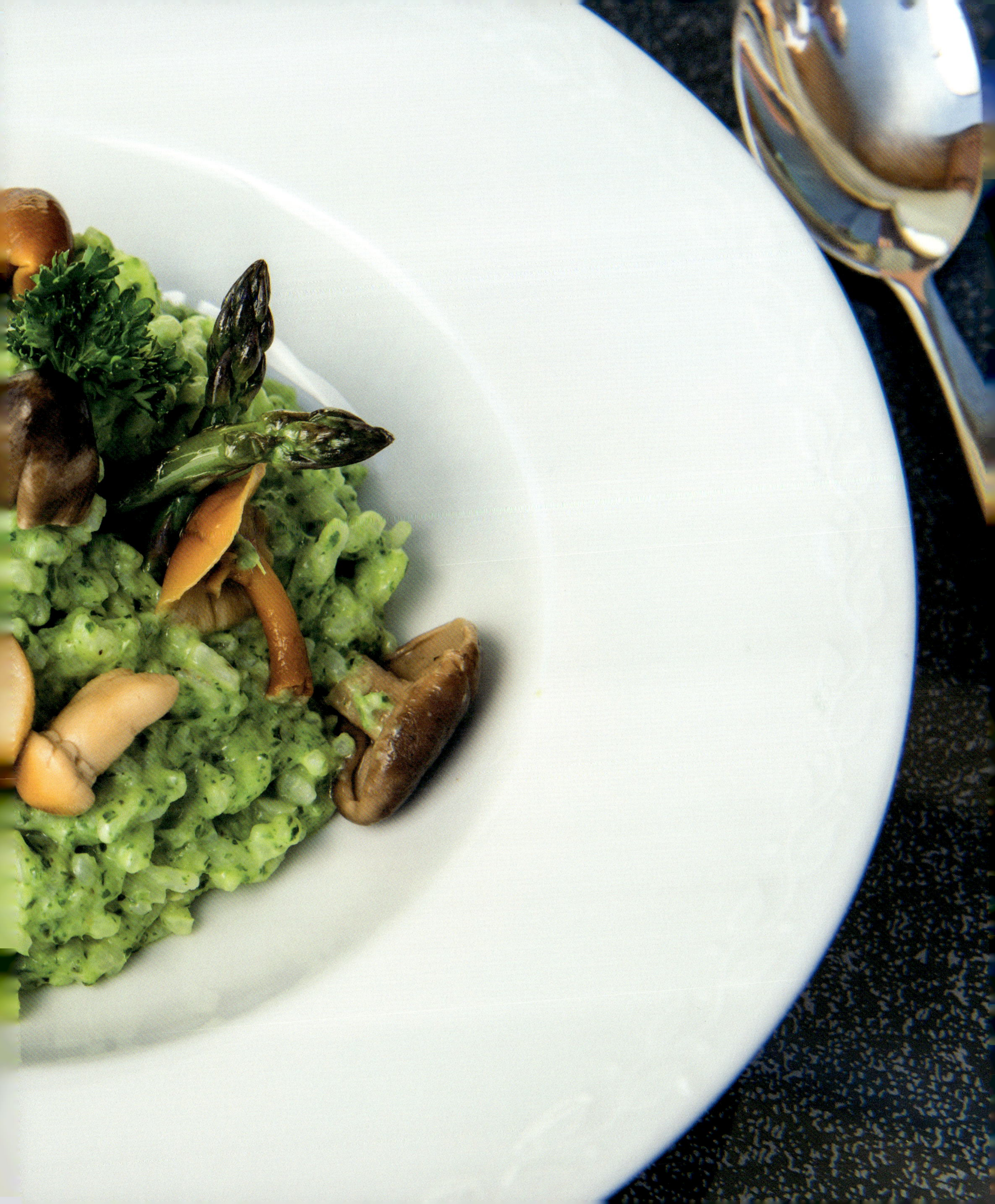

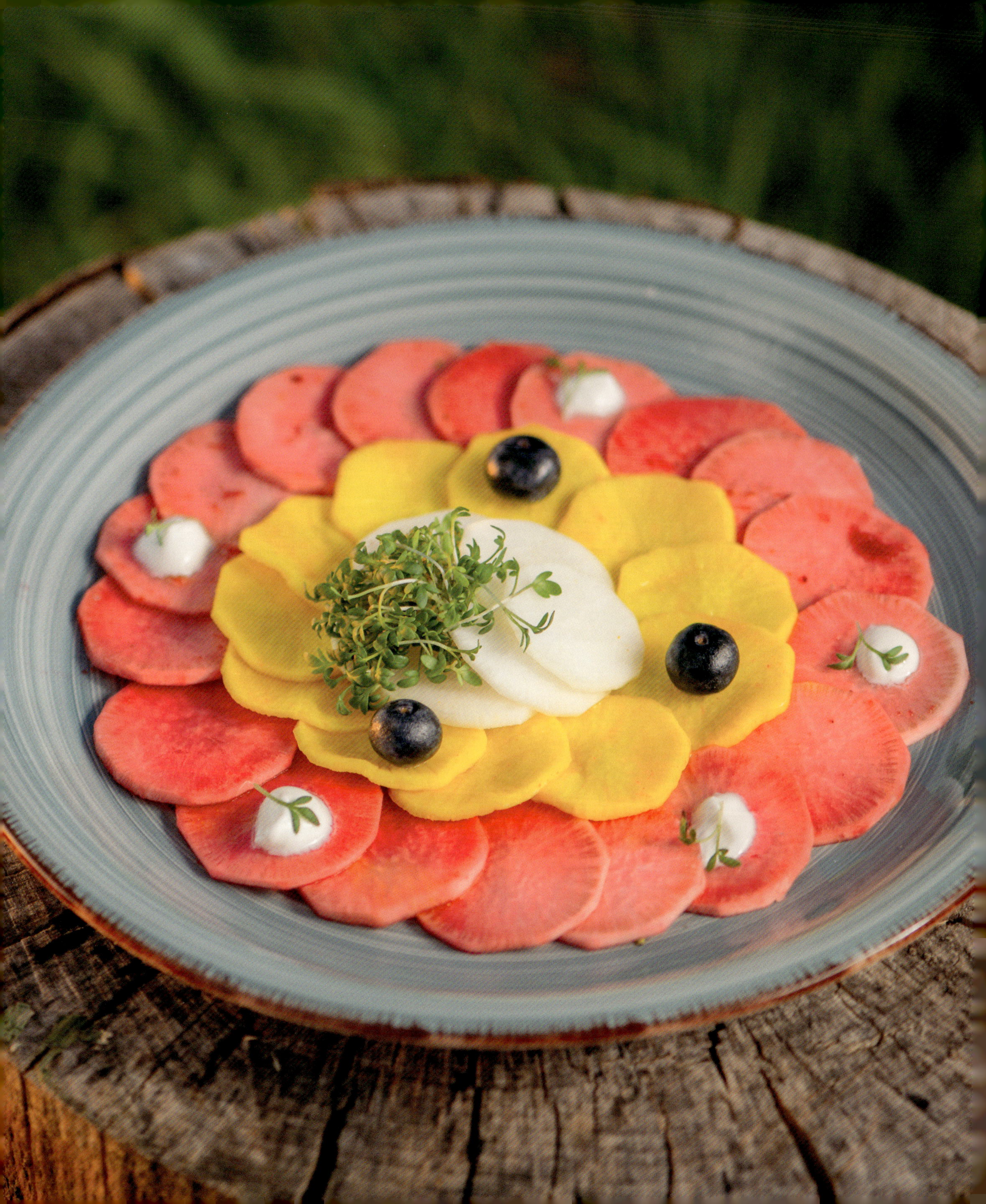

Bunter Rettichsalat

Den Rettich waschen, schälen und anschließend am besten mit einer Aufschnittmaschine in dünne Scheiben schneiden. Ein Drittel der Rettichscheiben in den Rote-Beete-Saft einlegen.

Für das zweite Drittel einen Topf mit Wasser und Zucker aufkochen. Einen Teelöffel Curcuma hinzugeben, alles miteinander verrühren und abkühlen lassen. Anschließend den kalten Fond über die Rettichscheiben gießen.

Das letzte Drittel des Rettichs belässt man weiß. Diese Scheiben mit einem feuchten Tuch abdecken und alles **über Nacht** kaltstellen und durchziehen lassen.

Am nächsten Tag den roten und gelben Rettich einzeln durch ein feines Sieb abgießen und kurz leicht abbrausen. Anschließend den Rettich (wie auf der Abbildung) auffächern

Für die Marinade:

Sauerrahm mit Essig, Öl, Salz, Pfeffer, fein geschnittenem Schnittlauch, Gartenkresse und etwas Zitronenabrieb vermischen und über den gefächerten Rettich träufeln.

1 Tag – ✻✻

4 Portionen:

2 Stangen weißen Rettich
250 ml Rote-Beete-Saft
200 ml Wasser
100 g Zucker
1 TL Curcuma

Marinade:
250 g Sauerrahm
1 TL Essig
1 TL Öl
Salz, Pfeffer
1 EL Schnittlauch, fein geschnitten
1 EL Gartenkresse
Abrieb einer Zitrone, bio

Aus dem Gudde

Tipp: Den Rettich bereits einen Tag vorher einlegen, damit er eine schöne Farbe bekommt.

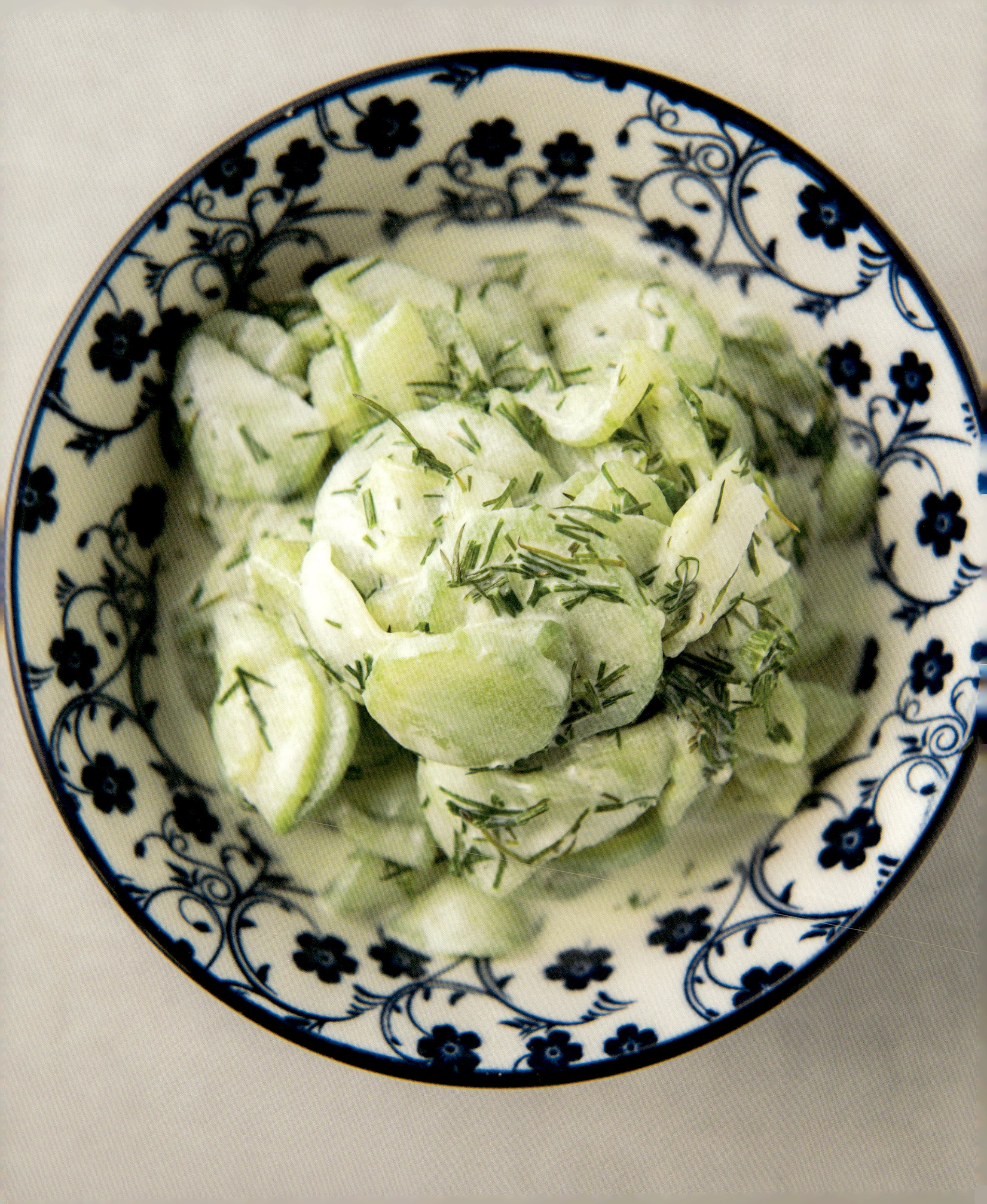

Klassischer Gurkensalat

Gurke schälen und in feine Scheiben schneiden, dann gut salzen und **über Nacht** im Kühlschrank ziehen lassen.

Den Knoblauch schälen und durch eine Knoblauchpresse geben. Schmand, etwas Zitronensaft, Knoblauch, Olivenöl und Dill vermischen und anschließend die Gurken unterrühren. Zum Schluss mit Salz und Pfeffer abschmecken.

1 Tag – ❋

4 Portionen:

1 Gurke
200 g Schmand
1 kleine Knoblauchzehe
Etwas Zitronensaft
3 EL Dill
1 EL Olivenöl
Salz, Pfeffer

Aus dem Gudde

Tipp: Die Gurke bereits einen Tag vorher zubereiten, damit das enthaltene Wasser entzogen werden kann!

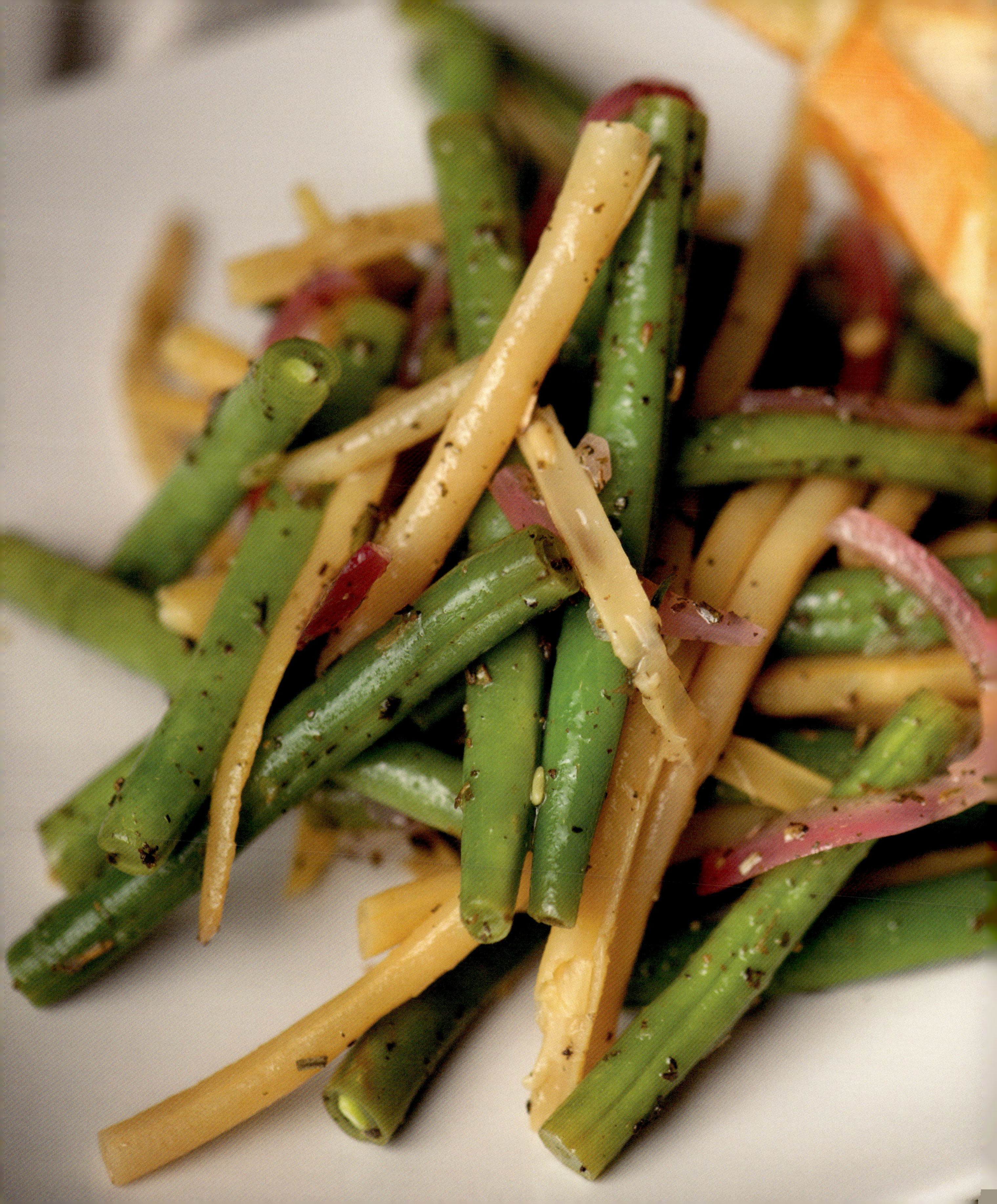

Bohnensalat

Die Bohnen waschen, putzen und kleinschneiden. In kochendem Salzwasser zusammen mit dem Bohnenkraut **ca. 6–8 Minuten** kochen (die Bohnen dürfen nicht zu weich werden!).

In der Zwischenzeit die Zwiebeln schälen, fein schneiden und zusammen mit dem Essig, Öl, Zucker, Salz und Pfeffer daraus eine Marinade zubereiten.

Die heißen Bohnen abgießen und mit der Marinade mischen. Abkühlen lassen, abdecken und **über Nacht** in den Kühlschrank stellen zum Durchziehen.

2 Std. –

4 Portionen:

700 g grüne Bohnen
300 g gelbe Bohnen
3 EL Bohnenkraut
2 Zwiebeln
5 EL Essig
3 EL Öl
5 TL Zucker
2 TL Salz
Pfeffer

Aus dem Gadde

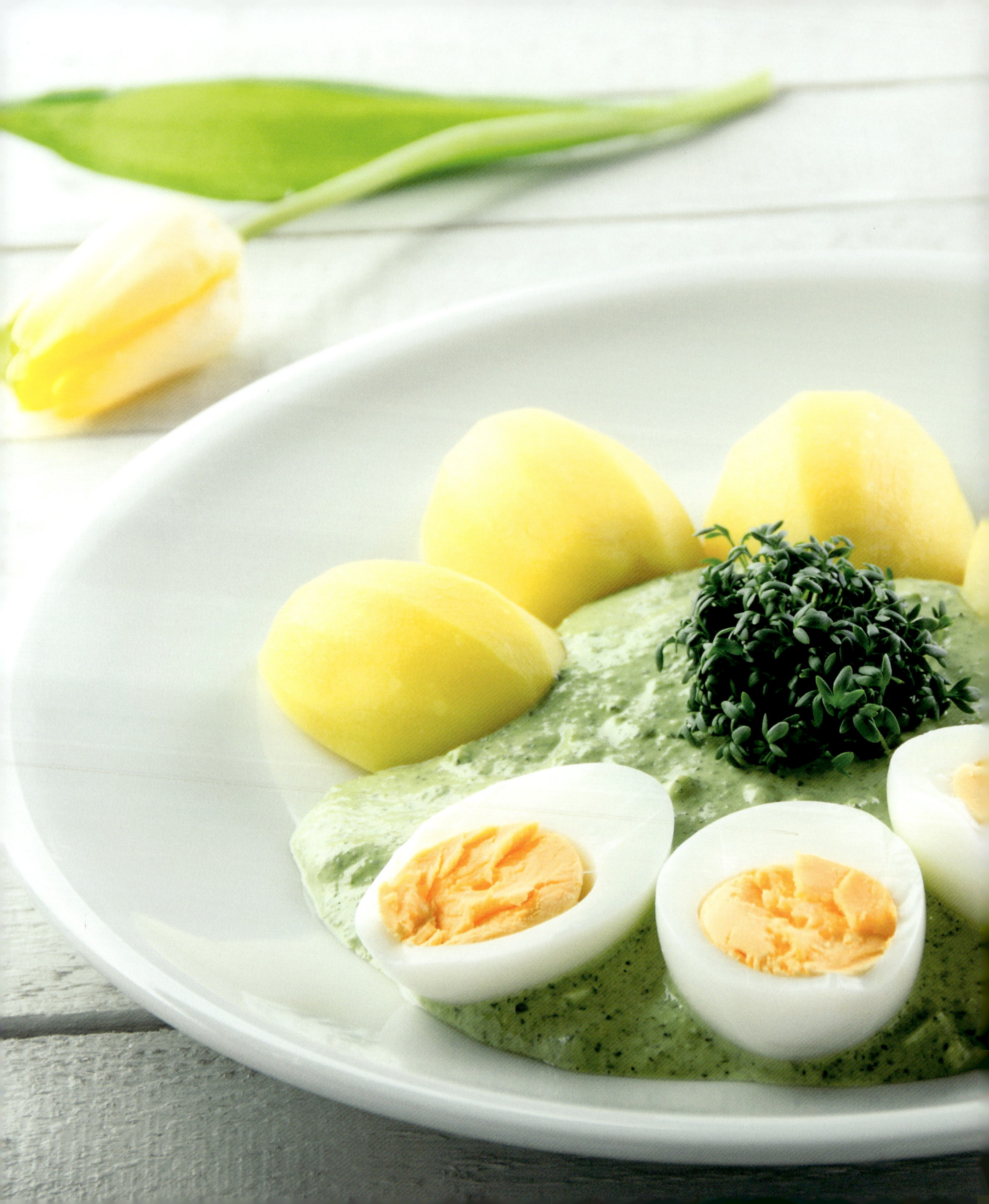

Frankfurter Grie Soss

Eier **10 Minuten** hart kochen, dann unter kaltem Wasser abschrecken und schälen. Alternativ dazu können auch bereits gekaufte hartgekochte Eier verwendet werden.

Grüne-Soße-Kräuter waschen, trocken schleudern und entweder sehr fein hacken oder mit 4–5 EL saurer Sahne im Mixer fein pürieren. Mit Schmand, restlicher saurer Sahne, Joghurt und Senf glatt verrühren.

Eier und Gewürzgurke fein hacken und langsam unter die Soße ziehen. Alles mit Zitronensaft, Salz, Balsamessig und Pfeffer würzig abschmecken und **mindestens 30 Minuten** kühlgestellt durchziehen lassen.

Vor dem Servieren evtl. nochmals nachwürzen.

45 Min – ✳ ✳

6 Portionen:

5 Eier
1 Bund Grüne-Soße-Kräuter (Boretsch, Kerbel, Kresse, Petersilie, Pimpinelle, Sauerampfer und Schnittlauch)
300 g saure Sahne
250 g Schmand
100 g Joghurt
1 TL Senf
1 Gewürzgurke
1–2 TL Balsamessig, weiß
1 EL Zitronensaft
Salz, Pfeffer (aus der Mühle)

Aus dem Gudde

Tipp: Klassisch gehören dazu Pellkartoffeln. Zusätzlich nach Belieben mit halben Eiern garnieren.

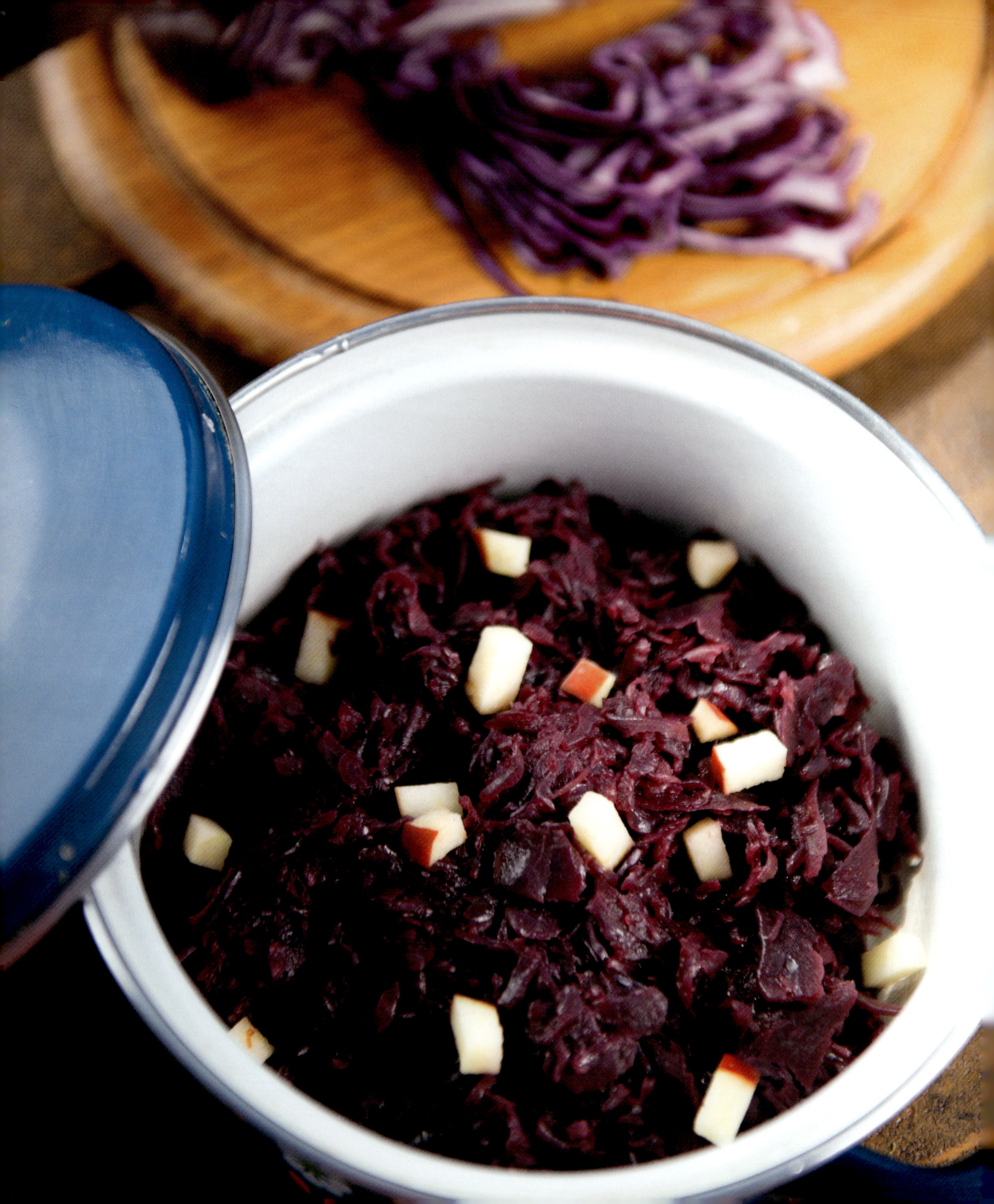

Frankfurter Apfelrotkraut

Den Rotkohl putzen, vierteln und quer in feine Streifen schneiden. Die Äpfel und Zwiebel schälen und in Würfel schneiden.

In einem Topf Öl erhitzen, Apfel- und Zwiebelwürfel darin andünsten. Rotkohl unterrühren und den Apfelsaft sowie Essig zugießen. Die Nelken und Lorbeerblätter hinzufügen und mit Salz, Pfeffer und Zucker würzen. Bei mittlerer Hitze zugedeckt etwa **eine Stunde** garen.

Zwischendurch umrühren und eventuell noch etwas Flüssigkeit nachgießen.

1 Tag – ✱✱

6 Portionen:

1 Kopf Rotkohl
3 Äpfel, säuerlich
1 Zwiebel
3 EL Pflanzenöl (alternativ: Gänseschmalz)
3–4 EL Apfelessig
300 ml Apfelsaft
2 Nelken
1–2 Lorbeerblätter
Salz, Pfeffer
1 EL Zucker

Tipp: Wer möchte, kann gerne noch 1 TL Apfelmus untermischen!

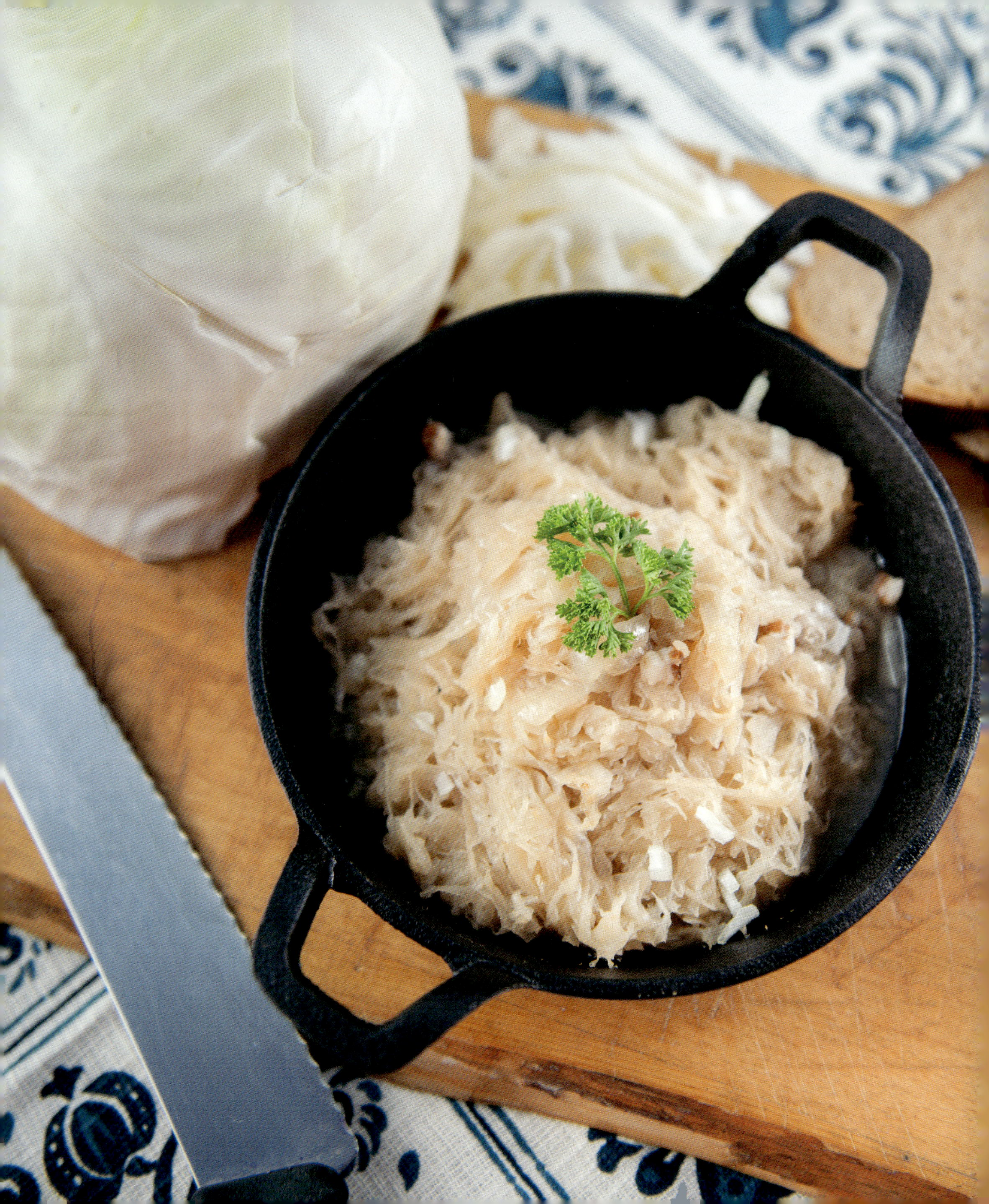

Maisches Sauerkraut

Sauerkraut entsteht, indem frischer Weißkohl milchsauer vergoren wird. Die Milchsäuregärung ist ein Fermentationsprozess, bei dem der Zucker im Kohl durch unbedenkliche Bakterien in Milchsäure umgewandelt wird. Dadurch erhält der Kohl nicht nur seinen charakteristischen mild-säuerlichen Geschmack, sondern wird auch haltbar gemacht.

Zunächst müssen die Gläser heiß ausgewaschen werden.

Die äußeren Blätter des Weißkohls entfernen und anschließend längs halbieren und den Stunk herausschneiden. Mithilfe eines Gemüsehobels oder eines scharfen Messers in möglichst feine Streifen hobeln bzw. schneiden. Den Kohl in eine große Schüssel geben und salzen.

Damit Wasser aus dem Kohl austritt, sollte er ungefähr **fünf Minuten** lang geknetet werden. Alternativ dazu mit einem Kartoffelstampfer ausdrücken. Es sollte einiges an Saft aus dem Kohl austreten.

Das Kraut fest in die Gläser drücken und bis etwa 2 cm unter dem Rand des Glases abfüllen. Es sollte so wenig Luft wie möglich im Gefäß sein. Den Kohl vollständig mit dem Saft bedecken, den Rand und die Außenseite des Glases mit einem Tuch säubern und die Gläser fest verschließen.

Die Gläser in eine große Schüssel stellen oder mit einem Handtuch umwickelt auf ein Tablett stellen. Während der Gärung kann vom aufsteigenden Saft etwas austreten. Die Handtücher nehmen die Flüssigkeit dabei auf.

Die Gläser eine Woche lang bei Zimmertemperatur stehen lassen. Steigen die ersten Bläschen auf, hat der Fermentationsprozess begonnen. Das Sauerkraut ist fertig, wenn keine Bläschen mehr aufsteigen.

Anschließend kann das Sauerkraut in locker verschlossene Gefäße umgefüllt werden und an einem kühlen, dunklen Ort bis zu einem Jahr gelagert werden.

Nach etwa **drei bis vier Tagen** ist das selbstgemachte Sauerkraut verzehrfertig.

3–4 Tage – ✳

Rezept für 1 kg Sauerkraut:

1 kg Weißkohl
10 g Meersalz
Mehrere Weckgläser
(je nach Größe)

Aus dem Gudde

Info: Während der Lagerung reift das Kraut jedoch weiter und verändert seinen Geschmack, daher gerne immer mal wieder probieren.

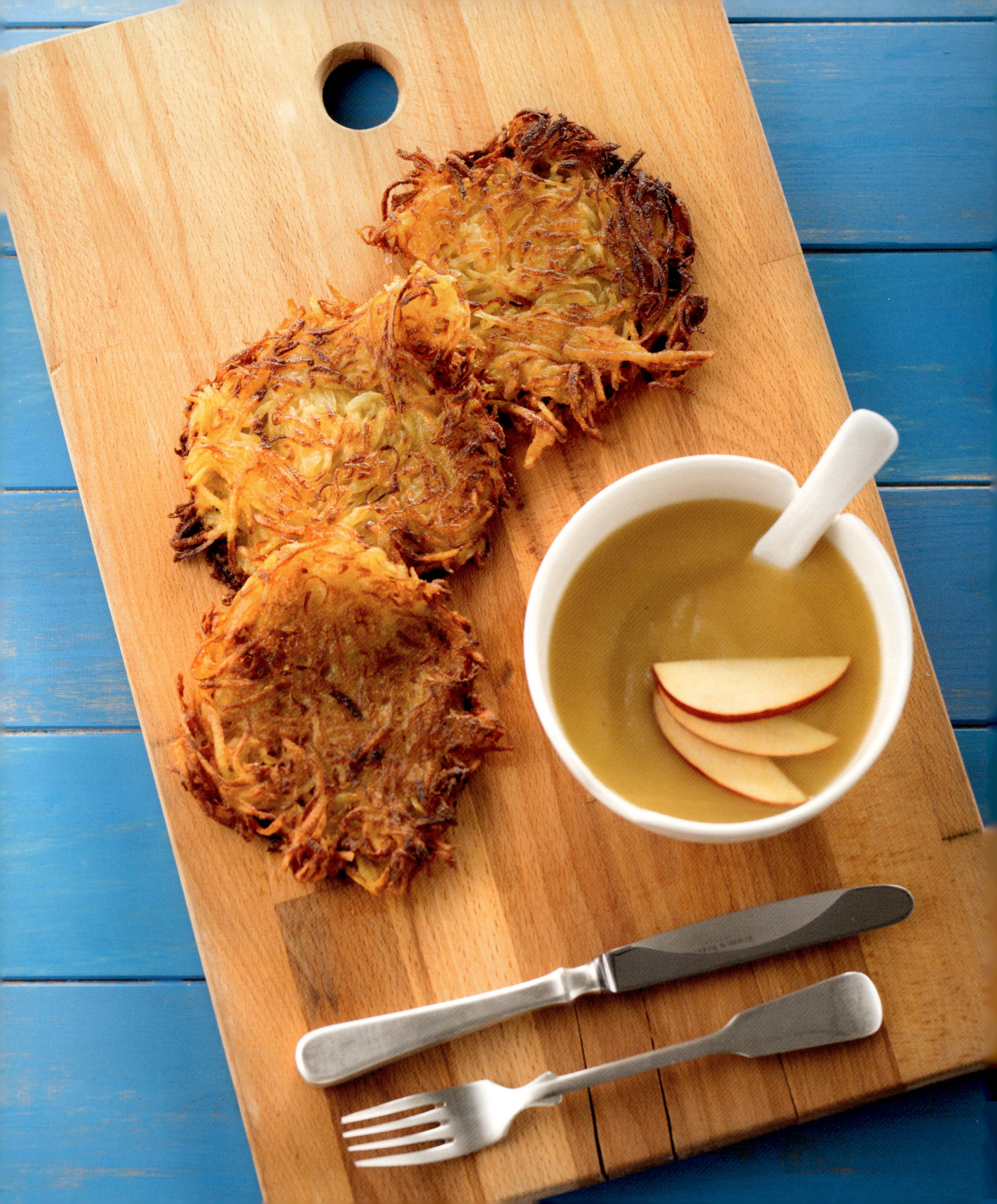

Reibekuchen (Kartoffelpuffer)

Kartoffeln schälen und auf einer großen Reibe fein raspeln. Anschließend mit viel Salz und wenig Pfeffer würzen. Die Zwiebeln schälen, in feine Würfel schneiden und mit den Eiern zu den geriebenen Kartoffeln hinzugeben. Mit so viel Mehl bestäuben, dass die Kartoffelmasse bedeckt ist, und alles ordentlich miteinander vermengen. Mit einer Messerspitze Muskat abschmecken.

In einer Pfanne Öl erhitzen und Reibekuchen portionsweise goldbraun ausbacken, sie müssen dabei in Öl schwimmen! Danach auf Küchenkrepp abtropfen lassen.

45 Min – ✻

4 Portionen:

10 große Kartoffeln
Salz, Pfeffer
3 Zwiebeln
10 – 12 EL Mehl
2 Eier
Öl, zum Ausbacken
1 Msp. Muskat

Aus dem Gudde

Tipp: Reibekuchen schmecken gut einfach nur gesalzen, aber auch in Kombination mit Lachs und Meerrettich (wie auf unserem Bild) oder auch sehr lecker mit Apfelmus! Wie die Reibekuchen gebacken werden, findet sich auch als Video auf unserer Instagramseite: die_hesse_koche

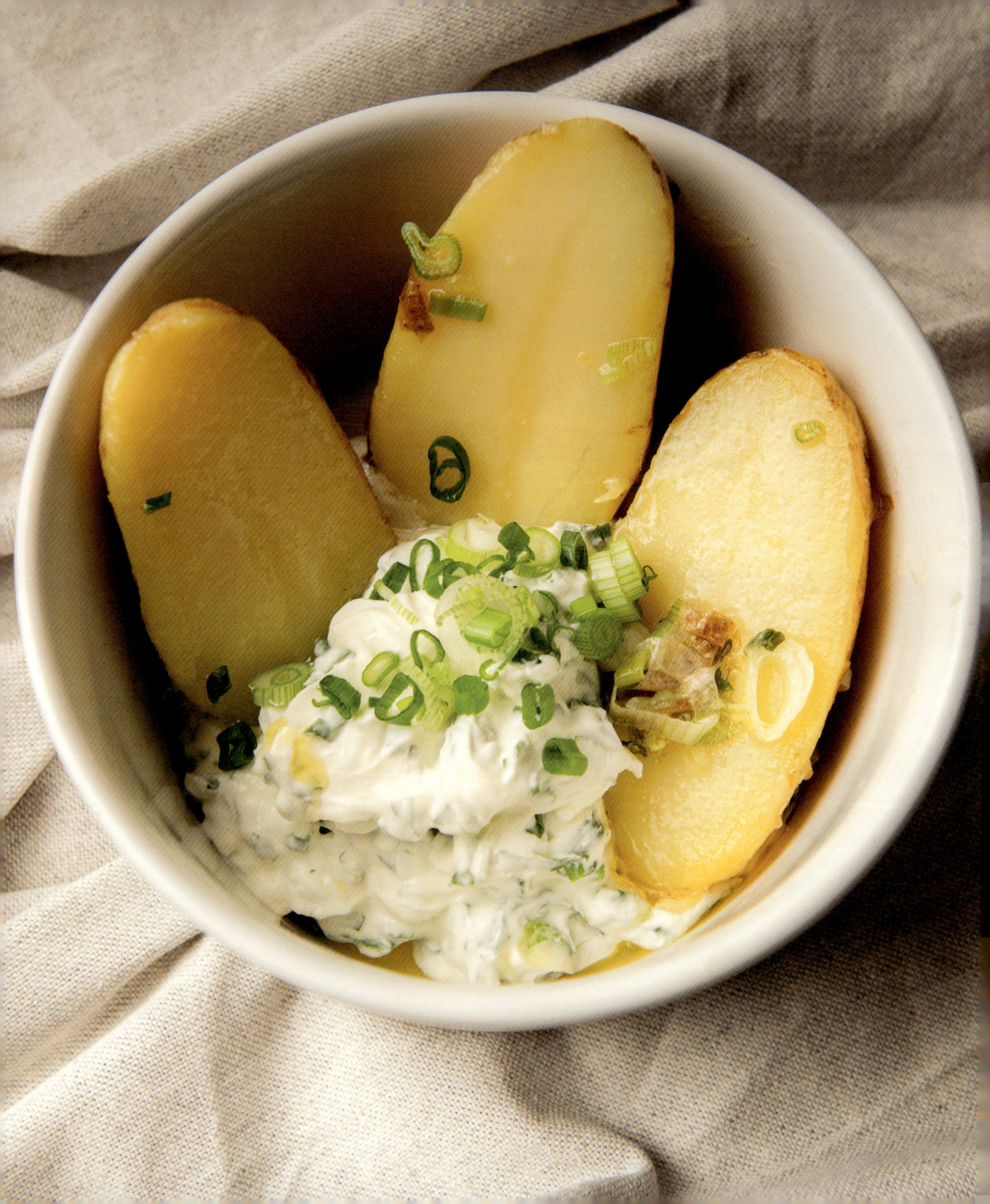

Pellkartoffeln mit Kräuterquark

Quark und etwa vier Esslöffel Leinöl in eine Schüssel geben. Zwiebeln schälen und fein schneiden, Schnittlauch und Petersilie waschen, trocken tupfen und ebenfalls schneiden bzw. hacken. Zwiebeln und Kräuter zum Quark in die Schüssel geben und gut vermengen. Anschließend mit Salz, Pfeffer und etwas Zitronenabrieb abschmecken.

Die Kartoffeln mit Schale und etwas Salz gar kochen, halbieren und auf Tellern verteilen. Den Quark direkt auf den Kartoffelhälften anrichten.

45 Min – ✸

4 Portionen:

900 g Quark, 20% Fett
400 g Quark, 5% Fett
4 EL Leinöl
2 Zwiebeln
Schnittlauch, nach Belieben
Krause Petersilie, nach Belieben
2 Msp. Zitronenabrieb
Salz, Pfeffer
10 große Kartoffeln

Aus dem Gadde

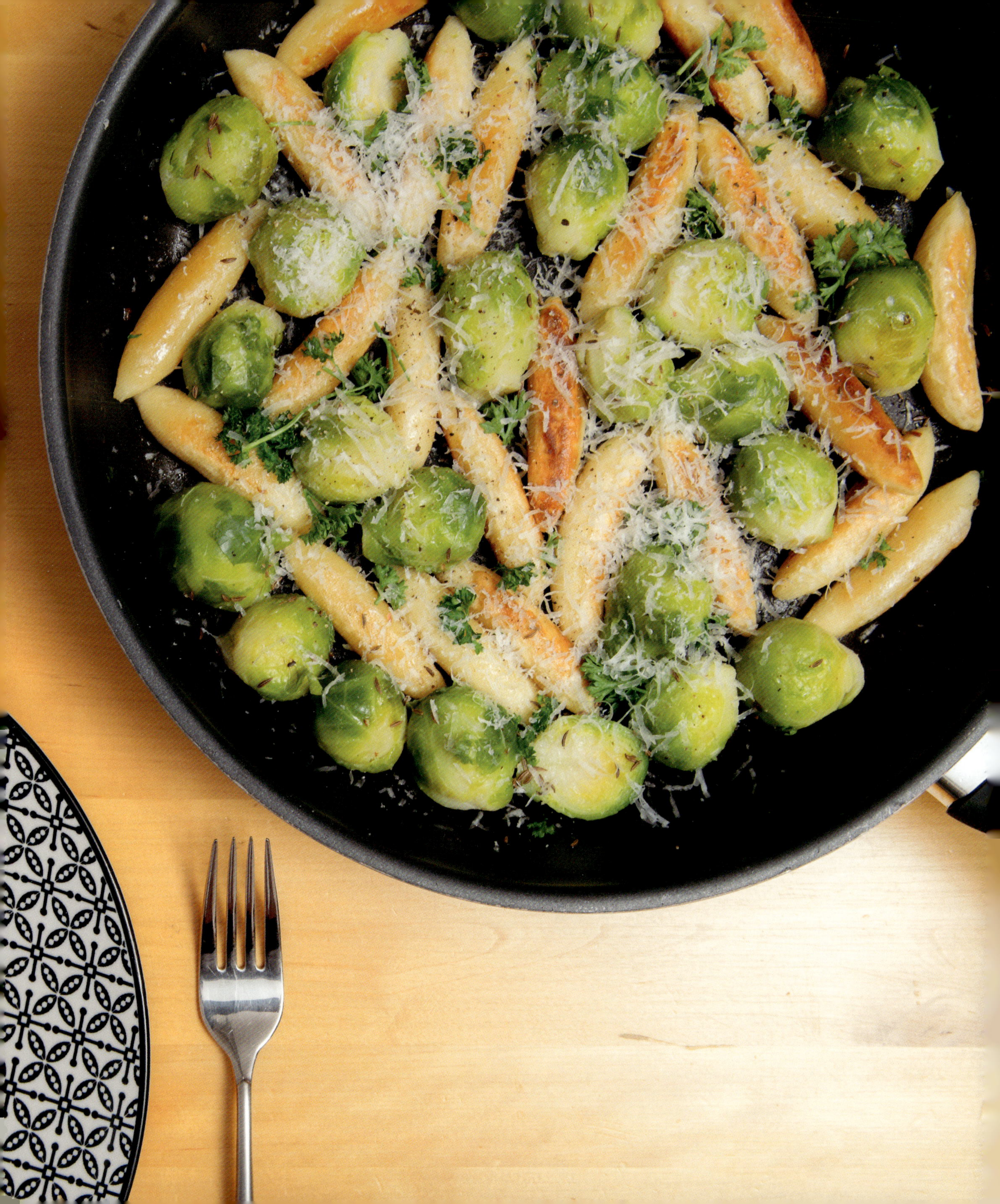

Rosenkohlpfanne mit Apfel und Schupfnudeln

Zuerst den Rosenkohl putzen und waschen. Einen Topf mit Salzwasser zum Kochen bringen und den Rosenkohl für **ca. 5–6 Minuten** darin kochen. Anschließend das Wasser abschütten und den Rosenkohl in kaltes Wasser geben (Garprozess wird dadurch unterbrochen).

Mehlig kochende Kartoffeln waschen, mit Schale in einen großen Topf geben, mit Salzwasser bedecken und bei geschlossenem Deckel **20–30 Minuten** gar kochen. Anschließend das Wasser abschütten und die Kartoffeln bei kleiner Hitze in dem Topf ausdämpfen lassen.

Mehl auf eine Arbeitsfläche geben und die noch heißen Kartoffeln über dem Mehl durch eine Kartoffelpresse drücken. Mit den Fingern eine Mulde in die Mitte der Kartoffel-Mehl-Masse formen und Eier, Salz, weißen Pfeffer und etwas geriebenen Muskat hineingeben. Die Masse mit Hilfe einer Teigkarte vermengen und den Teig mit den Händen so lange kneten, bis er glatt ist. Teig zu einer dicken Rolle formen und in drei Stücke teilen. Aus diesen Teigstücken erneut eine dicke Rolle formen und mit Hilfe der Teigkarte ca. 1 cm breite Stücke abstechen. Die Stücke anschließend auf einer bemehlten Arbeitsfläche zu Schupfnudeln rollen.

Einen Topf bereitstellen – und die Schupfnudeln in sprudelndem Salzwasser gar kochen. Die Schupfnudeln sind fertig, wenn sie an der Oberfläche schwimmen. Anschließend herausholen und in kaltem Wasser abschrecken.

Zwiebel würfeln, in einer Pfanne etwas Butter schmelzen und Zwiebel mit den Schupfnudeln darin goldgelb anbraten. Den abgetropften Rosenkohl halbieren und mit andünsten, so lange, bis alles eine schöne Farbe hat.

Danach den Apfel schälen und in die Pfanne reiben. Das Ganze mit Salz, Pfeffer und Muskat würzen und anschließend 2 cl Apfelwein oder Apfelsaft zugeben. Nochmals durchschwenken und abschmecken.

Die Pfanne auf den Tisch stellen und nach Belieben mit geriebenem Parmesan bestreuen.

---

1 Std. – ✳✳

4 Portionen:

600 g Rosenkohl, je nach Belieben
400 g Schupfnudeln, je nach Belieben
1 Zwiebel
1 Apfel
Salz, Pfeffer
Muskat, gerieben
2 cl Apfelwein oder Apfelsaft
100 g Parmesan, nach Geschmack

Schupfnudeln:
800 g Kartoffeln, mehlige
300 g Mehl
2 Eier
Salz, Pfeffer
Muskat, gerieben
Etwas Speisestärke zum Formen

Aus dem Gudde

Info: Bei Teigmassen immer auch nach Gefühl arbeiten, so dass man den perfekten Teig hinbekommt.

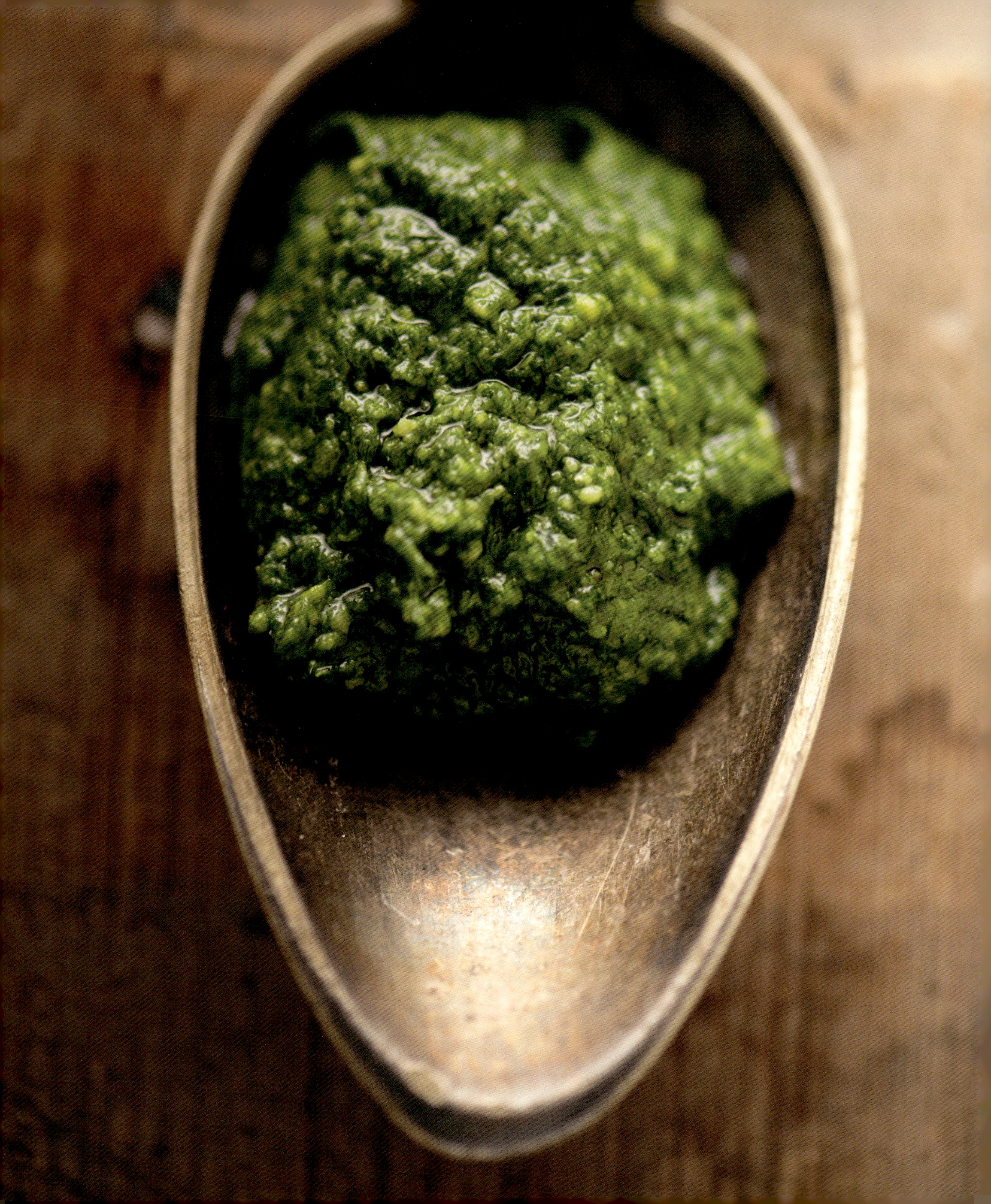

Bärlauch-Pesto

Den Bärlauch waschen und grob hacken. Die Pinienkerne in einer Pfanne rösten. In einem hohen Gefäß Bärlauch, Pinienkerne und Parmesan mit dem Pürierstab zerstoßen, dabei stetig Olivenöl zugießen und mit Meersalz abschmecken.

Das Bärlauch-Pesto anschließend in saubere Gläser füllen, mit einer dünnen Schicht Olivenöl abdichten und die Gläser gut verschließen.

40 Min – ✲✲

4 Portionen:

20–30 frische Bärlauchblätter
2 EL Pinienkerne
1 EL Parmesan, frisch gerieben
300 ml Olivenöl
Eine Prise Meersalz
Gläser, je nach Größe etwas Olivenöl zum Abfüllen

Aus dem Gadde

Info: Ungeöffnet hält sich das Pesto, kühl und dunkel gelagert, ca. zwei Monate.

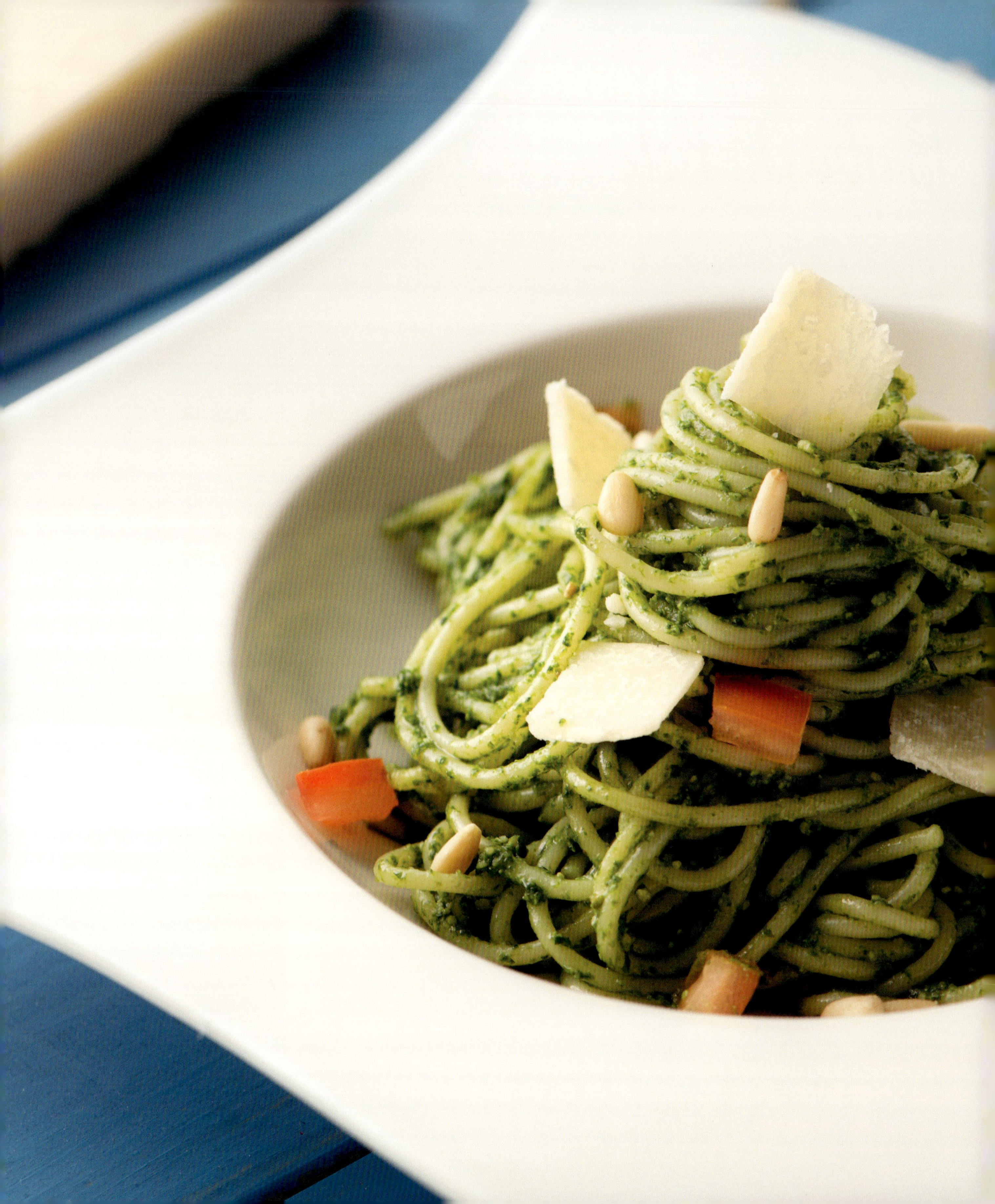

Nudeln mit Ochsenherztomaten in Bärlauch-Pesto

Spaghetti (oder auch andere Pasta) al dente kochen, abschrecken und beiseitestellen.

Schalotte und Knoblauch schälen und in ganz feine Würfel schneiden. Von den Ochsenherztomaten das Kerngehäuse entfernen und ebenfalls fein würfeln.

Anschließend das Gemüse mit dem Öl in einer Pfanne langsam schön glasig andünsten. Spaghetti hinzugeben, alles durchschwenken und das zubereitete Pesto unterrühren. Für die Frische noch etwas Zitronenabrieb und Crème Fraîche zugeben.

Vor dem Servieren nochmals abschmecken. Da das Pesto schon Salz und Pfeffer beinhaltet, lieber etwas vorsichtig würzen.

Pinienkerne in einer weiteren Pfanne vorsichtig anbraten.

Zum Schluss nach Belieben Parmesan über die Pasta hobeln und mit gerösteten Pinienkernen anrichten.

40 Min – ✳ ✳

4 Portionen:

400–500 g Pasta
100–200 g Bärlauchpesto (Rezept auf S. 81)
1 Schalotte
1 Knoblauchzehe
2 Tomaten, Ochsenherzen
2 EL Olivenöl
Etwas Zitronenabrieb
1 TL Crème Fraîche
2 EL Pinienkerne
Parmesan, nach Belieben
Salz, Pfeffer

Aus dem Gudde

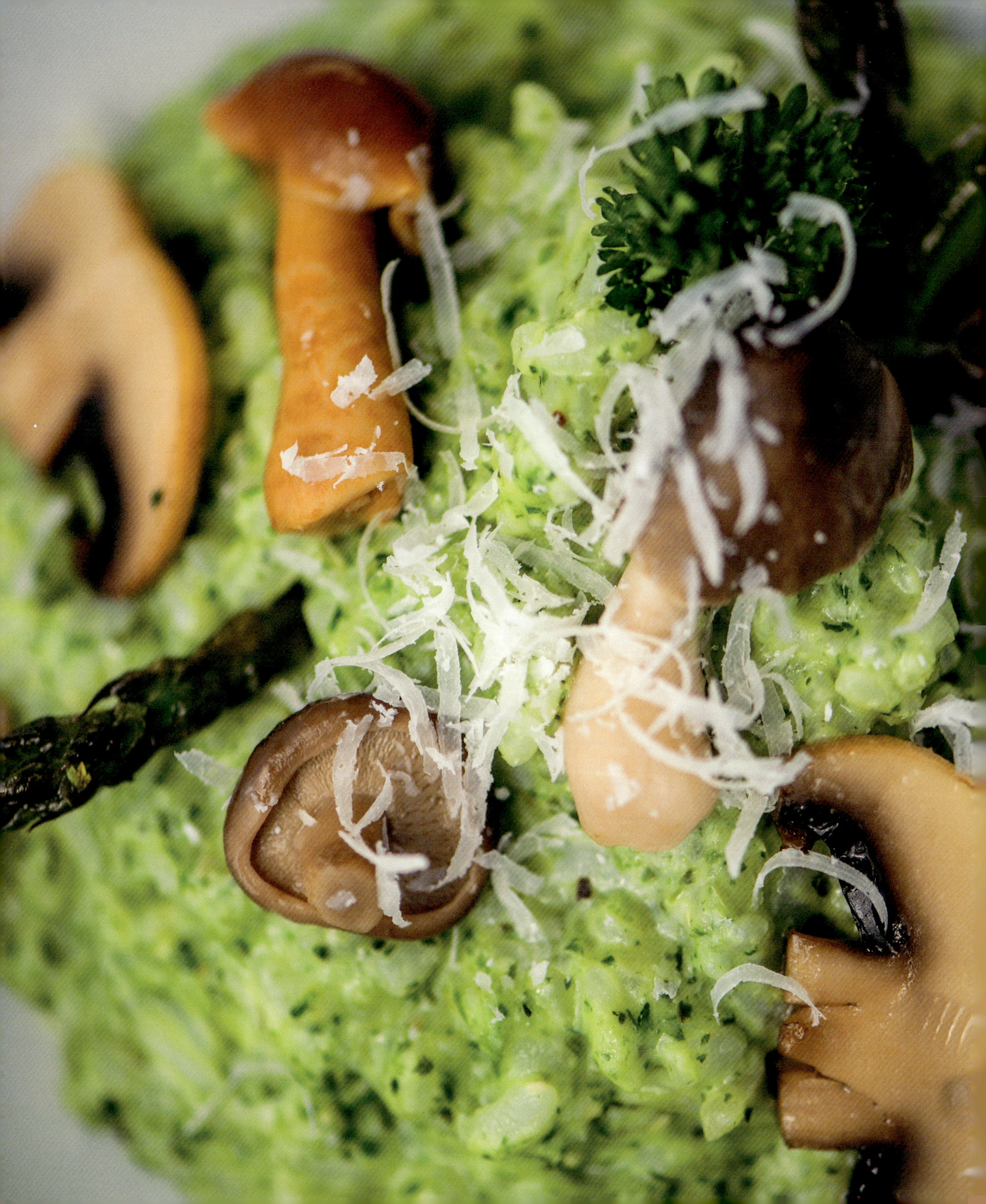

Grüne Sosse-Risotto

Zwiebel und Knoblauch schälen und fein würfeln. In einem großen Topf Olivenöl erhitzen und die Würfel kurz anschwitzen. Den Risottoreis dazugeben und mit anschwitzen, bis die Reiskörner glasig sind.

Mit Weißwein ablöschen und einkochen lassen. Unter ständigem Rühren nach und nach die Brühe dazugeben. Immer wieder einkochen lassen, bevor neue Brühe in den Topf gegeben wird. Die Menge der Brühe kann variieren. Sobald der Risottoreis nach **ca. 20–25 Minuten** gar ist, keine weitere Brühe mehr hinzufügen. Pilze waschen, putzen und zum Risotto geben.

In der Zwischenzeit die Kräuter mit einem Schuss Sahne fein pürieren und kurz vor Garende unter den Risottoreis rühren.

Zum Schluss die Butter und den geriebenen Parmesan unterheben und mit Salz und Pfeffer abschmecken. Sofort servieren.

1 Std. – ✻ ✻

4 Portionen:

1 Zwiebel
2 Knoblauchzehen
Olivenöl
250 g Risottoreis
1 Glas Weißwein
1 l Brühe (evtl. mehr)
250 g Pilze, z. B. Pfifferlinge, Champignons
1 Päckchen Grüne-Soße-Kräuter
Schuss Sahne
60 g Butter
90 g Parmesan, frisch gerieben
Salz, Pfeffer

Aus dem Gudde

Tipp: Risotto noch ausgarnieren mit frischem Rucola oder Babyspinat.

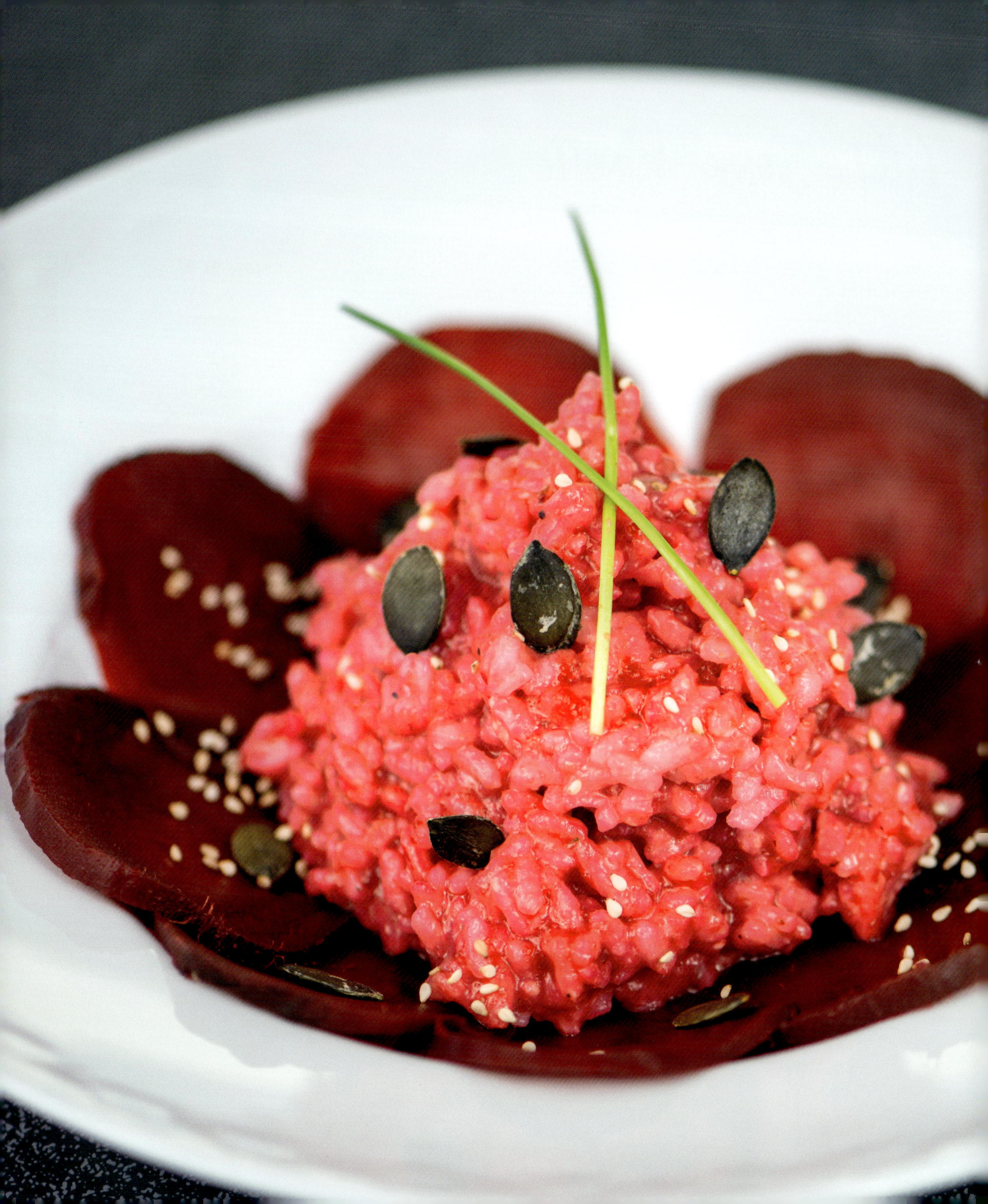

Rote Beete-Risotto

Rote Beete, Zwiebel und Knoblauch schälen und in feine Würfel schneiden (am besten mit Handschuhen arbeiten, da rote Beete stark abfärbt).

In einem großen Topf Olivenöl erhitzen, Gemüse kurz anschwitzen, den Risottoreis dazugeben und mit anschwitzen, bis die Reiskörner glasig sind.

Mit Rotwein ablöschen und einkochen lassen. Unter ständigem Rühren nach und nach die Brühe dazugeben. Immer wieder einkochen lassen, bevor erneut Brühe hinzugegossen wird. Dabei kann die Menge der Brühe variieren. Sobald der Risottoreis nach **ca. 20–25 Minuten** gar ist, keine weitere Brühe mehr zufügen.

Zum Schluss die Butter und den geriebenen Parmesan unterrühren, mit Salz und Pfeffer abschmecken, Kürbis- oder Pinienkerne darüber streuen und sofort servieren.

1 Std. – ✳✳

4 Portionen:

2–3 frische Rote-Beete-Knollen
1 Zwiebel
2 Knoblauchzehen
Olivenöl
250 g Risottoreis
1 Glas Rotwein
1 l Brühe (evtl. mehr)
60 g Butter
90 g Parmesan, frisch gerieben
Salz, Pfeffer
Eine Handvoll Kürbis- oder Pinienkerne

Aus dem Gadde

Tipp: Dazu passt auch wunderbar frischer Ziegenkäse!

Aus der Pfann

Handkäs-Burger
(Rezept S. 93)

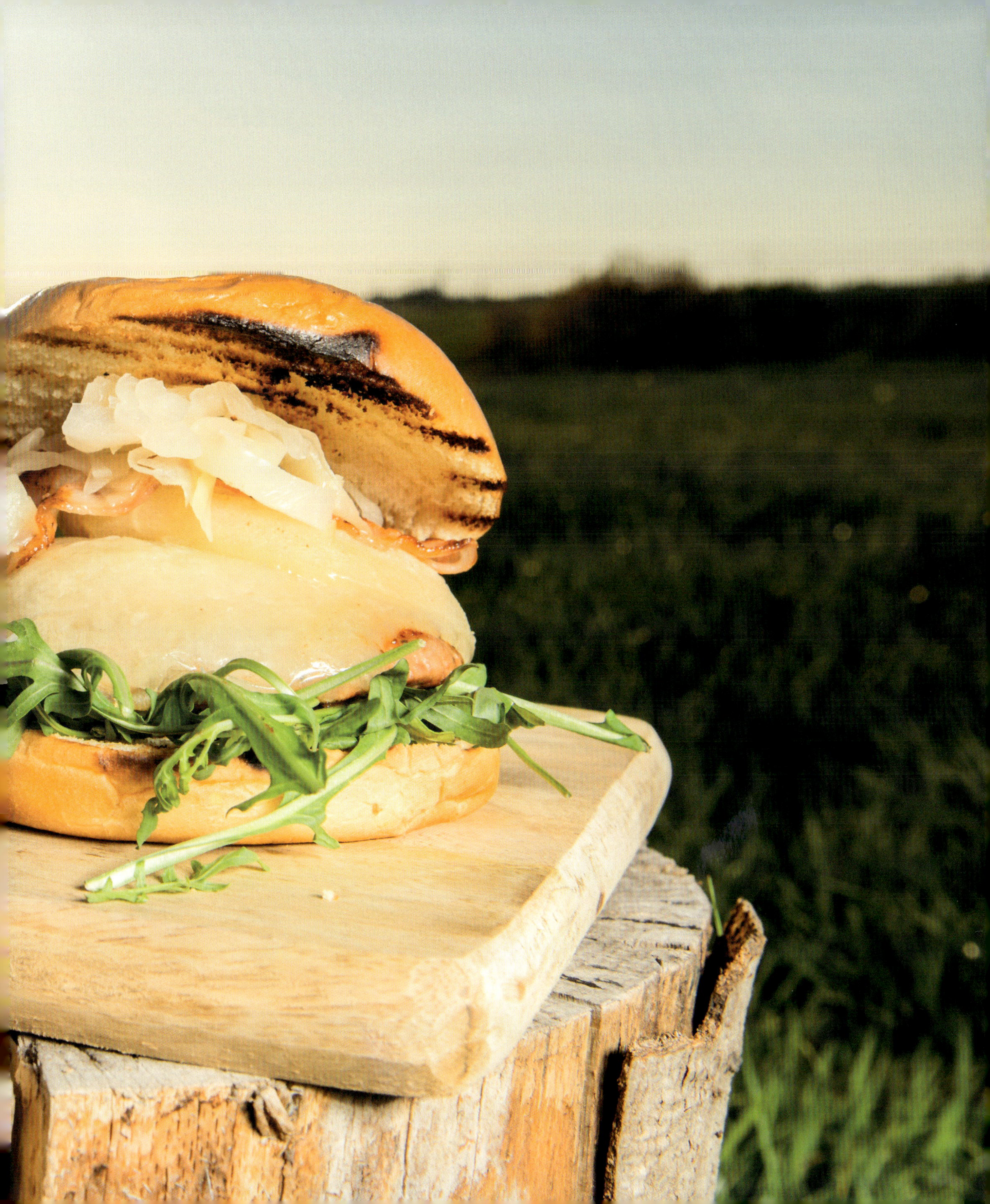

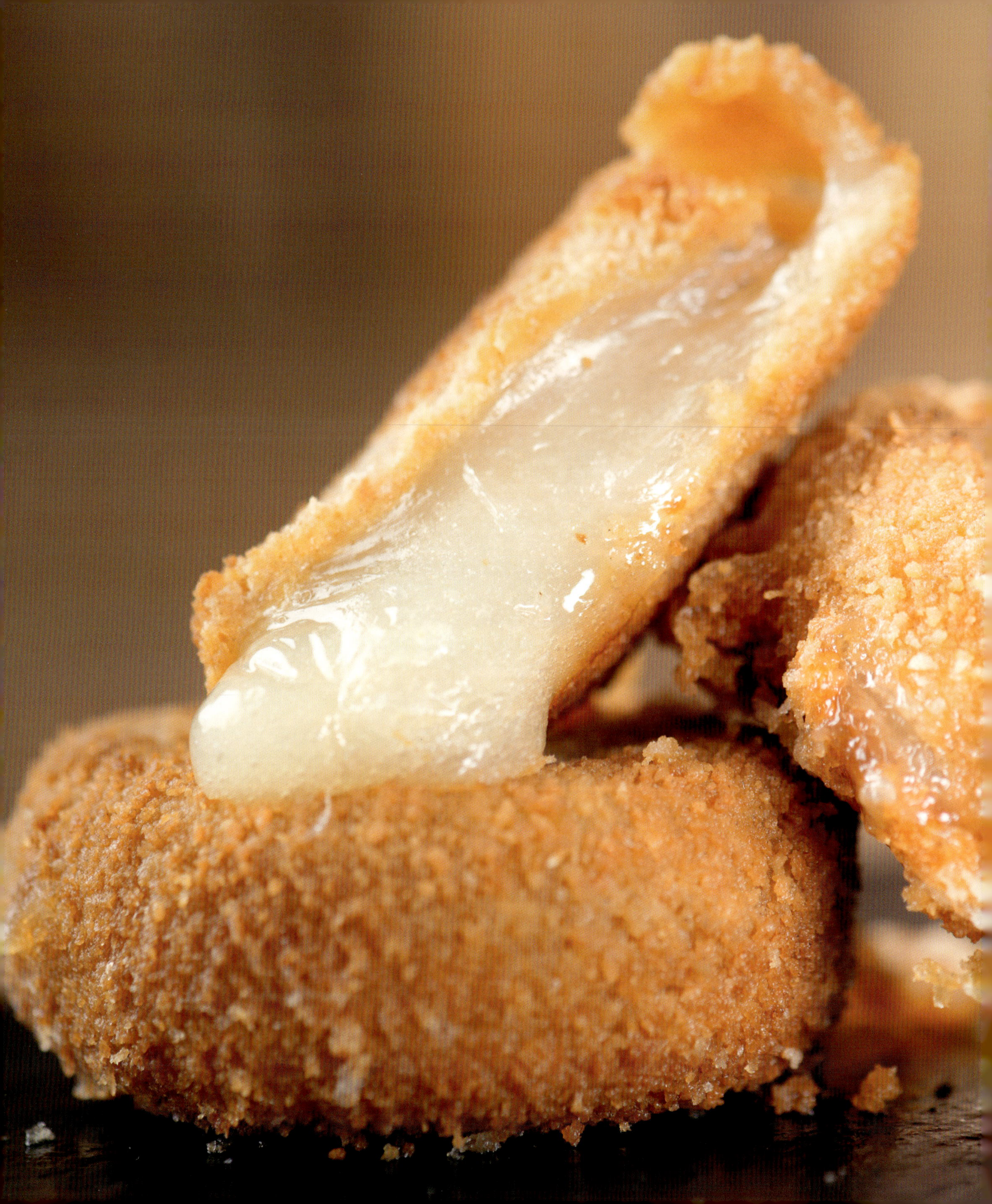

Frittierte Handkäs-Nuggets

Für die Nuggets:

Zunächst auf einen Teller etwas Mehl geben und auf einen weiteren Teller das Pankomehl. In einer Schüssel die Eier verquirlen.

Den Handkäse entweder vierteln oder im Ganzen lassen. Zum Panieren den Handkäse zuerst im Mehl, dann im Ei und zum Schluss im Pankomehl wälzen. Je nachdem, wie die Panade bereits haftet, müssen die Nuggets eventuell nochmals in der Reihenfolge paniert werden.

Anschließend den Butterschmalz in einer Pfanne erhitzen und die Handkäsnuggets darin goldbraun ausbacken. Das Gleiche geht auch mit der Fritteuse bei ca. 160 Grad.

Für den Apfel-Meerrettich-Dip:

Äpfel schälen, grob raspeln und sofort mit Zitronensaft beträufeln. Meerrettich mit Salz, Pfeffer und Zucker abschmecken. Mit Crème Fraîche und Kümmel verfeinern und mit den geriebenen Äpfeln vermengen.

10 Min ✳✳

4 Portionen:

Für die Nuggets:
150 g Panko- oder Paniermehl
5 EL Mehl, nach Bedarf
4 Stück Handkäse
4 Eier
5 EL Butterschmalz

Apfel-Meerrettich-Dip:
2 Äpfel, saure
Saft einer ½ Zitrone
150 g Sahne-Meerrettich
Salz, Pfeffer
Prise Zucker
50 g Crème Fraîche
1 TL Kümmel, ganz

Aus der Pfanne

45 Min – ✳✳✳

Rezept für 20 Buns:

1.100 g Weizenmehl, Type 405
2 TL Salz
2 TL Zucker
2 Päckchen Trockenhefe
650 ml lauwarmes Wasser
30 g Honig
20 g Glucose
75 g Pflanzenöl
2 Eier, Gr. M
Etwas Sesam, nach Belieben

Rezept für 4 Patties:

500 g frisches Rinderhack
1 EL Meersalz, grob
½ TL Pfeffer, schwarz
4 Stück Handkäs

Handkäs-Burger

Für die Burger Buns:

Mehl, Salz und Zucker in einer Schüssel mischen. Trockenhefe im lauwarmen Wasser auflösen und Honig, Glucose, Öl und Eier zufügen. Miteinander verquirlen und die Flüssigkeit zur Mehlmischung geben. Anschließend alles zu einem geschmeidigen Teig verarbeiten.

Den Teig mit Folie abdecken und **ca. 30 Minuten** an einem warmen Ort gehen lassen. Im Anschluss nochmals durchkneten und den Teig in 100 g Portionen teilen. Die Teigstücke zu Kugeln formen und auf ein gefettetes Backblech geben. Erneut **30 Minuten** auf dem Blech gehen lassen. In der Zwischenzeit den Ofen auf Umluft 220 Grad vorheizen.

Die Buns mit Eigelb bepinseln, Sesam darüberstreuen und für **sechs Minuten** in den vorgeheizten Ofen schieben. Danach das Backblech einmal komplett drehen und nochmals **5–6 Minuten** backen.

Sobald die Buns aus dem Ofen kommen, mit einem feuchten Küchentuch abdecken und auskühlen lassen (dadurch werden sie schön weich).

Für die Patties:

In einer großen Schüssel alle Zutaten mit der Hand verkneten. Dadurch verbindet sich das Hackfleisch richtig und die Patties fallen nachher beim Braten nicht auseinander. Das geknetete Hack zu vier Hamburger Patties mit einer Höhe von ca. 2 cm formen. Mit einer Burger-Presse bringt man sie in die optimale Form. Mit dem Daumen mittig eine kleine Delle reindrücken, damit sich das Patty beim Anbraten nicht zu sehr zusammenzieht.

Burger-Patties bei hoher Hitze ohne Öl auf dem Grill oder in einer massiven Pfanne von beiden Seiten **ca. zwei Minuten anbraten**. Bei einer Pfanne oder dünnen Grillpfanne benötigen sie etwa **vier Minuten** pro Seite.

Belegen lässt sich der Burger nach Belieben, wir empfehlen Rucola, Baconstreifen und ordentlich Zwiebeln! Und natürlich ein großes Stück Handkäs!

Info: Außer Fleisch, Salz und maximal etwas Pfeffer, gehört in richtige Burger-Patties nichts Weiteres an Zutaten hinein. Sobald Semmelbrösel, Zwiebeln oder Ähnliches hinzugefügt werden, handelt es sich um Frikadellen. Beim klassischen Burger sollte das Hackfleisch vom Rind sein und optimalerweise etwa 20% Fettanteil besitzen, damit der Burger nicht zu fettig oder zu trocken wird. Schweinehackfleisch bzw. Gemischtes besitzen in der Regel 40% Fett und eignen sich daher nicht. Das Rindfleisch muss zudem frisch sein, da ein perfektes Patty nach dem Braten noch Medium sein sollte.

Tipp: Wer mag, kann die Handkäs-Stücke bereits während des Bratens auf das Patty legen, dann wird der Käse schön weich!

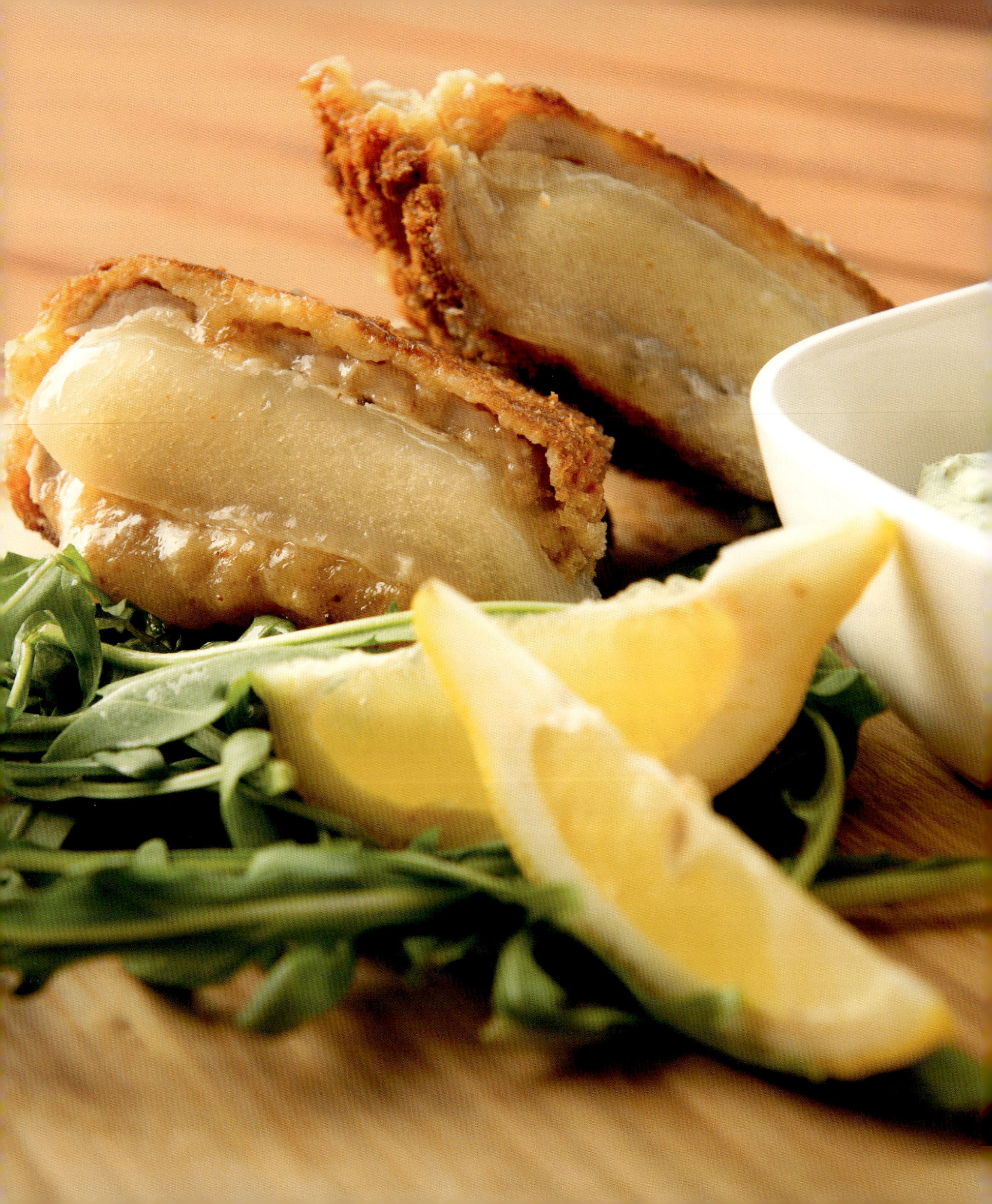

Handkäs-Cordonbleu à la Rosenhöhe

Auf einen Teller etwas Mehl geben und auf einen anderen die Semmelbrösel. In einer Schüssel die Eier verquirlen.

Die Kalbschnitzel (oder Schweineschnitzel) der Länge nach aufschneiden, aber nicht ganz durchtrennen (Schmetterlingsschnitt). Den Handkäse längs halbieren.

Die Schnitzel zwischen Frischhaltefolie legen und mit einem Plattiereisen oder einem Stieltopf kräftig klopfen. Die Frischhaltefolie entfernen und die längs halbierten Handkäs-Scheiben samt Schinken in den Schnitt hineinlegen, wieder zuklappen und mit Zahnstochern feststecken. Salzen, pfeffern und dann gleichmäßig in Mehl wenden, durch das Ei ziehen und anschließend mit den Semmelbröseln panieren.

Ausreichend Butterschmalz in einer Pfanne stark erhitzen, danach die Temperatur etwas herunterschalten und die Schnitzel von jeder Seite **ca. 3–5 Minuten** schnell braten, bis sie schön goldbraun sind. Den Ofen auf 180 Grad vorheizen. Zwischendurch die Schnitzel immer mal etwas bewegen, damit sich das Paniermehl gut abheben kann.

Anschließend für **ca. fünf Minuten** im vorgeheizten Ofen backen.

45 Min – ✻✻

4 Portionen:

3 Eier
Mehl, nach Belieben
Semmelbrösel, nach Belieben
4 große Kalbsschnitzel (oder vom Schwein)
4 Stücke Handkäs
4 Scheiben Kochschinken, mageren
Salz, Pfeffer
Etwas Butterschmalz

Aus der Pfann

Tipp: Damit der Käse später nicht herausläuft, die Cordonbleu immer schön komplett panieren!

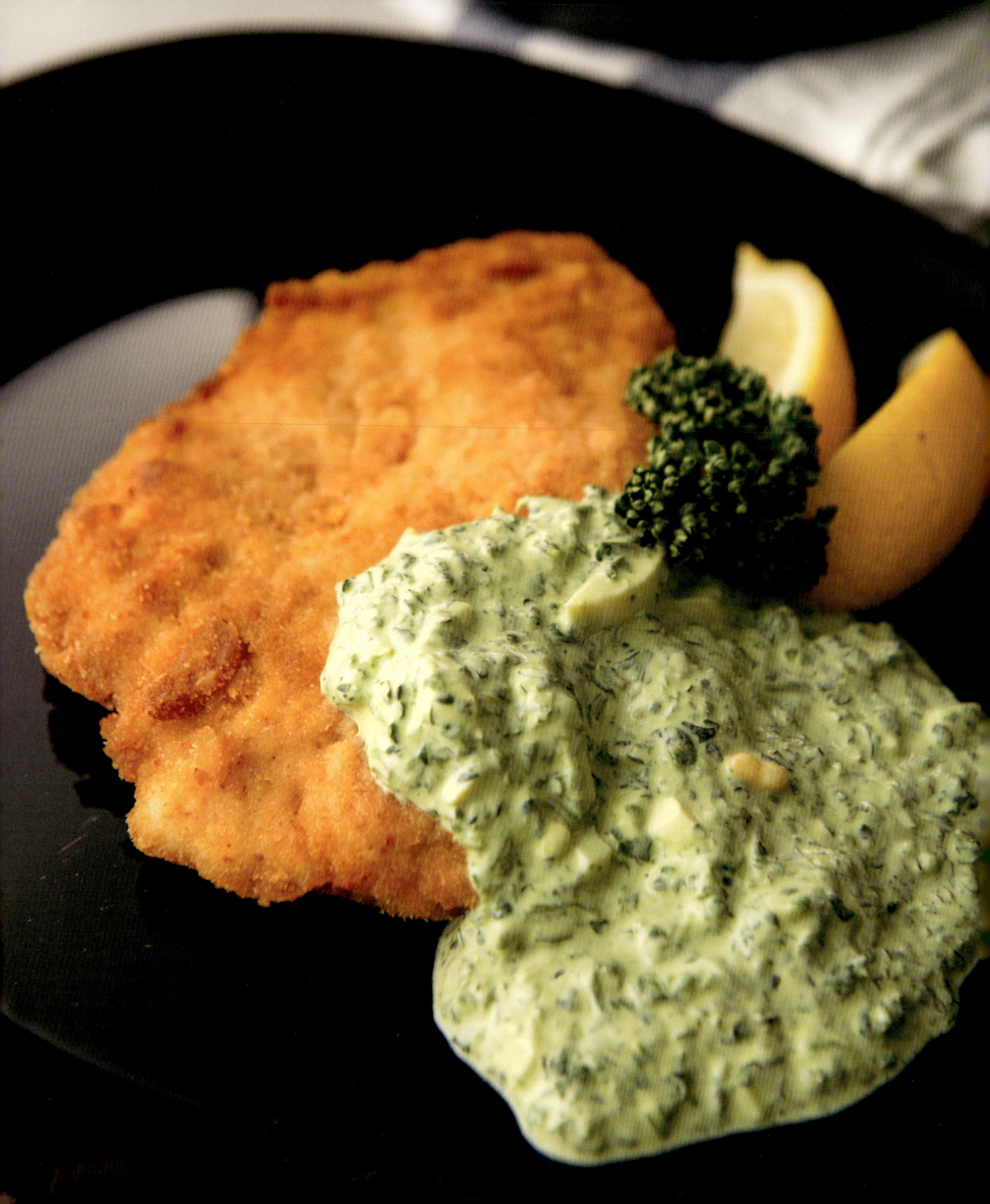

Frankfurter Schnitzel mit Grie Soss

Einen tiefen Teller mit dem Mehl füllen, einen weiteren mit Semmelbröseln und in einer Schüssel die Eier verquirlen.

Schnitzel zwischen zwei Frischhaltefolien legen und behutsam klopfen. Fleisch aus der Folie nehmen und beidseitig salzen. Für die Panade zunächst in Mehl wenden, abklopfen, durch die Eier ziehen und in den Bröseln wenden.

Butterschmalz in einer Pfanne erhitzen und die Schnitzel goldgelb backen. Während des Backens die Pfanne ein wenig rütteln, damit die Schnitzel gleichmäßig goldbraun werden. Schnitzel herausheben und auf Küchenpapier abtropfen lassen.

Zitrone in Spalten schneiden und die fertigen Schnitzel mit Zitronenspalten und Grüner Soße garnieren.

45 Min ✳ ✳

4 Portionen:

4 Kalbsschnitzel, à 160 g
1 Prise Salz
150 g Mehl, griffiges
2 Eier
300 g Semmelbrösel
2 EL Butterschmalz
1 Zitrone

Grüne Soße
(Rezept auf S. 69)

Aus der Pfann

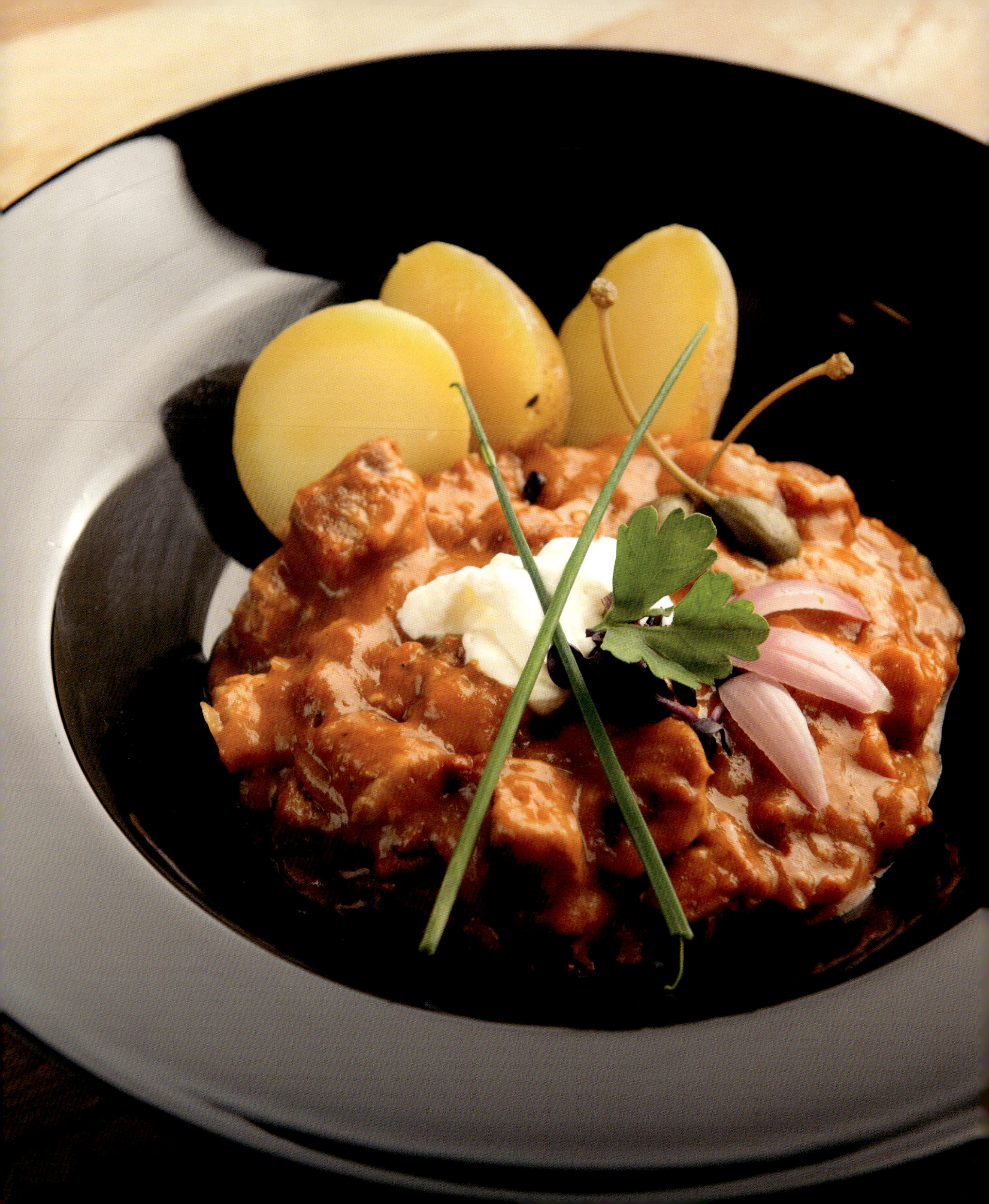

Gestortes Kalbsfleisch à la Frankfurt

Zwiebeln schälen und fein würfeln. Kalbsfleisch ebenfalls würfeln. In einer Kasserolle die feinen Zwiebelwürfel in Butter anschwitzen und das in Würfel geschnittene Kalbsfleisch dazugeben.

Das Fleisch etwas Farbe nehmen lassen und das Ganze mit Weiß- und Apfelwein ablöschen. Anschließend mit Salz und Pfeffer würzen, 3–4 Nelken dazugeben und bei mittlerer Hitze **ca. eine Stunde** schmoren, bis es schön zart ist.

Danach das Fleisch aus dem Fond nehmen und warmstellen. Die Nelken ebenfalls aus dem Sud holen.

Die Kapern kleinhacken. Eigelb, Kapern, Muskat, einen Spritzer Zitronensaft und den Schmand miteinander vermengen und nach und nach in den Fond einrühren.

Zum Servieren die Soße über das Fleisch geben.

1 ½ Std. – ✳✳

4 Portionen:

400 g Zwiebel
80 g Butter
1 kg Kalbsschulter
400 ml Weißwein
250 ml Apfelwein
4–5 Nelken
Salz, Pfeffer
3 Eigelb
1–2 TL Kapern, nach Belieben
150 ml Schmand
1 Spritzer Zitronensaft
Etwas Muskat

Tipp: Zum Fleisch passen sehr gut Salzkartoffeln, aber auch Bandnudeln mit jungem Gemüse.

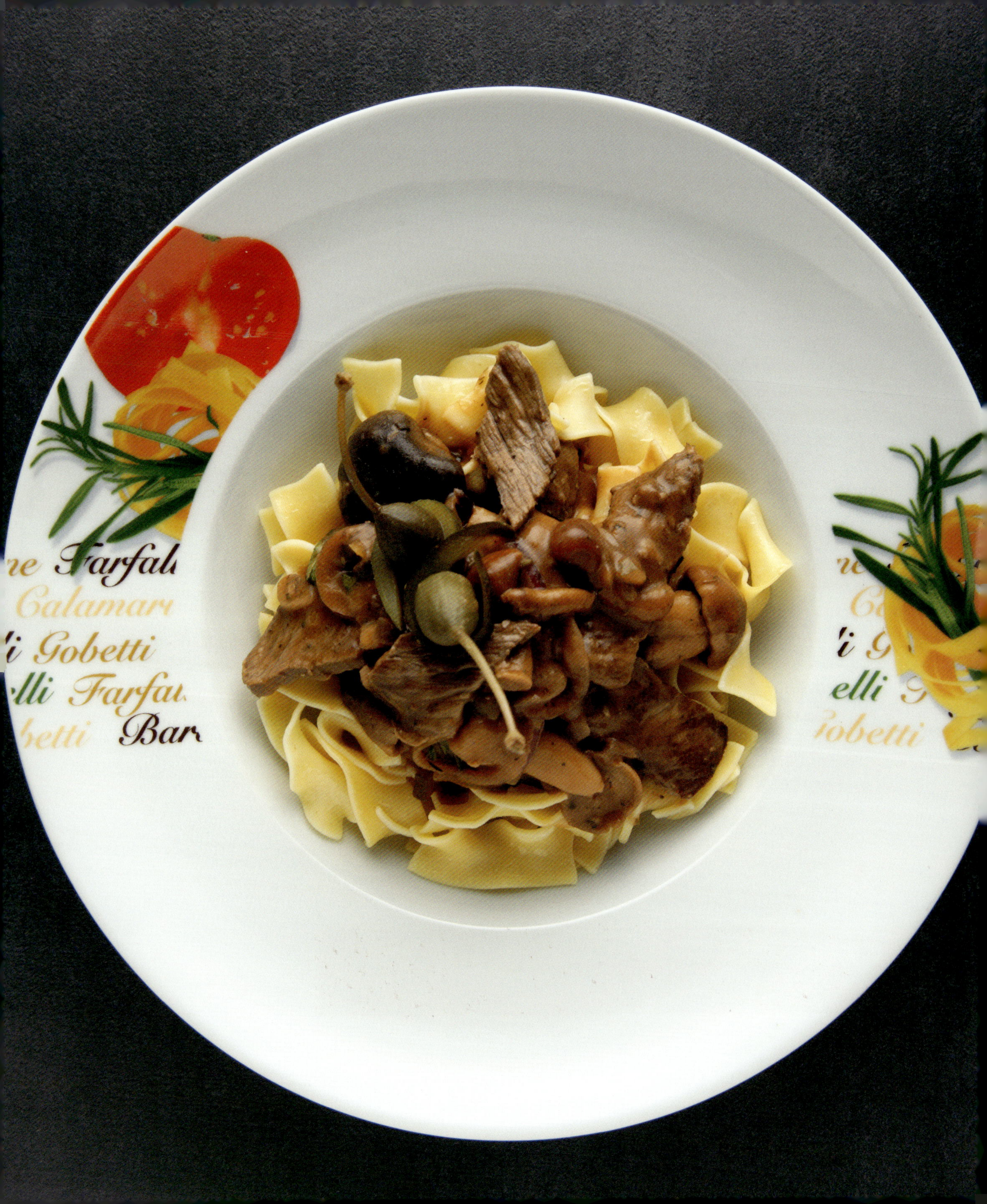

Frankfurter Boeuf Stroganoff

Trockenpilze **ca. drei Stunden** lang in 150 ml Apfelwein einweichen.

Das Rinderfilet in 2 cm dünne Streifen schneiden. Die frischen Champignons putzen, die Zwiebel schälen und beides in Scheiben schneiden. Die Gurke in Streifen schneiden.

Die eingeweichten Pilze durch ein Sieb abgießen und mit einem Schuss Sahne pürieren.

Zwiebel, Champignons und Gurkenstreifen mit etwas Knoblauch anbraten, anschließend Tomatenmark und Senf dazugeben und mit Salz, Pfeffer würzen. Das Gemüse mit 150 ml Apfelwein und einem Schuss Gurkenwasser ablöschen und mit der Fleischbrühe auffüllen. Alles etwas einkochen lassen.

Separat die Rinderfiletstreifen in einer heißen Pfanne mit einem Tropfen Öl kurz scharf anbraten (darf innen noch rosa sein). Das Fleisch in die vorbereitete Soße geben, nochmal durchschneiden und auf einem tiefen Teller anrichten. Mit etwas Zitronenabrieb und einem Klecks Kräuterschmand ausgarnieren – wer mag, auch gerne noch mit Kapern.

1 Std. – ✳✳

4 Portionen:

1 Packung Trockenpilze
300 ml Apfelwein
600 g Rinderfilet
200 g Champignons
1 Zwiebel
1 Knoblauchzehe
1 Gewürzgurke +
1 Schuss Gurkenwasser
Schuss Sahne
1 EL Tomatenmark
1 TL Senf
Salz, Pfeffer
80 ml Fleischbrühe
Etwas Zitronenabrieb
1 EL Kräuterschmand
2 EL Kapern

Aus der Pfanne

Tipp: Dazu eignen sich wunderbar Bandnudeln oder Eierspätzle. Auch ein kräftiger Spätburgunder ist ein idealer Begleiter.

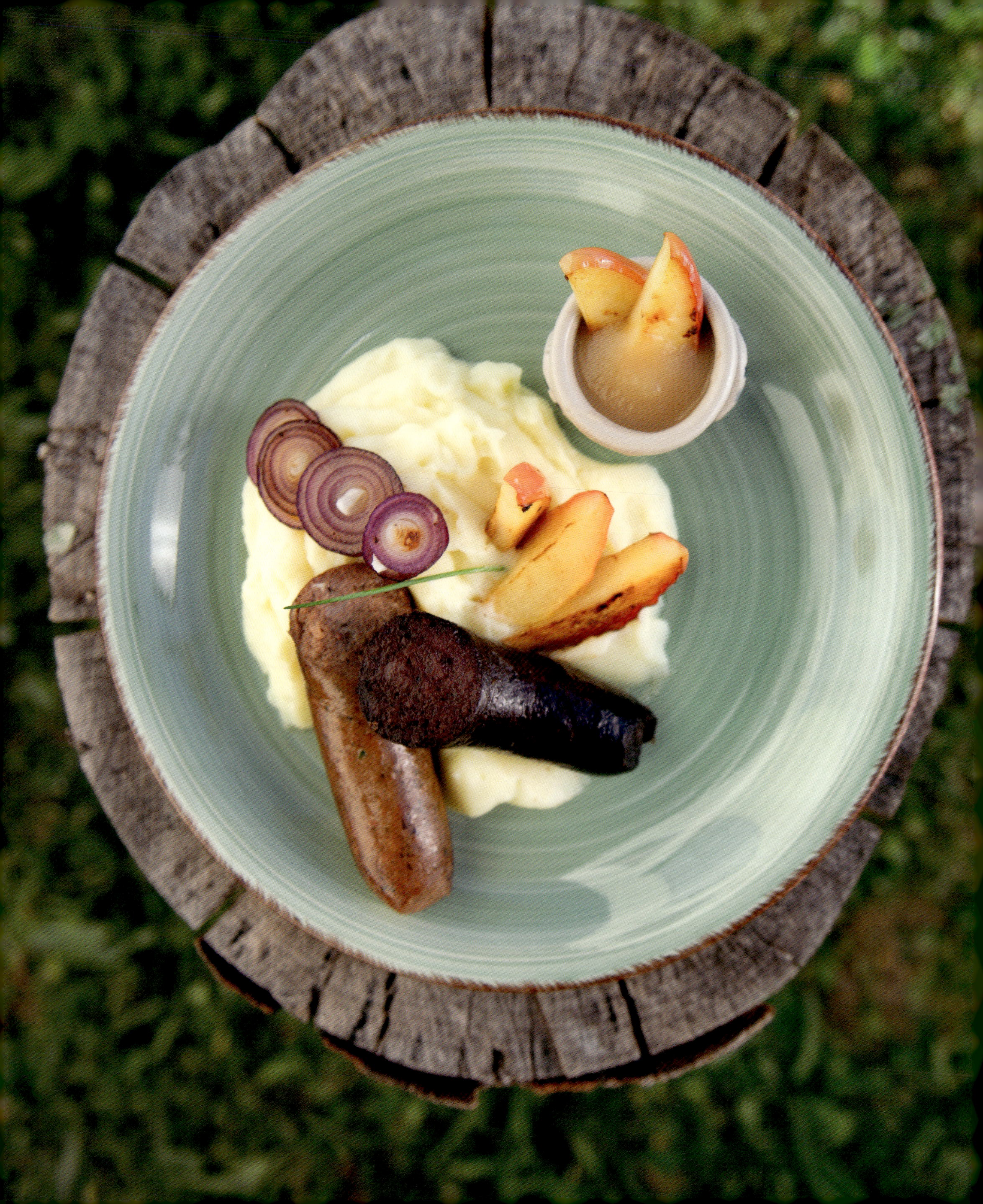

Himmel und Erde

Kartoffeln und Äpfel schälen und in kleine Würfel schneiden.

In einem Topf Wasser und Apfelwein aufkochen, so dass die Kartoffelwürfel bedeckt sind. Salz, Zucker und die Apfelwürfel hinzugeben und bei schwacher Hitze so lange kochen, bis alles weich ist.

Nach dem Kochen die Masse mit einem Kartoffelstampfer zerdrücken. Anschließend mit Salz, Muskat und einer Prise Zucker abschmecken.

Blut- und Leberwurst in einer Pfanne anbraten. Zwiebeln schälen und in Ringe schneiden, in die Pfanne geben und anrösten.

Die Wurst mit den Zwiebeln und dem Püree servieren und Apfelmus als Topping dazu reichen.

50 Min – ✴✴

4 Portionen:

8–10 Kartoffeln, mehlig kochend
5 Äpfel
4 cl Apfelwein
Prise Zucker
Salz
Muskat, gemahlen
4 Blut- und 4 Leberwürstchen
2 Zwiebeln
1 Glas Apfelmus

Aus der Pfanne

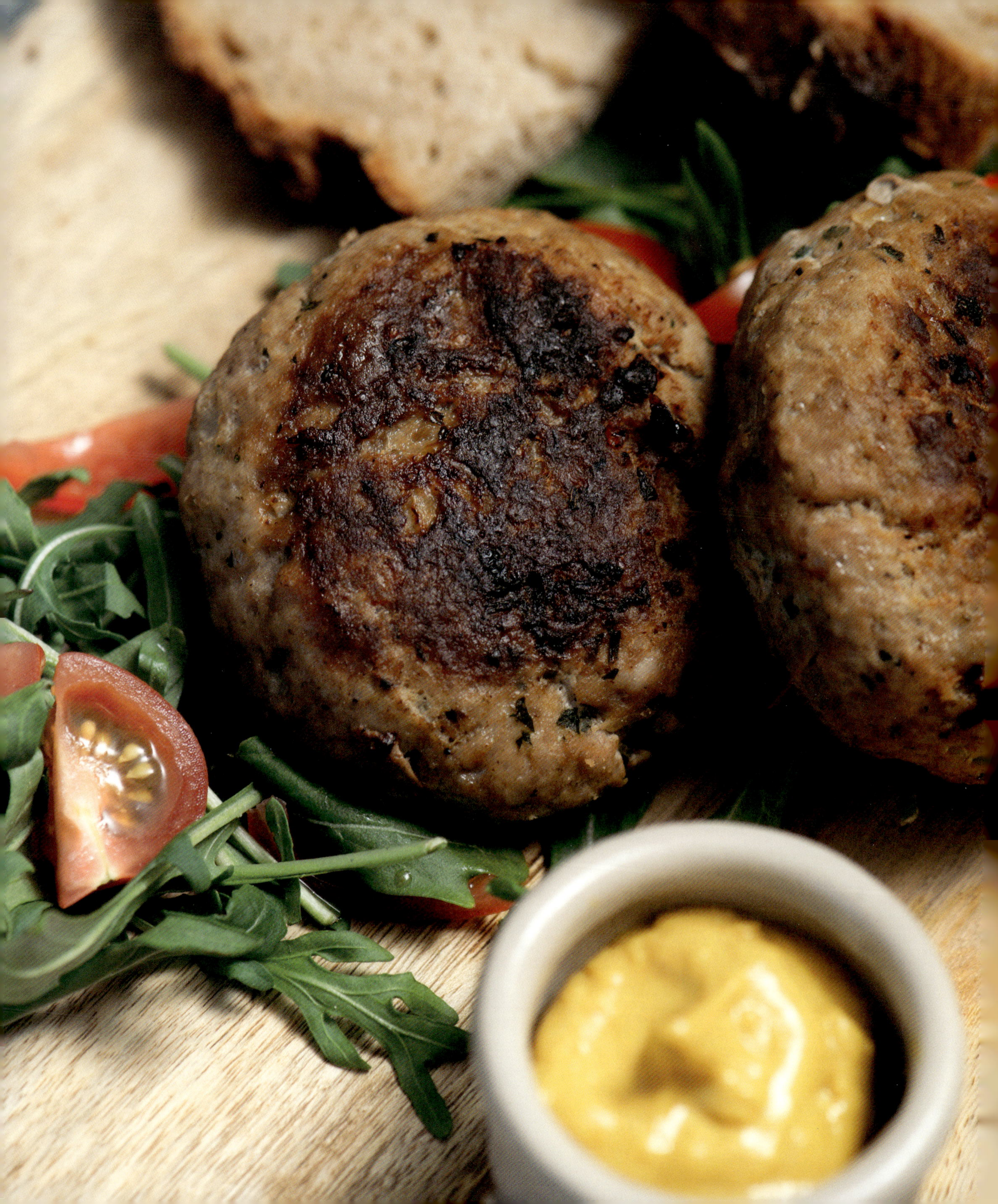

Saftige Frikadellen

Das Brötchen in Wasser einweichen und anschließend gut mit den Händen ausdrücken. Die Zwiebel schälen, klein schneiden und in einer Pfanne mit erhitzter Butter glasig andünsten.

Nun das Hackfleisch mit dem Brötchen, der Zwiebel und dem Ei gut vermengen und mit Senf, Salz, Pfeffer, Majoran, Petersilie und Paprikapulver würzen und kräftig verkneten.

Zum Schluss mit angefeuchteten Händen beliebig große Frikadellen formen und in der Pfanne mit erhitzter Margarine oder Butter von beiden Seiten scharf anbraten, danach bei mittlerer Hitze beide Seiten je **8–10 Minuten** gar braten.

35 Min – ✳

4 Portionen:

1 Brötchen
1 Zwiebel
Etwas Butter
500 g Hackfleisch, gemischt
1 Ei
1 TL Senf
1 TL Salz
Prise Pfeffer
1 TL Majoran, getrocknet
1 TL Petersilie, frisch
1 TL Paprikapulver, edelsüß

Aus der Pfanne

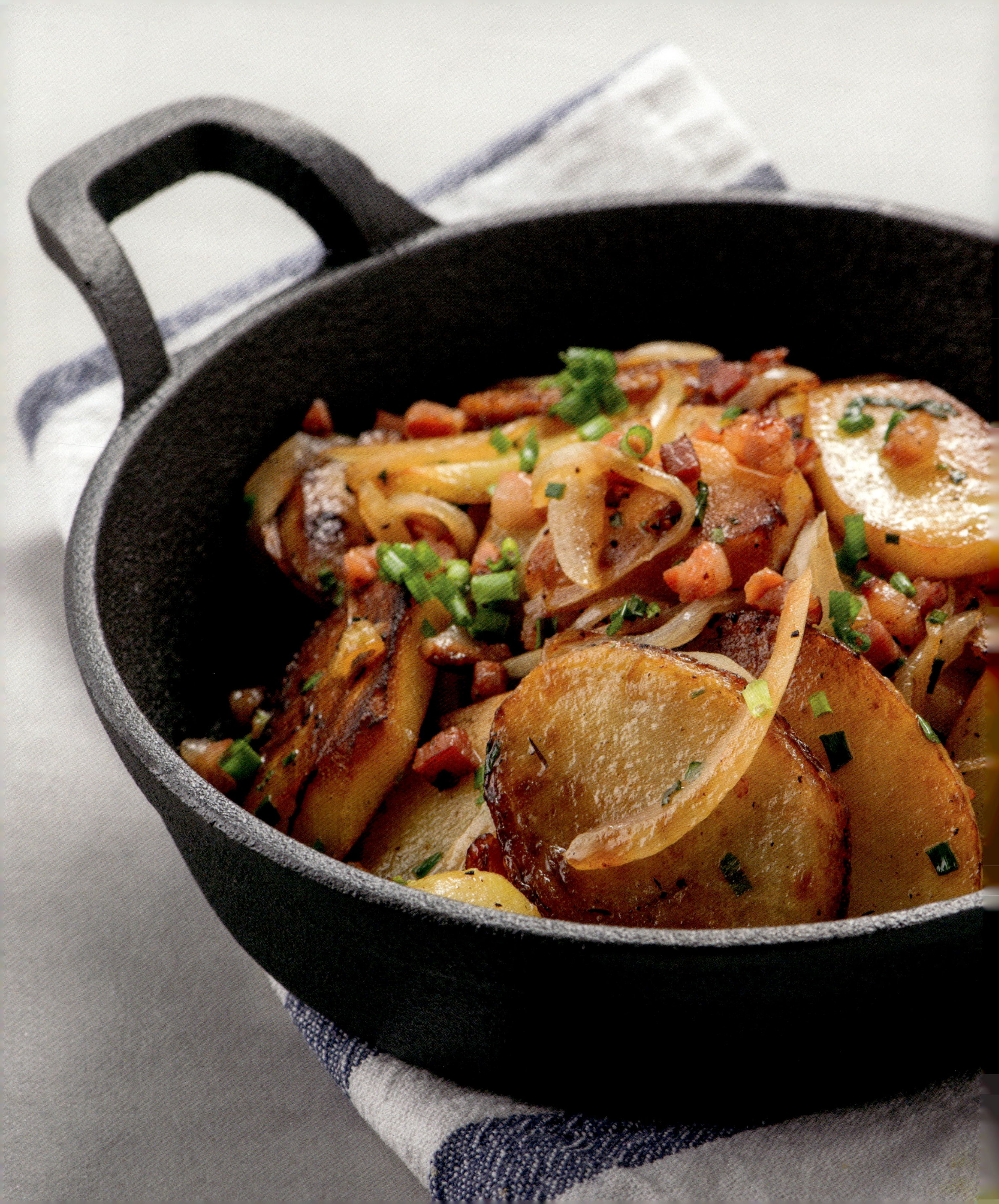

Bratkartoffeln

Bei Bratkartoffeln streiten sich auch Köche gerne mal ;) Irgendwie macht sie doch jeder anders – sei es mit rohen oder gekochten Kartoffeln, ganz dünn geschnitten oder etwas dicker, mit oder ohne Speck.

Das hier ist meine persönliche Variante, natürlich kann man den Speck auch weglassen!

Die Kartoffeln in einem großen Topf ca. 20 Minuten kochen, bis sie bissfest sind. In der Zwischenzeit Speck und Zwiebeln in feine Würfel schneiden, Petersilie waschen und die Hälfte davon hacken.

Die gekochten Kartoffeln abgießen und direkt pellen, anschließend in ca. 2–3 cm dünne Scheiben schneiden.

Butterschmalz in der Pfanne erhitzen, Kartoffelscheiben hinzugeben und anbraten. Zwischenzeitlich vorsichtig wenden, so dass die Kartoffeln von allen Seiten gleichmäßig goldbraun werden. Den Speck und die Zwiebelwürfel ziemlich am Ende hinzugeben, vorsichtig vermengen und kurz mitbraten.

Mit Salz und Pfeffer abschmecken. Gehackte Petersilie unterheben, auf Tellern anrichten und mit den weiteren Petersilienblättern garnieren.

1 ½ Std. – ✳

4 Portionen:

1 kg Kartoffeln, festkochend
2 Zwiebeln
100 g Speck
1 Bund Petersilie
200 g Butterschmalz
Salz, Pfeffer

Aus der Pfann

Tipp: Die Kartoffeln schon am Vortag kochen und über Nacht kühlstellen.

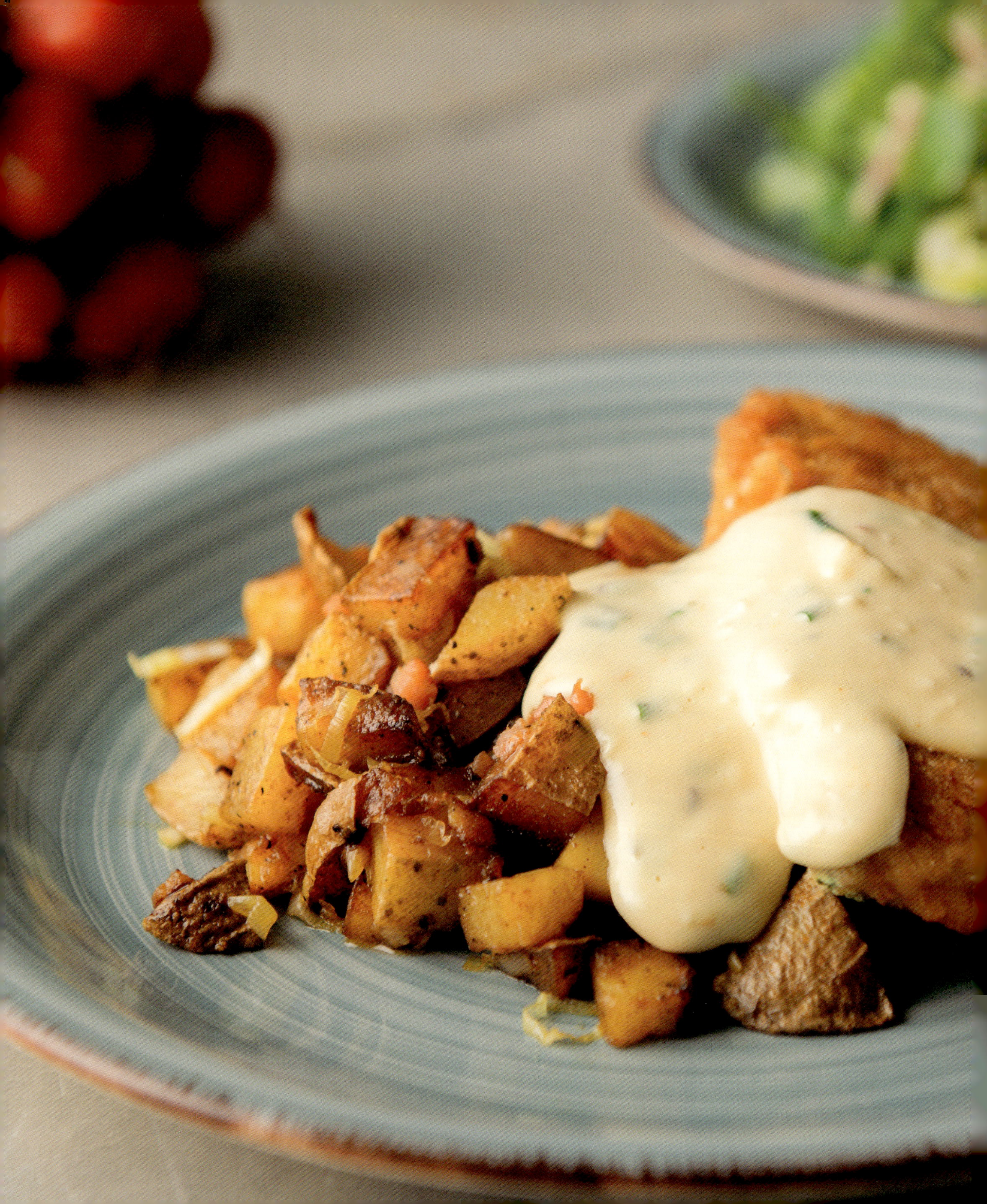

Gebratene Würfelkartoffeln

Die Kartoffeln schälen, waschen, abtrocknen und würfeln. Schmalz in einer Pfanne auslassen und die Kartoffelwürfel dazugeben. Kräftig salzen. So lange braten, bis die Würfel gar und schön braun sind. Kurz vor Ende die Speckwürfel hinzugeben und pikant mit den Gewürzen abschmecken.

25 Min – ✶

Rezept für 4–6 Portionen:

5 mittelgroße Kartoffeln
Etwas Schmalz
Salz, Pfeffer
70 g Räucherspeck
Etwas Paprika, edelsüß

Aus der Pfanne

Tipp: Kann wunderbar kombiniert werden mit einem Schnitzel und unserem Kochkäse (zu finden auf S. 19).

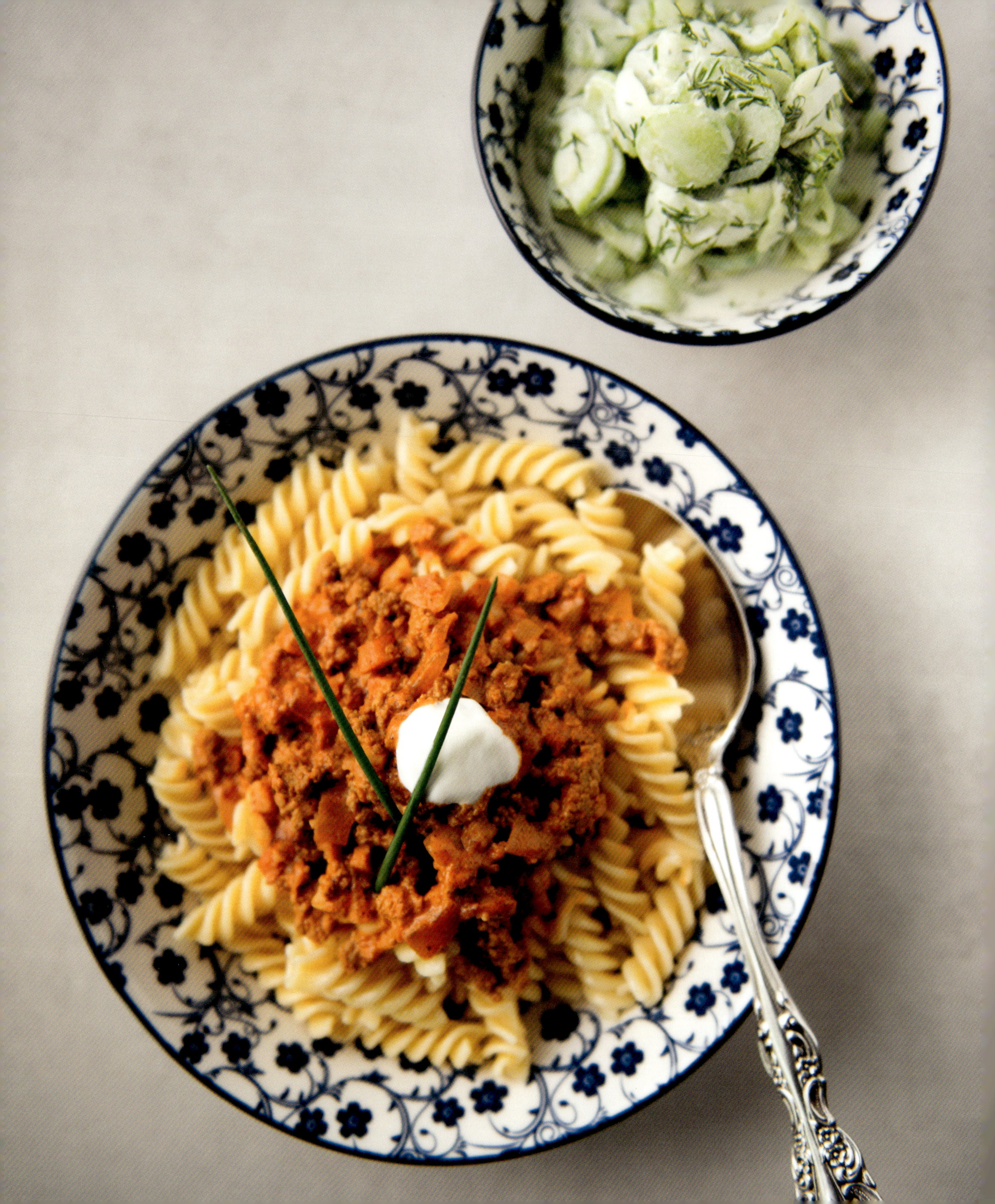

Omma Else's Rahmhaschee

Zwiebel und Knoblauch schälen und in kleine Würfelchen schneiden. Die Hälfte des Olivenöls in einer großen Pfanne erhitzen. Zwiebeln und Knoblauch hineingeben und unter Wenden hellbraun braten. Die Butter unterrühren. Einen Esslöffel Rosenpaprika, einen halben Teelöffel schwarzen Pfeffer und etwas Salz zugeben. Unter ständigem Wenden schön braun braten. Zwiebeln aus der Pfanne nehmen und beiseitestellen.

Info: Je dunkler die Zwiebeln gebraten werden, desto gehaltvoller und würziger wird das Haschee schmecken.

Restliches Olivenöl in die Pfanne geben und erhitzen. Das Hackfleisch zugeben und gut durchbraten. Angebratene Zwiebeln mit Knoblauch wieder in die Pfanne geben und vermischen. Noch **ca. fünf Minuten** unter ständigem Wenden weiterbraten. Mit einem halben Liter klarer Fleischbrühe ablöschen und aufkochen. Jeweils einen halben Esslöffel Rosenpaprika, Paprika edelsüß, Oregano und einen halben gehäuften Teelöffel schwarzen Pfeffer zugeben und vermengen. Den Senf, das Tomatenmark und eine Prise Zucker zugeben. **15 Minuten** auf mittlerer Stufe köcheln lassen, dabei mehrmals umrühren. Im Anschluss nochmals abschmecken.

Einen Esslöffel Mehl (oder Maisstärke) mit dem Schneebesen in eine halbe Tasse Wasser einrühren, bis sich das Wasser und das Mehl verbunden haben. Drei Esslöffel der Flüssigkeit aus dem Haschee mit dem Schneebesen in das Wasser-Mehl-Gemisch einrühren. Anschließend das Gemisch in das Haschee gießen, gut umrühren und erneut erhitzen. Die Flüssigkeit im Haschee wird damit zu einer schön sämigen Soße.

---

30 Min – ✼

4 Portionen:

1 Zwiebel
2 Knoblauchzehen
7 EL Olivenöl
20 g Butter
1 ½ EL Paprikapulver, rosenscharf
1 TL Pfeffer, schwarz
600 g Hackfleisch, gemischt
½ l Fleischbrühe
½ EL Paprikapulver, edelsüß
½ EL Oregano
Salz
1 TL Senf, mittelscharf
35 g Tomatenmark
1 Prise Zucker
2 EL Mehl oder Maisstärke

Aus der Pfann

Tipp: Dazu passt jegliche Art von Pasta!

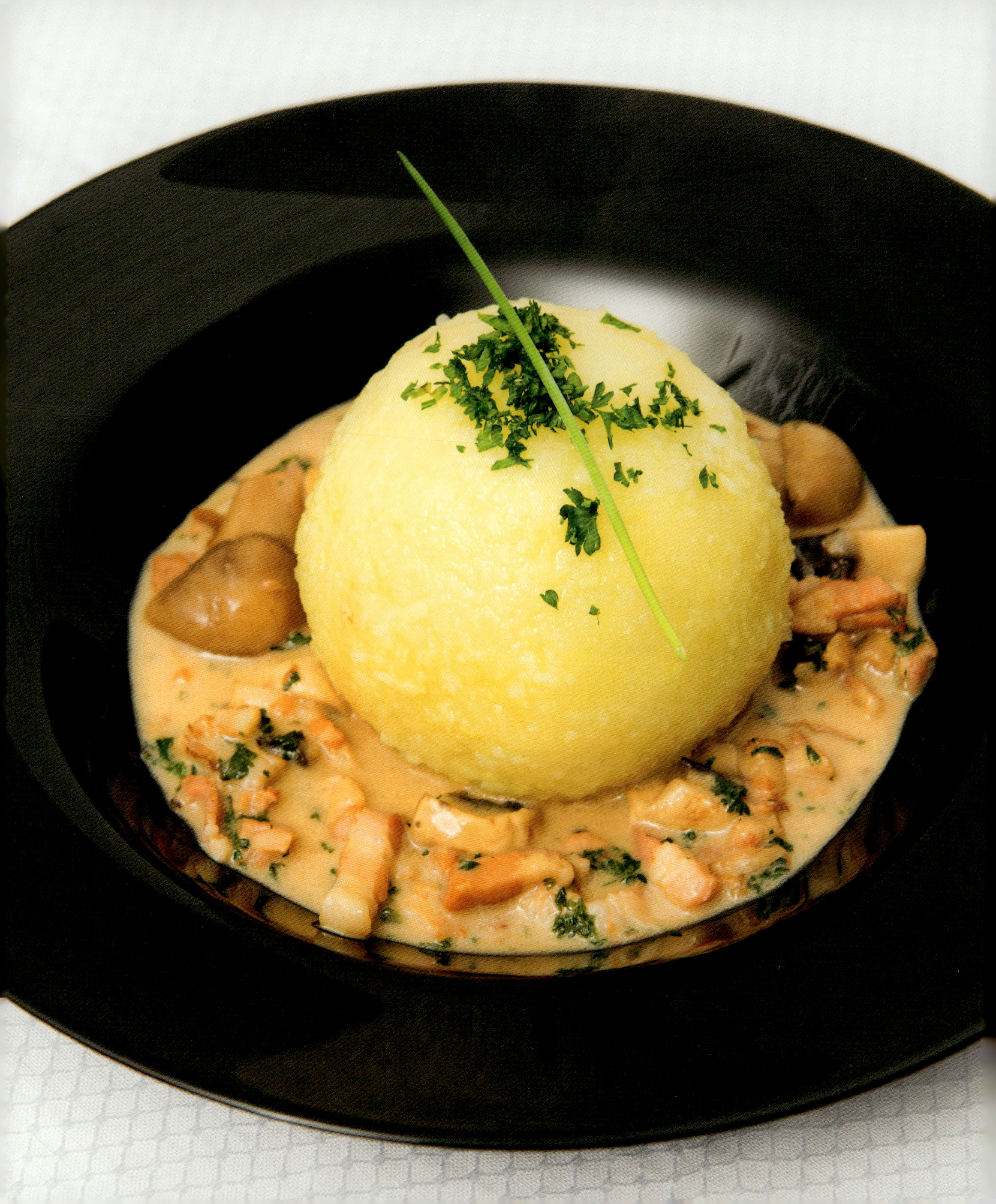

Champignon-Rahmsosse

Champignos waschen, putzen und in Scheiben schneiden oder nach Belieben vierteln. Zwiebel schälen und in feine Würfel schneiden. Petersilie waschen, trocken schütteln und kleinhacken.

Olivenöl in der Pfanne erhitzen. Zwiebelwürfel, Champignons und Speckwürfel glasig anschwitzen und mit Weißwein und Gemüsebrühe ablöschen. Einen Rosmarin- und Thymianzweig dazugeben und kurz zusammen weiter dünsten. Nach einigen Minuten die saure Sahne unterrühren, mit Salz, Pfeffer und Zitronensaft würzen und nochmals etwas einreduzieren.

Petersilie und ein Stückchen Butter dazugeben. Erneut kurz köcheln lassen. Die Soße nochmals abschmecken und zum Schluss den Rosmarin- und Thymianzweig wieder herausnehmen.

Tipp: Dazu passen perfekt unsere Kartoffelklöße, mit oder ohne gefüllten Leberknödel (siehe S. 143)!

30 Min – ✻

4 Portionen:

400 g Champignons, braun
1 Zwiebel
½ Bund Petersilie
Etwas Olivenöl
100 g Speckwürfel
100 ml Weißwein
100 ml Gemüsebrühe
1 Zweig Rosmarin
1 Zweig Thymian
250 g saure Sahne
1 TL Zitronensaft
Salz, Pfeffer
Stückchen Butter

Aus der Pfanne

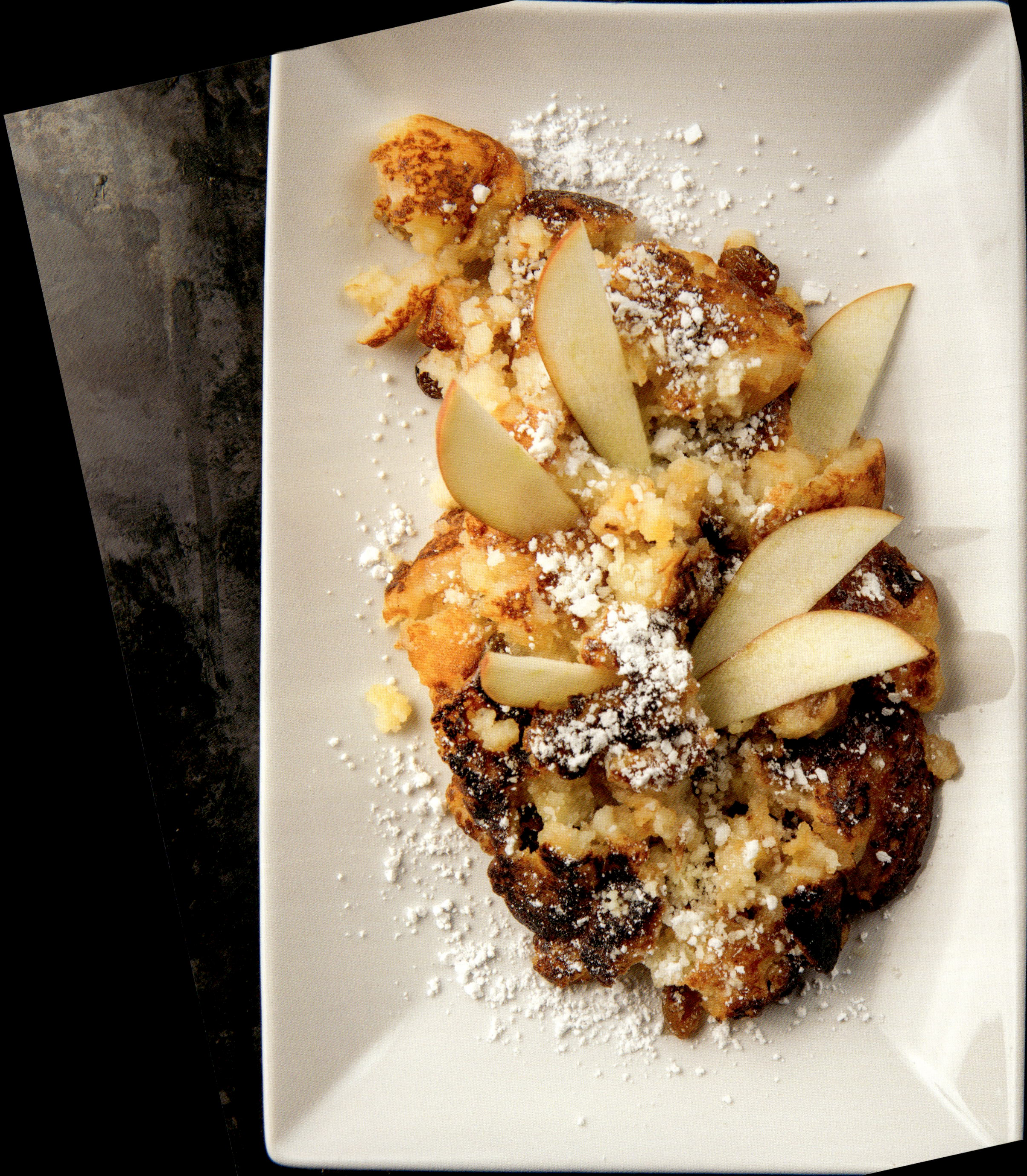

Hessischer Kaiserschmarrn mit Apfel und Rosinen

Äpfel schälen, vierteln und Kerngehäuse entfernen. Anschließend in kleine Würfel schneiden, mit Zitronensaft beträufeln und mit einem Päckchen Vanillezucker, Rosinen, einem Schuss Calvados oder Apfelsaft und einer Prise Zimt vermischen. Ofen auf 180 Grad vorheizen.

Die Eier trennen. Milch mit Mehl, einem Päckchen Vanillezucker, Zitronenschale und einer kleinen Prise Salz glatt rühren. Eigelb einrühren Eiklar in einer seperaten Schüssel mit Zucker zu cremigem Schnee schlagen und unter den Teig heben.

In einer Pfanne Butter erhitzen, Teig darin verteilen, mit Apfelstückchen bestreuen und bei schwacher Hitze **30 Sekunden** anbacken. Schmarrn in den Ofen (mittlere Schiene) stellen und **ca. sechs Minuten** backen.

Teig halbieren und jedes Stück wenden. Schmarrn auf dem Herd bei schwacher Hitze kurz weiterbacken. Danach in kleine Stücke teilen, anrichten und mit Puderzucker bestreut und Apfelspalten garniert servieren.

25 Min – ✱✱

4 Portionen:

2 Äpfel, säuerlich
Etwas Zitronensaft und -schale
Rosinen nach Geschmack
2 cl Calvados oder Apfelsaft
2 Päckchen Vanillezucker
Prise Zimt
6 Eier
200 g Mehl
300 ml Milch
Prise Salz
Mehrere EL Zucker
3 EL Butterschmalz, zum Ausbraten

Aus der Pfanne

Aus dem Dippe

Dippehas
(Rezept S. 135)

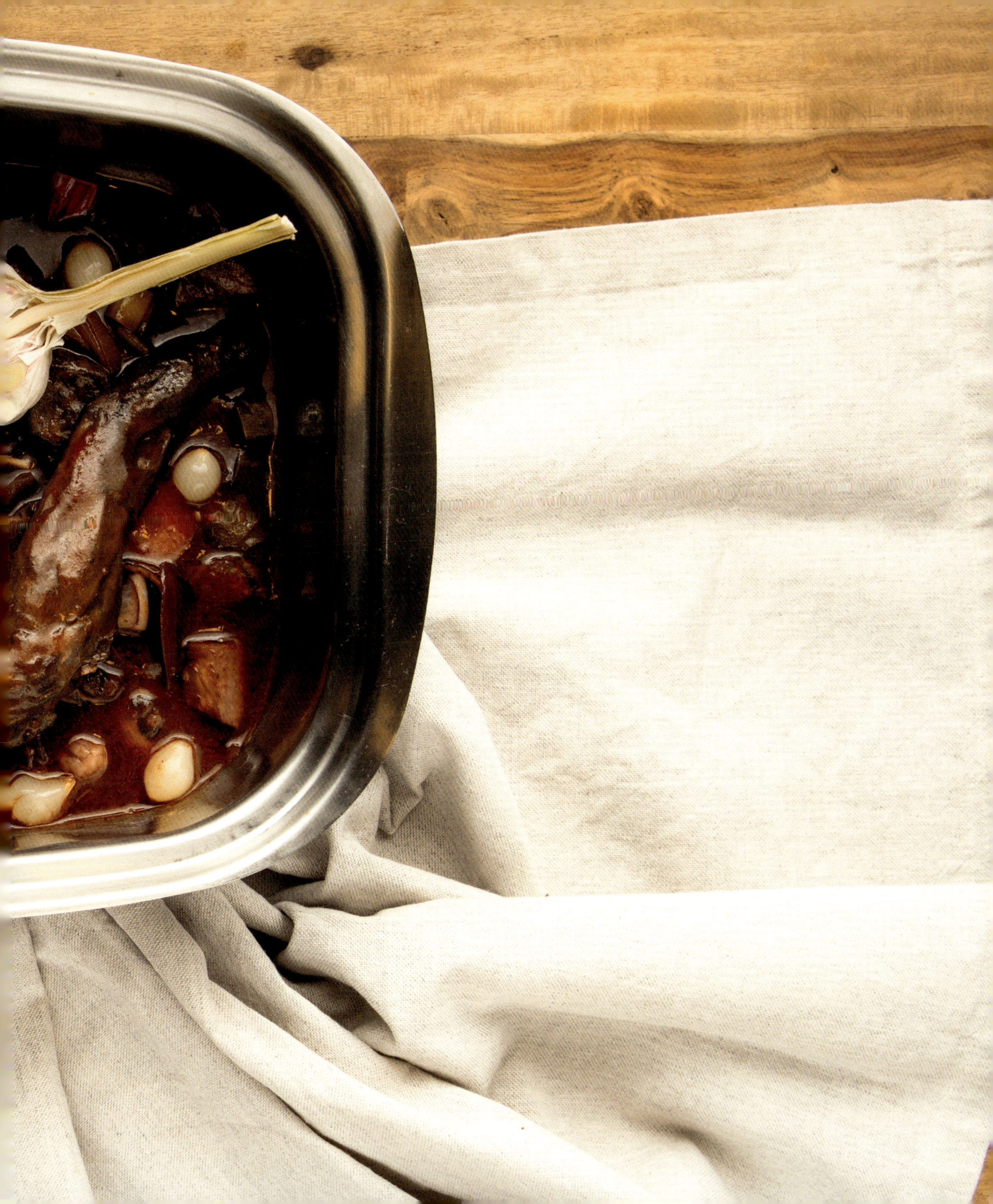

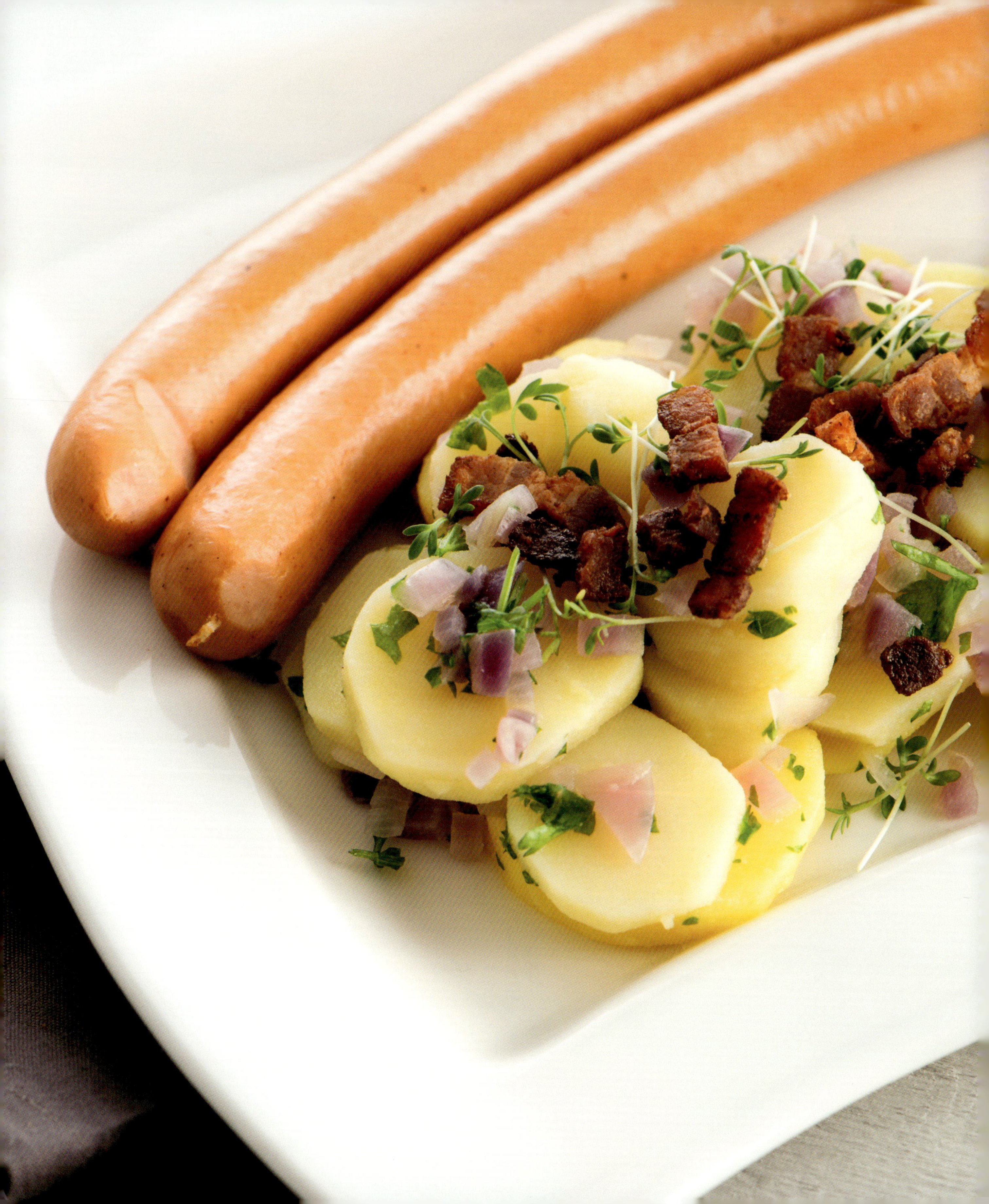

Frankfurter Würstchen mit Kartoffelsalat

Kartoffeln waschen und mit der Schale kochen. Anschließend abschrecken, pellen und in dünne Scheiben schneiden. Die Scheiben in eine große Schüssel geben.

In einem Topf Rinderbrühe erhitzen und über die Kartoffelscheiben geben. Gewürzgurken und Zwiebeln in kleine Würfel schneiden und dazugeben. Gut durchziehen lassen.

Einen Schuss Gurkenwasser, Senf sowie Apfelessig dazugeben. Sobald alles abgekühlt ist, frisch gehackte Petersilie mit Olivenöl unterheben und nochmals ziehen lassen.

Speck in Würfel schneiden und in einer Pfanne ohne Fett knusprig braun braten und mit dem Bratfett unter den Salat mischen. Mit Salz und Pfeffer abschmecken und zusammen mit den Frankfurter Würstchen servieren.

2 Std. – ✻

6 Portionen:

1 kg Kartoffeln, festkochend
250 ml Rinderbrühe
50 g Gewürzgurken
150 g Zwiebeln, rote oder weiße
1 Schuss Gurkenwasser
1 EL Senf
1 TL Apfelessig
2 EL Blattpetersilie
1 TL Olivenöl
150 g Speck, durchwachsen und geräuchert
Salz, Pfeffer
12 Frankfurter Würstchen

Aus dem Dippe

Tipp: Kann super vorbereitet werden und passt nicht nur zu Würstchen oder Frikadellen, sondern gehört auch auf jede Grillparty.

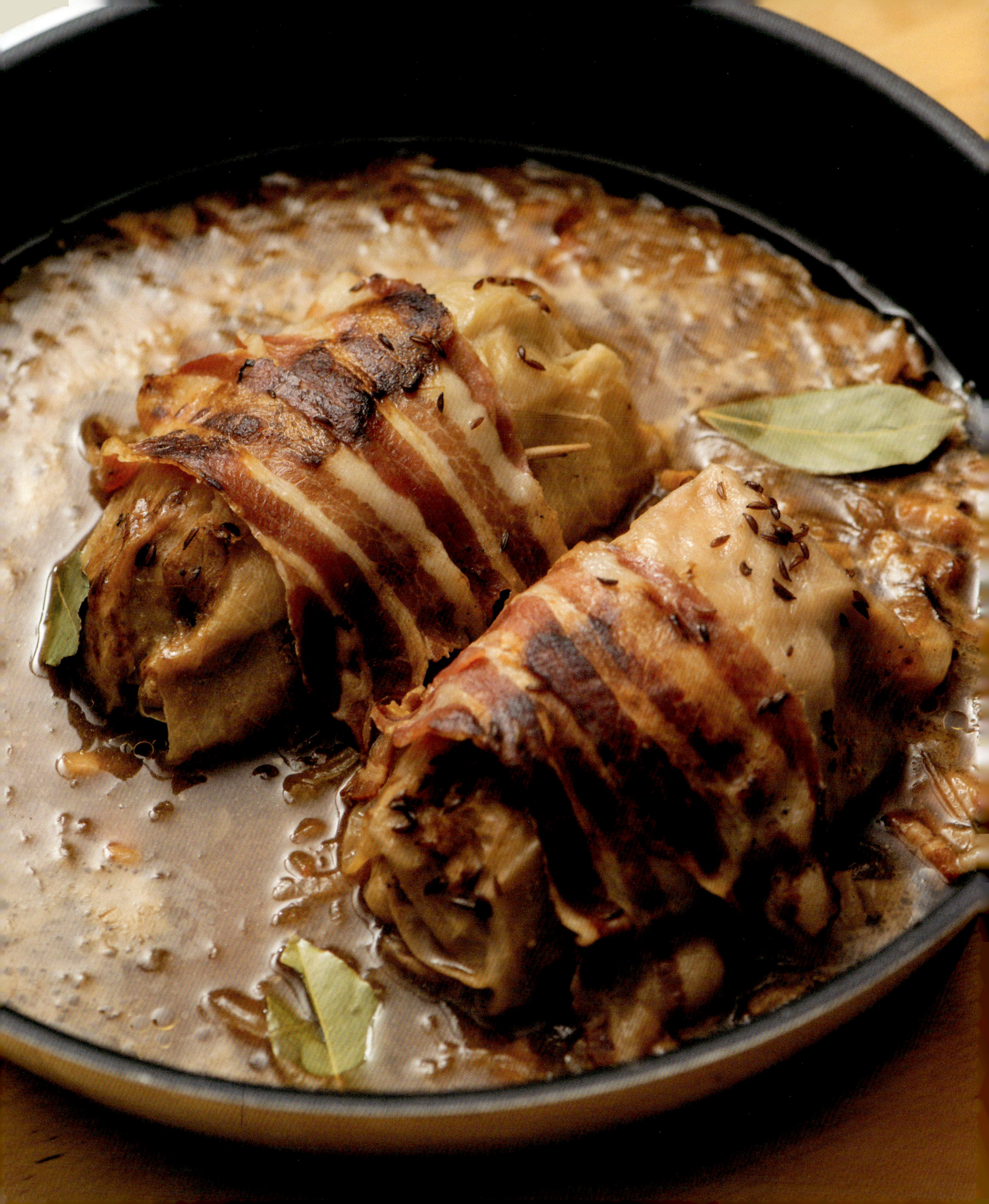

Krautwickel

In einem großen Topf reichlich Wasser zum Kochen bringen und salzen. Den Strunk großzügig aus dem Weißkohl herausschneiden. Den ganzen Kohl in das kochende Wasser geben und in **fünf Minuten** halbweich kochen. Mit dem Schaumlöffel herausheben und kalt abschrecken. Die Blätter vorsichtig ablösen und etwas flacher schneiden. Zehn große Blätter beiseitelegen, drei Blätter für die Füllung fein hacken.

Die Zwiebel schälen und fein würfeln. Petersilie waschen und fein hacken. Öl in einer Pfanne erhitzen und die Zwiebel darin goldbraun andünsten. Petersilie und Semmelbrösel dazugeben und alles verrühren.

Das Hackfleisch in eine Schüssel geben. Zwiebelmischung, Eier, Thymian, Chili, Senf und zwei Esslöffel gehackten Weißkohl hinzufügen und alles zusammen gut verkneten. Mit Salz und Pfeffer würzen.

Die großen Kohlblätter auf einer Arbeitsfläche auslegen und je 1–2 Esslöffel Fleischmasse daraufgeben. Die Kohlblätter seitlich über der Füllung einschlagen und von der unteren Seite her aufrollen. Die Krautwickel mit einer Metzgerkordel zusammenbinden.

Den Backofen auf 160 Grad vorheizen.

Das Suppengrün schälen und klein würfeln. Das restliche Öl in einem ofenfesten Bräter erhitzen, den Speck darin knusprig braun braten und wieder herausnehmen. Die Krautwickel im heißen Speckfett auf allen Seiten anbraten. Das Suppengrün hinzugeben, die Brühe angießen und die Speckscheiben hinzufügen.

Die Krautwickel im heißen Ofen **ca. 30 Minuten** garen (je nach Größe), dabei ab und zu mit Brühe begießen.

Die Krautwickel herausheben und warm halten. Den Fond durch ein Sieb in einen Topf gießen und aufkochen lassen. Die Stärke mit etwas Wasser anrühren und dem Fond untermischen. Mit Worcestersauce, Salz und Pfeffer abschmecken und anschließend zusammen mit den Krautwickeln servieren.

1 ½ Std. – ✳✳

4 Portionen:

1 Weißkohl
1 Zwiebel
1 Bund Petersilie
6 EL Öl
3 EL Semmelbrösel
550 g Hackfleisch, gemischt
2 Eier
½ TL Thymian, getrocknet
½ TL Chilipulver
1 TL Dijon-Senf
Salz, Pfeffer
1 Bund Suppengrün
50 g Räucherspeck, durchwachsen (in Scheiben)
½ l Gemüsebrühe
2 TL Speisestärke
1 TL Worcestersauce

Aus dem Dippe

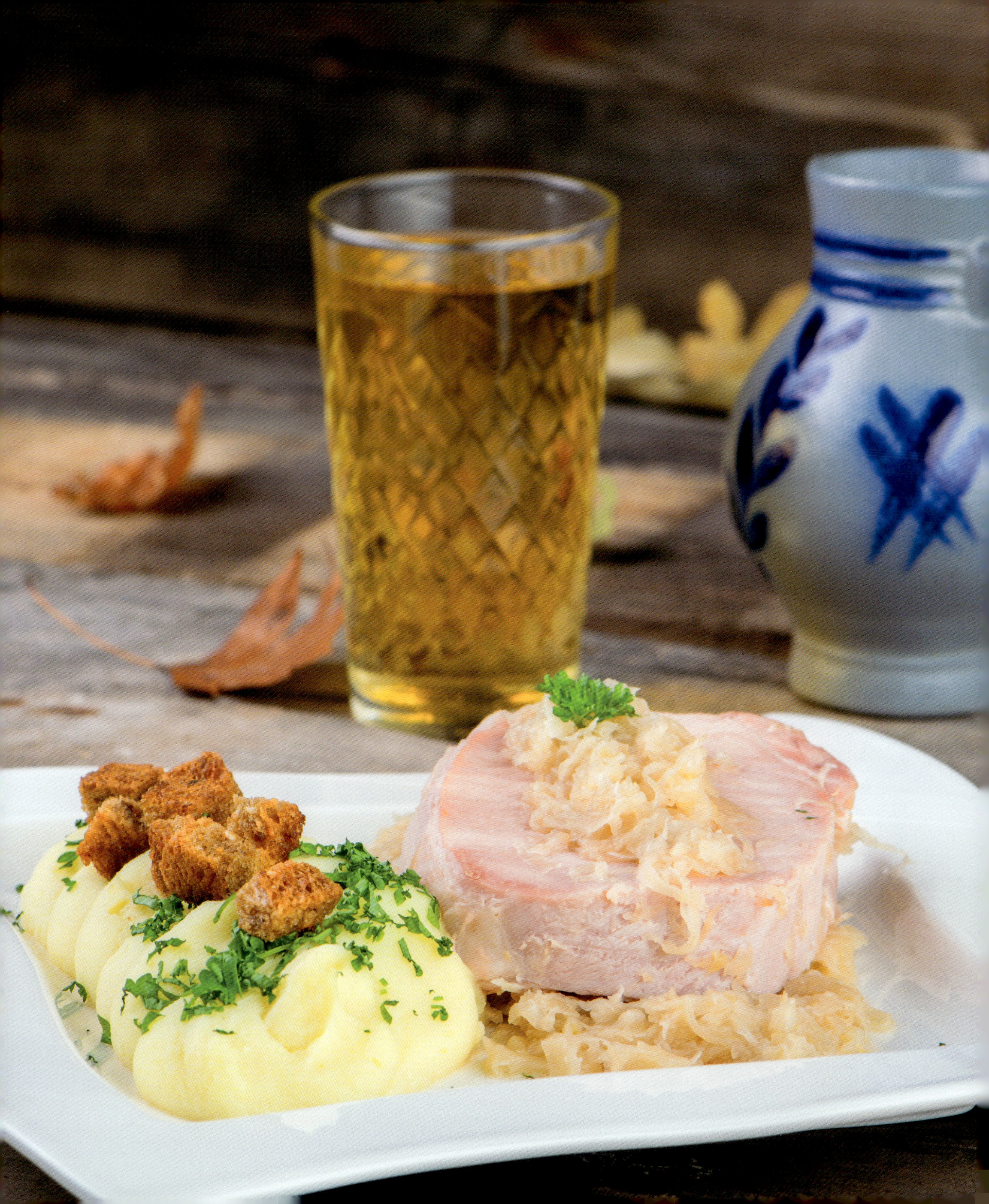

Hessisches Rippchen mit Apfelweinkraut und Püree

Für die Rippchen:

Die Rippchen in Schweineschmalz in einer großen Pfanne auf jeder Seite kurz bräunen. Anschließend die Gemüsebrühe angießen, bis die Rippchen gerade so bedeckt sind. Alles zusammen aufkochen und dann **ca. 20 Minuten** auf kleiner Hitze ziehen lassen.

Für das Apfelweinkraut:

Zunächst den Weißkohl waschen und kleinschneiden, den Apfel und die Zwiebel in kleine Stückchen schneiden und die Knoblauchzehe mit einer Presse zerdrücken. Apfel- und Zwiebelwürfel im Schmalz farblos anschwitzen, den Knoblauch hinzugeben und zuletzt das geschnittene Weißkraut ebenfalls kurz mit andünsten.

Nun den Apfelwein angießen, die Gewürze in ein Gewürzsäckchen packen und zum Kraut geben. Während des Köchelns immer wieder aufgießen, so dass das Kraut jederzeit schön mit Flüssigkeit bedeckt ist. Das Ganze insgesamt **ca. eine Stunde** zugedeckt leicht köcheln lassen.

Abschließend die Rippchen mit in das Kraut geben und ggf. noch etwas Gemüsebrühe hinzugießen. Nochmals **15 Minuten** leicht köcheln lassen und servieren.

2 Std. – ✳✳

4 Portionen:

Rippchen
4 Stück Rippchen, vom Metzger Ihres Vertrauens
1 l Gemüsebrühe
1 EL Schweineschmalz

Apfelweinkraut
1 Kopf Weißkohl (mittelgroß)
1 Apfel
1 Zwiebel
1 Knoblauchzehe
1 EL Schweineschmalz
300–500 ml Apfelwein
2 Lorbeerblätter
5 Pfefferkörner
5 Wacholderbeeren
1 TL Senfkörner
1 Nelke

Aus dem Dippe

Tipp: Das Apfelweinkraut schon einen Tag vorher kochen und durchziehen lassen, so dass es am nächsten Tag nur noch einmal kurz aufgekocht werden muss.

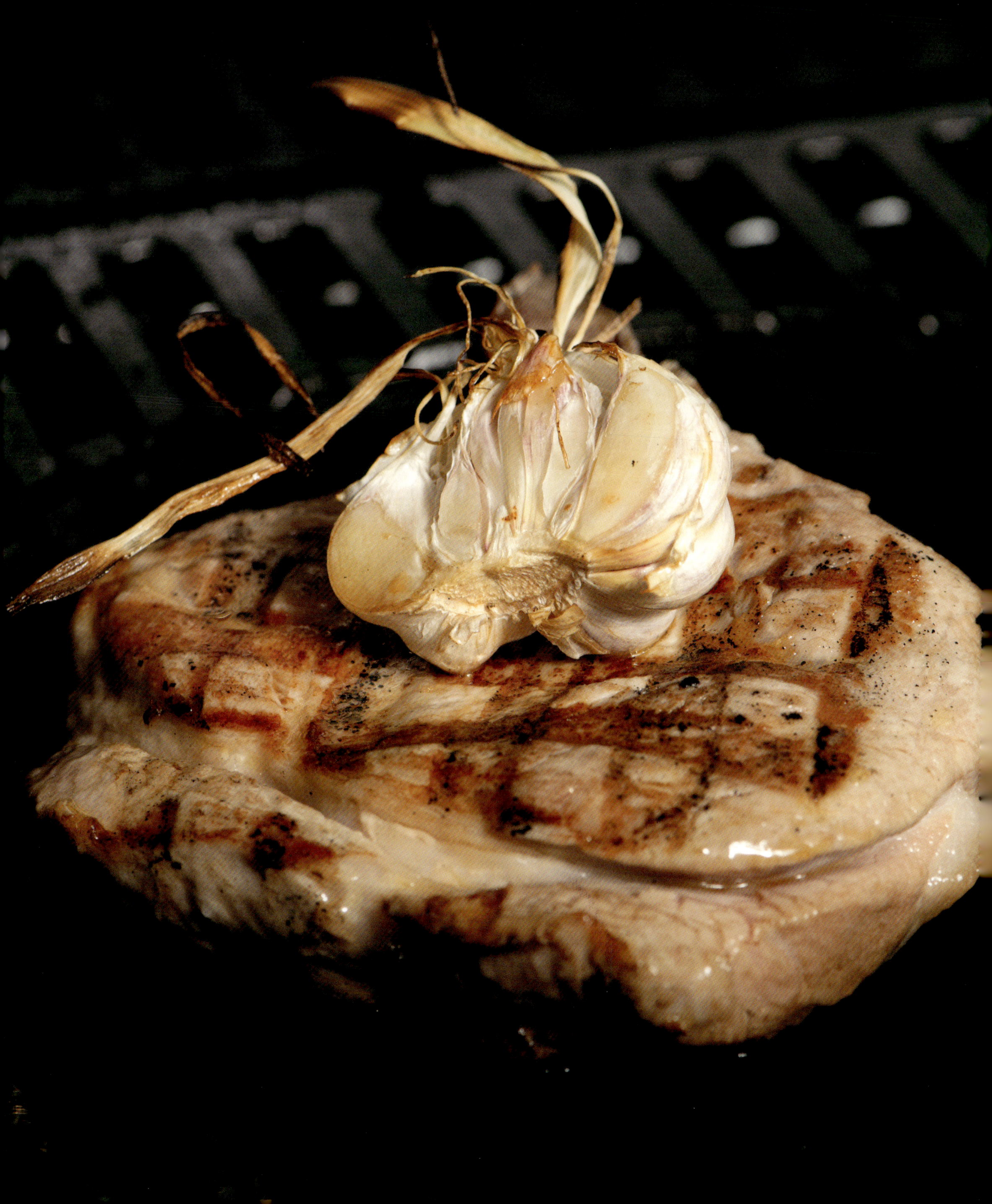

Variation vom Rippchen mit Ingwerkraut und Kümmelkartoffeln

Für die Marinade die Kräuter grob hacken, Knoblauch abziehen und klein pressen und alles mit dem Öl vermengen. Rippchen darin **ca. vier Stunden** einlegen.

Für das Ingwerkraut Zwiebeln und Knoblauch schälen und beides fein würfeln. In einem Topf Schmalz zergehen lassen und die Würfel darin anschwitzen. Den Ingwer schälen und in dünne Scheiben schneiden. Das Sauerkraut und die Ingwerscheiben dazugeben, mit Apfelwein und Apfelsaft ablöschen und etwas einkochen lassen, dabei immer wieder umrühren. Die Gewürze hinzugeben, mit Fleischbrühe (nach Gefühl) auffüllen und **ca. 45 Minuten** köcheln lassen.

Kurz vor Schluss mit Salz, Pfeffer und einem Spritzer Zitronensaft abschmecken und nochmals kurz durchziehen lassen.

Die marinierten Rippchen in der Pfanne oder auf dem Grill schön anbraten und anschließend in das köchelnde Ingwerkraut legen.

Die gekochten, gepellten Kartoffeln in Scheiben schneiden. In einer Pfanne in Butter goldgelb braten, mit Salz, Pfeffer, Majoran und ganzem Kümmel abschmecken.

Vor dem Servieren frisch geschnittenen Schnittlauch über die Kartoffeln geben.

5 Std. – ✳✳

4 Portionen:

4 Rippchen vom Schwein, gepökelt vom Metzger

Marinade:
Olivenöl
Walnussöl
Liebstöckel
Majoran
1–2 Knoblauchzehen

Ingwerkraut:
2 EL Schmalz oder Butter
2 Zwiebeln
1 Knoblauchzehe
500 g Sauerkraut
100 g Ingwer
200 ml Apfelwein
200 ml Apfelsaft
2 Lorbeerblätter
3–4 Wacholderbeeren
Ca. 300 ml Fleischbrühe
Saft einer ½ Zitrone

Kümmelkartoffeln:
500 g Pellkartoffeln
1 EL Butter
1 EL Kümmel, ganz
Salz, Pfeffer
1 Msp. Majoran
Schnittlauch

Aus dem Dippe

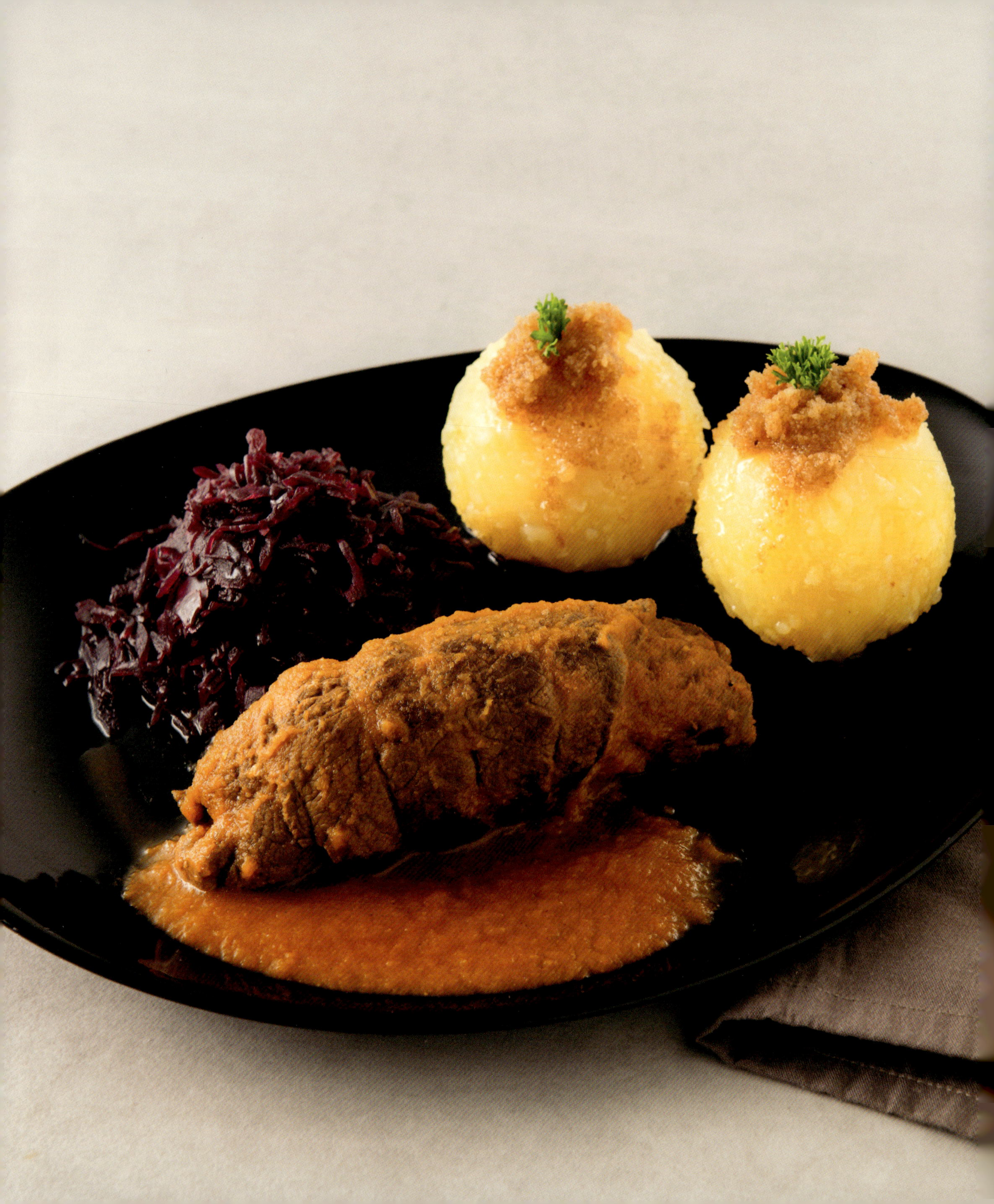

Frankfurter Kalbsroulade

Die Kalbsfleischscheiben salzen und pfeffern und von der Innenseite mit Senf bestreichen. Den Apfel raspeln und zusammen mit dem Speck und den Gewürzgurken auf der Innenseite des Fleisches auslegen. Anschließend die Scheiben zu Rouladen rollen und mit etwas Metzgerkordel zubinden. Die Rouladen (am besten in einem Bräter) in Butterschmalz anbraten.

Knoblauch, Lauch, Sellerie und Karotten schälen und fein würfeln. Die Zwiebel in feine Ringe schneiden. Das Gemüse kurz mit im Bräter anziehen, etwas Tomatenmark zugeben und mit Apfelwein und Fleischbrühe aufgießen. Mit Salz und Pfeffer würzen und mindestens **1 ½ Stunden** schmoren lassen.

Anschließend die Rouladen aus dem Fond nehmen und den Soßenfond ggf. mit etwas Speisestärke abbinden. Die Rouladen anrichten und mit der Soße übergießen.

Tipp: Je nach Geschmack kann man die Soße auch pürieren und passieren. Als Beilage servieren wir Kartoffelklöße und Apfelrotkraut.

2 Std. – ✳✳

4 Portionen:

4 Scheiben Kalbsfleisch, aus der Hüfte
Salz, Pfeffer
3 EL Senf
1 Apfel
8 Scheiben Schinkenspeck
8 Scheiben Gewürzgurken
Metzgerkordel
Etwas Butterschmalz
1 Knoblauchzehe
1 Zwiebel
1 Stange Lauch
100 g Sellerie
100 g Karotten
1 EL Tomatenmark
250 ml Apfelwein
500 ml Fleischbrühe

Aus dem Dippe

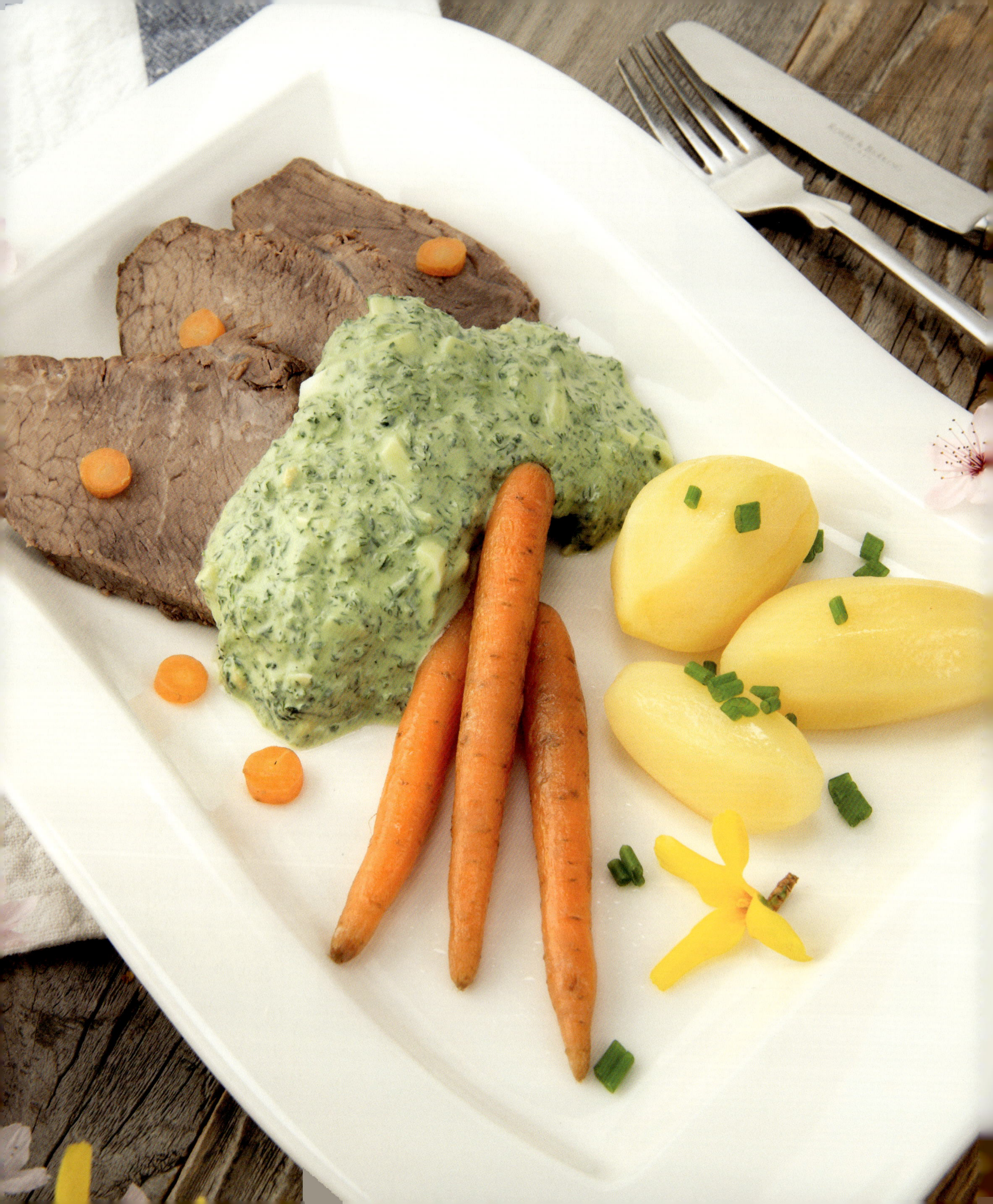

Tafelspitz mit Grie Soss

Wasser in einem großen Topf zum Kochen bringen. Tafelspitz, Salz, Lorbeerblatt und Pfefferkörner in das kochende Wasser geben, aufkochen lassen und etwa **zwei Stunden** mit Deckel gar ziehen lassen. **Achtung:** Nur köcheln lassen (sieden)! Den Schaum, der sich an der Oberfläche bildet, immer wieder abschöpfen.

In der Zwischenzeit Zwiebeln abziehen und würfeln. Karotten schälen und in Scheiben schneiden. Staudensellerie putzen und ebenfalls in Scheiben schneiden. Porree waschen und in 2 cm lange Stücke schneiden. Das vorbereitete Gemüse nach der Garzeit zum Fleisch geben und noch etwa **20 Minuten** mit Deckel mitgaren lassen.

Das durchgegarte Fleisch vor dem Schneiden etwa **10 Minuten** zugedeckt „ruhen" lassen, damit sich der Fleischsaft setzt. Die Brühe mit dem Gemüse durch ein Sieb geben, dabei die Brühe auffangen. Das Gemüse zugedeckt warmstellen.

Tafelspitz mit dem Gemüse und der Grünen Soße (Rezept auf S. 69) anrichten. Dazu passen Salzkartoffeln.

2 ½ Std. – ✳✳

4 Portionen:

2 l Wasser
1 kg Tafelspitz
1 TL Salz
1 Lorbeerblatt
1 EL Pfefferkörner
3 große Zwiebeln
4 Karotten
100 g Staudensellerie
200 g Porree/Lauch

Aus dem Dippe

Tipp: Die Rinderbrühe unbedingt aufheben, der Fond lässt sich sehr gut einfrieren oder auch als Vorspeise servieren!

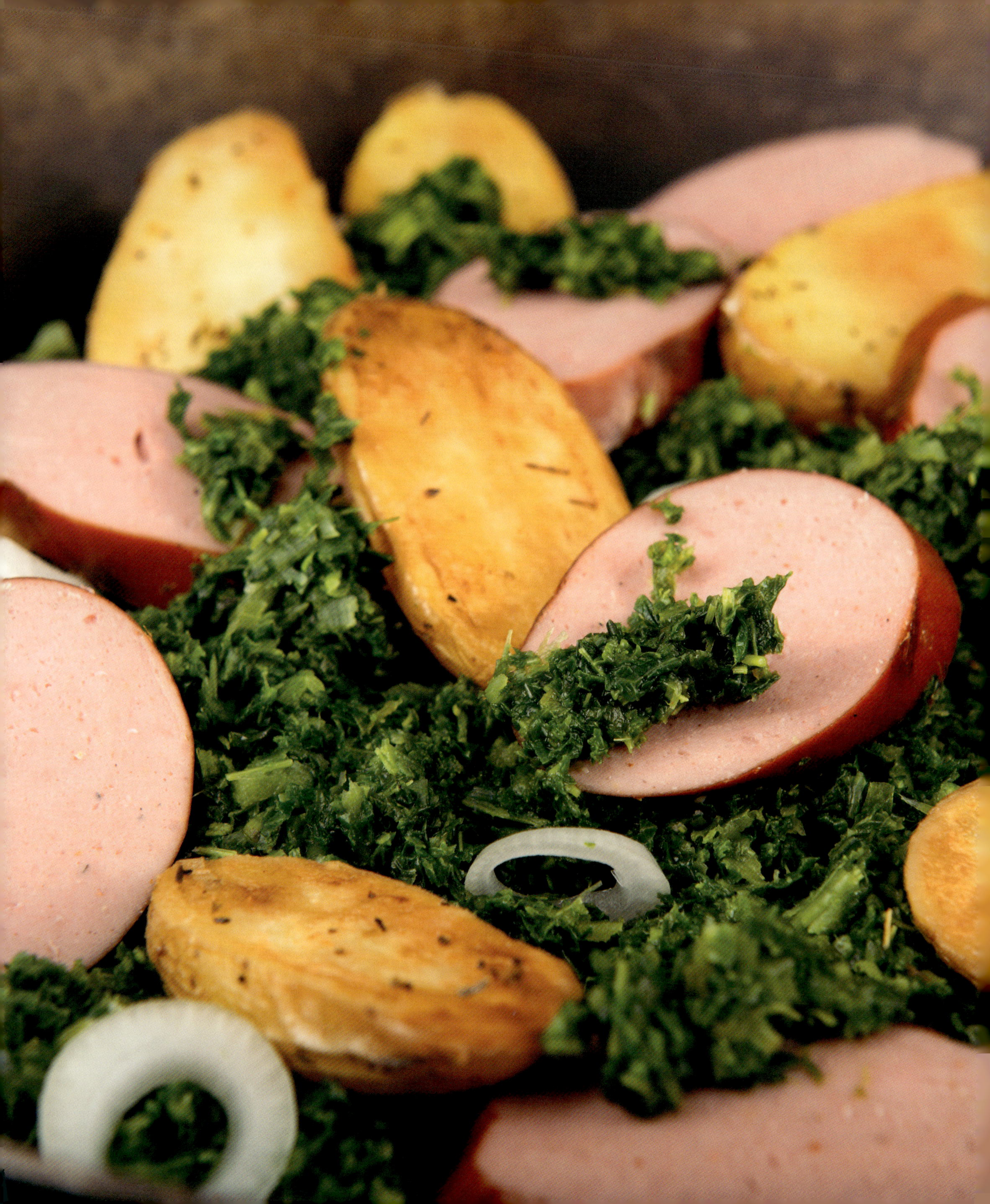

Grünkohl mit Pinkel und Kartoffeln

Die Kohlblätter vom Stiel brechen, dicke Stiele abschneiden, Blattrippen in der Mitte flach schneiden, Blätter gut waschen und in reichlich kochendem Salzwasser **zwei Minuten** garen. Anschließend abgießen, kalt abschrecken, gut abtropfen lassen und klein hacken. Die Zwiebeln schälen und würfeln.

Butterschmalz erhitzen und die Zwiebeln andünsten. Die Wurst mehrmals mit einem Zahnstocher einstechen und mit dem Kohl zu den Zwiebeln geben. Mit Fleischbrühe und einem Glas Apfelwein angießen und alles zugedeckt **15 Minuten** bei kleiner Hitze garen. Die Wurst herausnehmen und den Kohl **eine weitere Stunde** garen.

Kartoffeln schälen, waschen und würfeln oder halbieren. In einem Topf mit kochendem Salzwasser bedecken und ca. **15–20 Minuten** garen.

Nach Ende der Garzeit den Grünkohl mit den Haferflocken binden, mit Salz, Pfeffer und Piment abschmecken und zum Schluss den Senf einrühren.

Die Wurst und die Kartoffeln dazugeben und alles zusammen nochmals kurz erwärmen und servieren.

50 Min – ✻✻

4 Portionen:

1 ½ kg Grünkohl
2 Zwiebeln
50 g Butterschmalz
4 Pinkelwürste
½ l Fleischbrühe
1 Glas Apfelwein
400 g Kartoffeln, mehligkochend
3 EL Haferflocken
Salz, Pfeffer
½ TL Piment, grob zerstoßen
1 EL mittelscharfer Senf

Aus dem Pippe

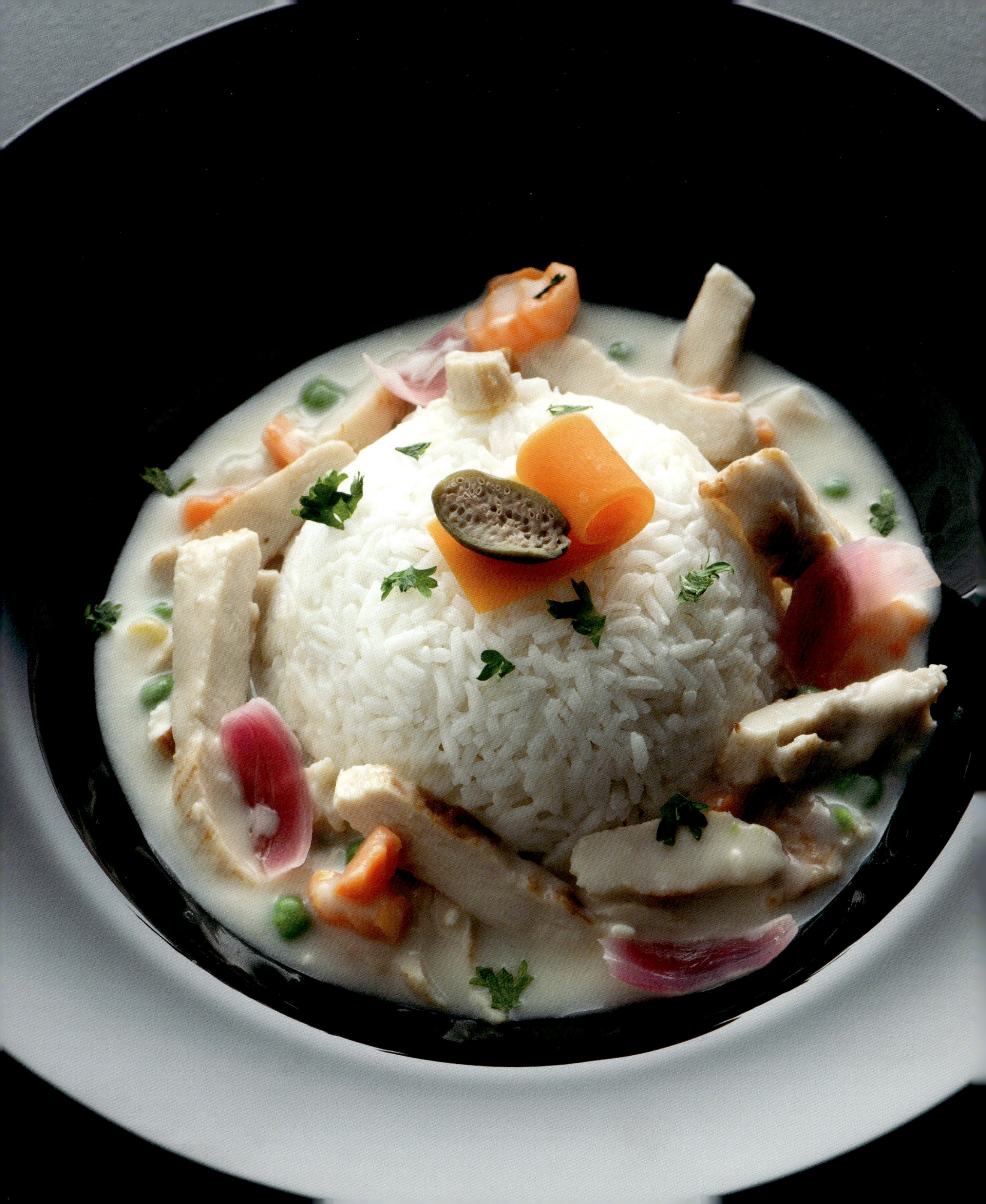

Hühnerfrikassee aus dem Gallus

Das Hähnchen salzen und in einen Topf geben. Diesen dann bis zu drei Viertel mit Wasser auffüllen.

Die Zwiebel schälen und vierteln. Die Tomaten waschen und kleinschneiden. Zwiebel und Tomaten zum Hähnchen dazugeben. Je zwei Teelöffel Salz und Pfeffer ins Wasser geben, anschließend zum Kochen bringen und köcheln lassen, bis das Fleisch gar ist. Bei einem Brathähnchen dauert dies **ca. 40–60 Minuten** und bei einem Suppenhuhn mindestens zwei Stunden. Ob das Huhn gar ist, lässt sich prüfen, indem man an einem der Schenkel zieht; dieser muss sich dabei leicht lösen lassen.

Das Hähnchen, wenn es gar gekocht ist, aus dem Topf nehmen und abkühlen lassen. Die entstandene Brühe durch ein Sieb gießen. Hähnchenfleisch von den Knochen lösen.

Margarine in den Topf geben und erhitzen, das Mehl wird nun unter schnellem Rühren hinzugefügt. Nun die Geflügelbrühe in die Mehlschwitze geben. Erst nur ein bisschen Flüssigkeit, um die Brühe mit der Schwitze zu verbinden und um Klümpchen zu vermeiden, dann die restliche Brühe hineingießen. Die Brühe wird daraufhin etwas dickflüssig. **Ca. 10 Minuten** unter häufigem Rühren köcheln lassen und mit Salz, Zitronensaft und Pfeffer abschmecken

Eigelb mit der Sahne verrühren und in den Topf geben. Spargelstangen in kleine Stücke schneiden. Zuletzt das Hähnchen mit den Champignons, den Erbsen und Möhren sowie dem Spargel hinzufügen und alles nur noch heiß werden lassen.

1 ½ Std. – ✶ ✶

4 Portionen:

1 Brathähnchen
1 Zwiebel
2 Tomaten
2 TL Salz und Pfeffer
Etwas Mehl
Etwas Margarine
1 Spritzer Zitronensaft
2 Eigelb
½ Becher Sahne
4 gekochte Spargelstangen, weiß
1 Dose Erbsen & Möhren
1 Glas Champignons

Aus dem Dippe

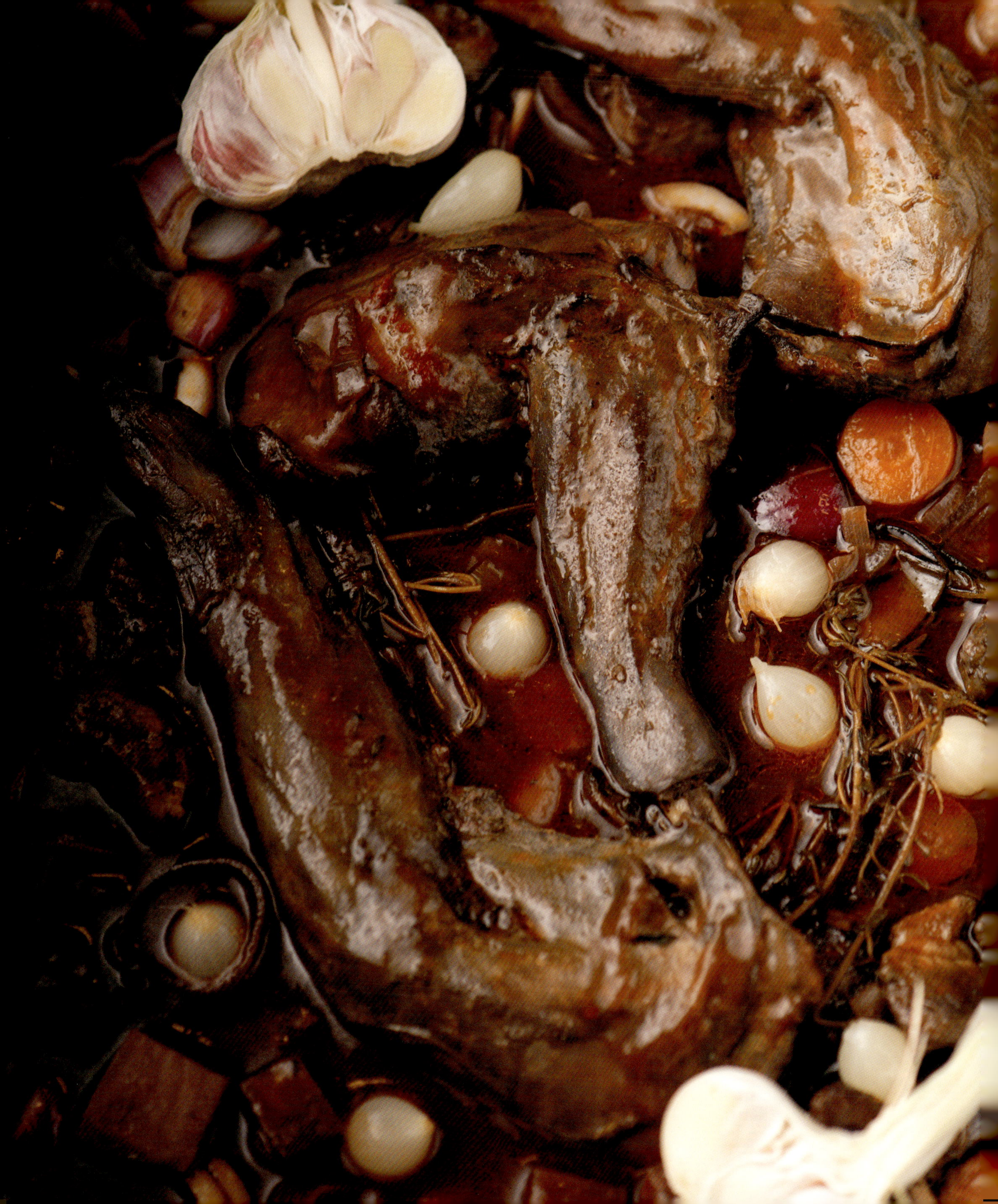

Dippehas

Butter (oder Butterschmalz) in einem Bräter erhitzen, die Hasenkeulen darin rundum goldbraun anbraten. Den Ofen auf 150 Grad vorheizen.

Zwiebeln, Knollensellerie und Karotten waschen und würfeln. Den Lauch kleinschneiden und die Knoblauchzehe fein hacken. Das geschnittene Gemüse, die Silberzwiebeln, Kräuter und Gewürze in den Bräter geben und gut anschwitzen, dann mit dem Mehl bestäuben und mit etwas Wildfond und Rotwein ablöschen.

Zugedeckt bei geringer Hitze **50–60 Minuten** im Ofen schmoren lassen, dabei ab und zu Flüssigkeit nachgießen. Anschließend die Hasenläufe herausnehmen und warm stellen.

Die Schmorflüssigkeit durch ein Sieb in einen Topf geben und auf etwa einen Liter einreduzieren. Mit Salz und Pfeffer abschmecken.

Zum Schluss die Keulen mit der Soße servieren.

2 Std. – ✹✹

4 Portionen:

12 Hasenkeulen (Hasenvorderläufe)
120 g Butter
3 Zwiebeln
1 Knollensellerie
3 Karotten
1 Stange Lauch
1 Zehe Knoblauch
150 g Silberzwiebeln
4–5 Thymianzweige
3 Gewürznelken
2 Lorbeerblätter
1 Zweig Petersilie
Einige Pfefferkörner, zerdrückt
30 g Mehl
1 l Wildfond
1 l Rotwein, kräftig
Salz und Pfeffer, schwarz

Aus dem Dippe

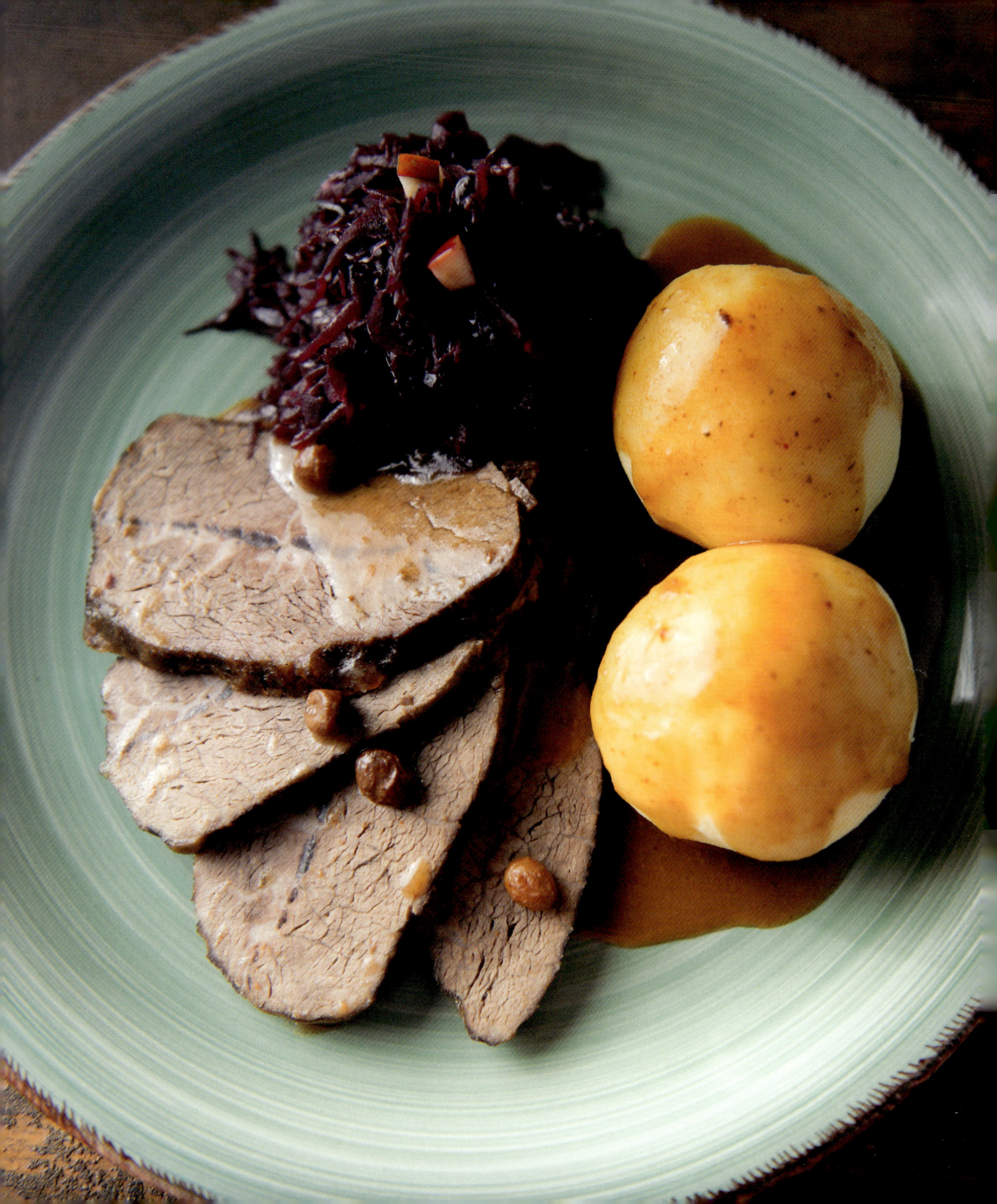

Hessischer Sauerbraten

Karotten, Petersilienwurzeln, Sellerie und Lauch waschen, schälen und in Würfel schneiden. Zitrone in Scheiben schneiden.

Die Rinderschulter in einen großen, verschließbaren Behälter geben. Apfelwein, das Gemüse, die Zitronenscheiben, ein paar Nelken und Lorbeerblätter hineingeben. Verschließen und für **drei Tage** im Kühlschrank ziehen lassen.

Das Fleisch nun aus der Marinade nehmen, rundum abtupfen und anschließend salzen und pfeffern. Das Gemüse mit einem Schöpflöffel herausnehmen und zur Seite stellen.

In einem großen Topf oder Bräter Öl erhitzen und das Fleisch rundum anbraten. Nun das Gemüse zufügen und einige Minuten mit anbraten. Die Marinade dazu gießen, den Topf mit dem Deckel verschließen und alles bei kleiner Hitze für etwa **drei Stunden** schmoren lassen, dabei nach der Hälfte der Zeit einmal wenden.

Wenn die Garzeit um ist, das Fleisch herausnehmen und warmhalten. Die Lorbeerblätter, Nelken und Zitronenscheiben aus dem Topf holen und den Rest zu einer Soße pürieren. Mit Sahne, Honig sowie Salz und Pfeffer abschmecken.

Das Fleisch aufschneiden und mit der Soße servieren.

3 Tage – ✳✳

4 Portionen:

2 Karotten
2 Petersilienwurzeln
150 g Sellerie
½ Stange Lauch
1 Zitrone, unbehandelt
1 kg Rinderschulter
800 ml Apfelwein
(alternativ: 500 ml Apfelsaft & 300 ml Apfelessig)
5 Lorbeerblätter
5 Nelken
Salz, Pfeffer
5 EL Öl, neutral
Schuss Sahne
1–2 EL Honig, nach Bedarf

Aus dem Dippe

Tipp: Dazu passen Kartoffeln, Kartoffelklöße oder auch Kartoffelbrei.

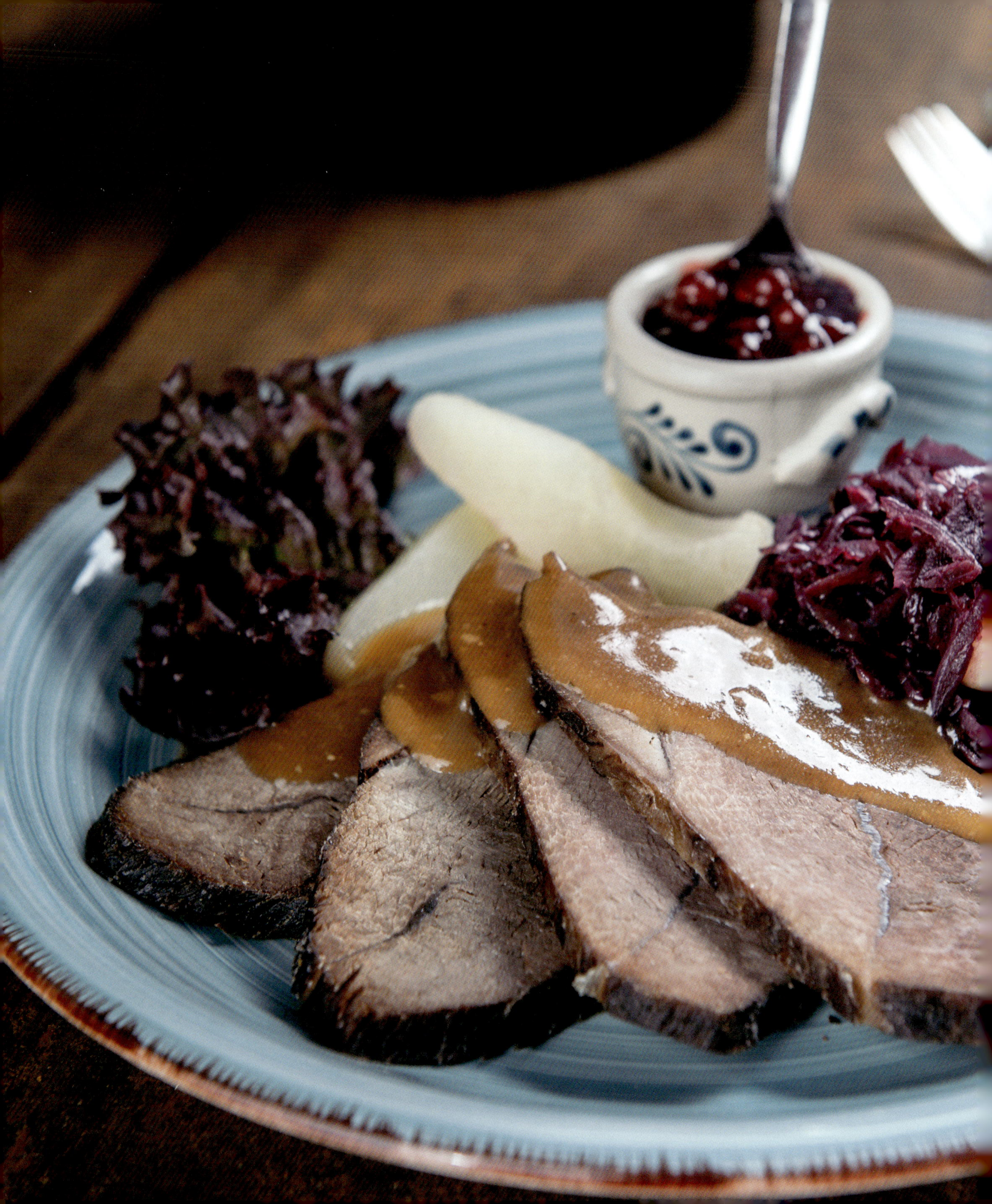

Hirschbraten mit Butterspätzle

Fleisch mit Salz, Pfeffer und Thymian kräftig würzen und im Bräter mit Butterschmalz scharf anbraten. Den Ofen auf 140 Grad vorheizen und den Braten aus dem Bräter nehmen. Das Gemüse waschen und schälen, anschließend grob würfeln und ebenfalls im Bräter anrösten.

Tomatenmark hinzugeben, mit Rotwein ablöschen und einreduzieren lassen. Mit einem Schuss Apfelsaft und Wildfond aufgießen, aufkochen lassen und danach die restlichen Gewürze dazugeben.

Den Braten wieder in den Bräter geben und das Ganze bei geschlossenem Deckel im Ofen für **ca. zwei Stunden** schmoren lassen.

Zum Schluss das Fleisch herausnehmen und den Bratensaft durch ein Sieb geben. Die Preiselbeeren in die Soße rühren. Die Bratensoße nun abschmecken und, wenn nötig, mit Stärke abbinden.

Butterspätzle:

Die Eier in einer Rührschüssel aufschlagen und mit einem Schneebesen verrühren. Das Mehl hinzufügen und mit Salz, einer Prise Pfeffer und Muskat würzen. Die Zutaten zügig mit dem Knethaken zu einem geschmeidigen Teig verrühren, bis dieser Blasen schlägt.

In einem großen Topf gesalzenes Wasser zum Kochen bringen. Den Spätzleteig durch ein Spätzlesieb drücken oder – für Profis – direkt ins Wasser schaben. Dabei immer wieder umrühren, einmal aufkochen lassen und die Spätzle schließlich abschütten. Anschließend im Eiswasser abschrecken, damit sie nicht zusammenkleben.

Eine Pfanne mit Butter auf mittlerer Hitze aufstellen und die Spätzle dazugeben und leicht anbraten.

3 ½ Std. – ✱✱

4 Portionen:

1 kg Hirschkeule, ohne Knochen
Salz, Pfeffer
Thymian
Butterschmalz, zum Anbraten
½ Sellerieknolle
4 Karotten
2 Zwiebeln
3 Knoblauchzehen
3 TL Tomatenmark
½ l Rotwein
Schuss Apfelsaft
400 ml Wild- oder Rinderfond
3 Lorbeerblätter
10 Wacholderbeeren
2 TL Preiselbeermarmelade

Butterspätzle

10 Eier
500 g griffiges Mehl
Salz, Pfeffer
Muskat, gerieben
50 g Butter

Tipp: Die Spätzle können auch gut mit Kräutern oder gemahlenen Haselnusskernen verfeinert werden!

Dazu passt hervorragend Frankfurter Rotkraut, das Rezept dafür ist auf S. 71 zu finden.

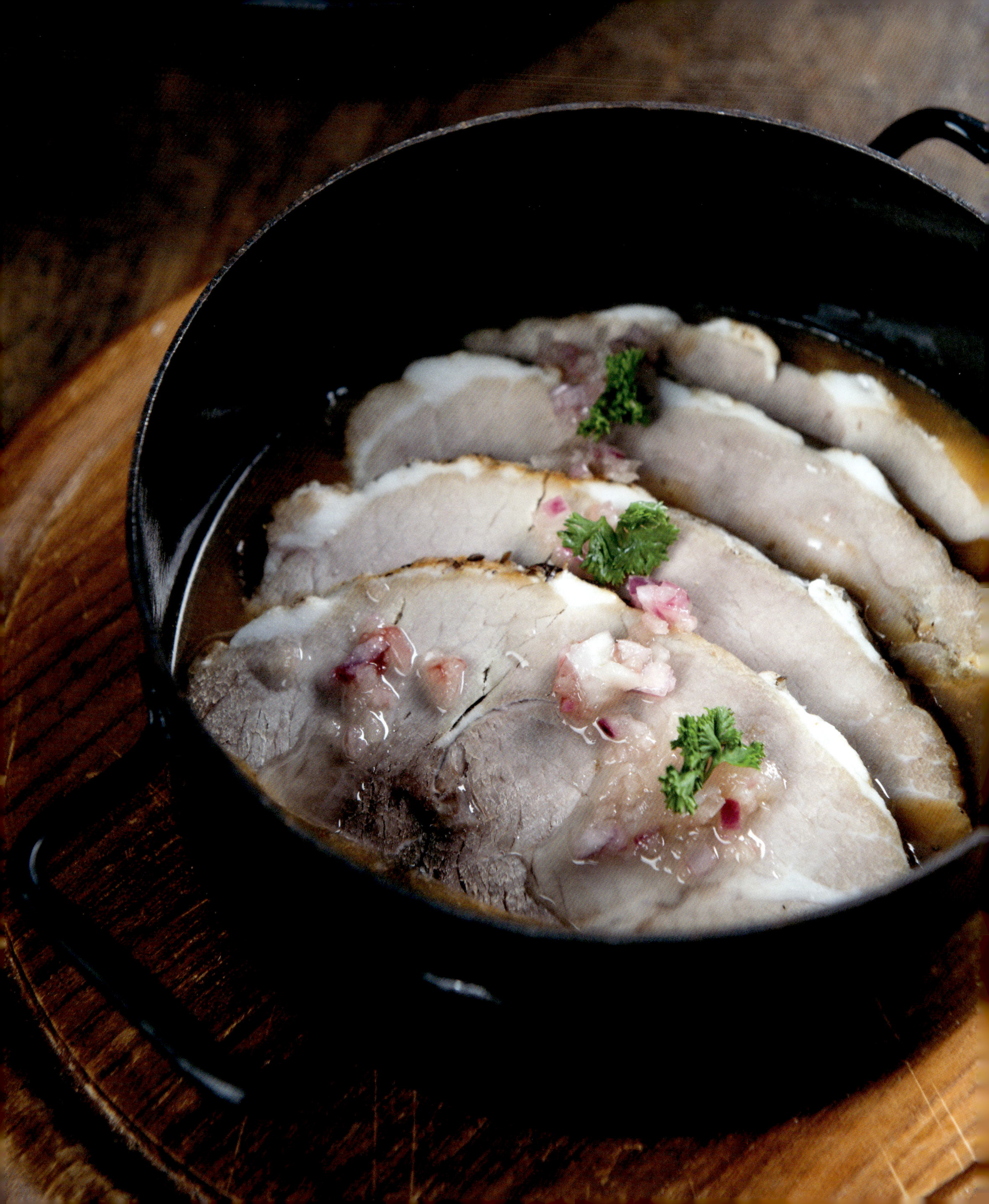

Berger Apfelweinbraten

Die Schweineschulter salzen, pfeffern und mit Kümmel einreiben. Anschließend von beiden Seiten scharf in Öl anbraten. Den Ofen auf 175 Grad vorheizen.

Das Gemüse gründlich waschen und in walnussgroße Stücke schneiden, mit dazugeben und kurz mit anbraten. Lorbeerblätter und Wacholderbeeren hineingeben und das Ganze mit einem Drittel der Brühe ablöschen, den Deckel drauf und **ca. 1,5 Stunden** im vorgeheizten Ofen schmoren.

Anschließend Deckel abnehmen und nochmals **ca. 30 Minuten** ohne Deckel grillen, bis die Schulter schön knusprig ist. Zwischendurch immer wieder mit Brühe aufgießen.

Den knusprigen Braten herausnehmen und im Ofen warmhalten, währenddessen den Bratensaft durch ein Sieb in einen Topf abschütten und mit Apfelwein aufgießen. Den Sud nun einreduzieren und anschließend mit dem Braten servieren.

3 Std. – ✳✳

4–6 Portionen:

2 kg Schweineschulter mit Schwarte (am besten direkt beim Metzger schon eingeschnitten bestellen)
Salz, Pfeffer
Etwas Kümmel
Öl, zum Anbraten
2 Zwiebeln
3 Karotten
1 Knollensellerie
1 Stange Lauch
3 Lorbeerblätter
4 Wacholderbeeren
1 l Gemüse- oder Fleischbrühe
1 l Apfelwein

Aus dem Dippe

Tipp: Dazu passt hervorragend ein „Gespritzter" oder ein schönes, kühles Bier!

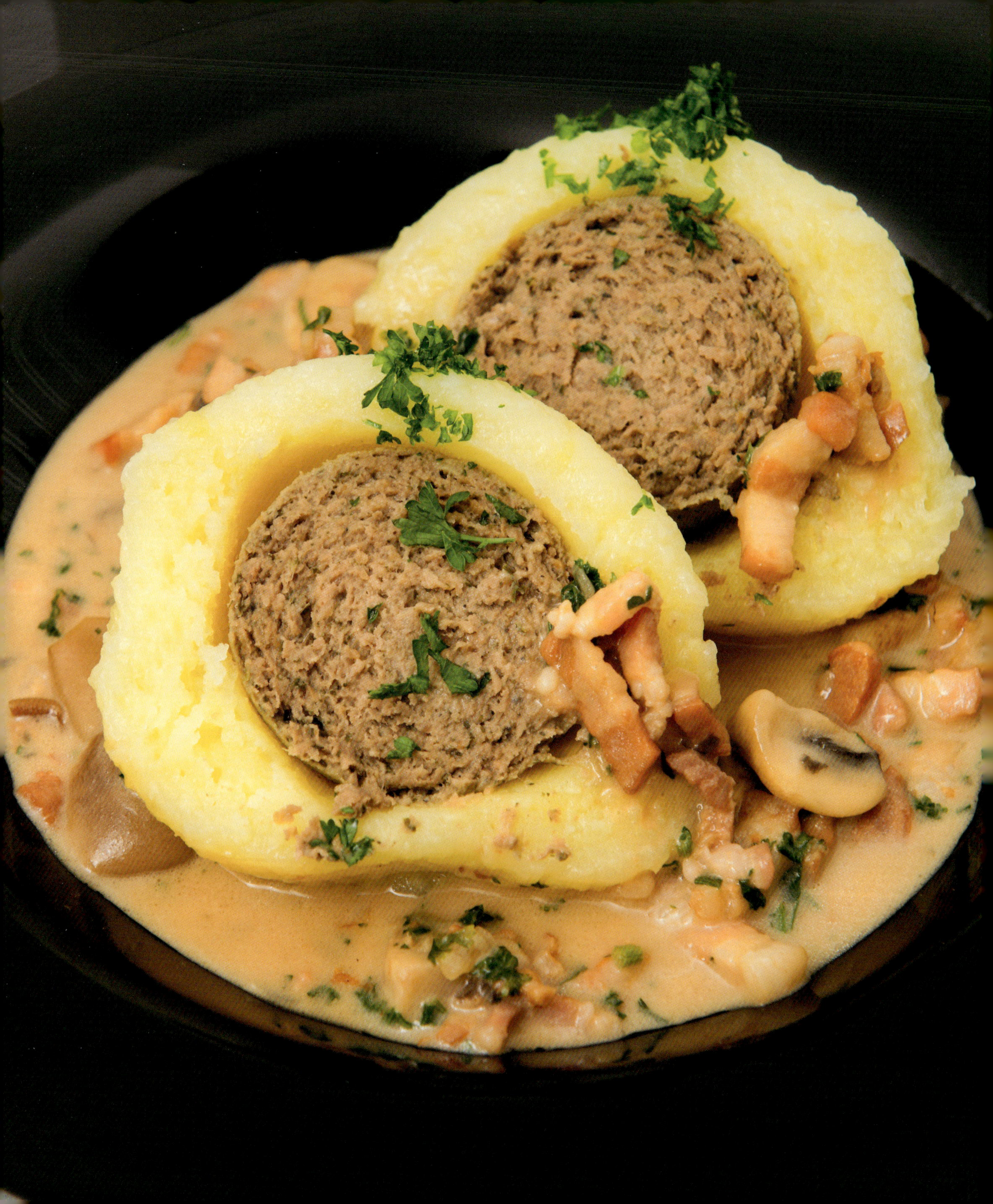

Leberknödel

Für die Leberknödel zunächst die Leber in sehr kleine Stücke hacken oder durch einen Fleischwolf drehen.

Semmeln in Wasser einweichen und anschließend gut ausdrücken. Zwiebel schälen und in sehr feine Würfel schneiden. Knoblauch pressen und Petersilie fein hacken. In einer Pfanne Butter zerlassen. Zuerst die Zwiebel, dann den Knoblauch, die Petersilie und den Majoran zufügen und alles andünsten. Anschließend abkühlen lassen.

Die Semmeln, die Leber und das Zwiebelgemisch in einer Schüssel zusammenmischen und Eier, Semmelbrösel, Salz und Pfeffer dazugeben. Alles noch einmal gut verrühren und für **10 Minuten** ruhen lassen.

Mit feuchten Händen Leberknödel formen. Die Knödel in die kochende Fleischbrühe geben und für **20–25 Minuten** darin ziehen lassen. Die Brühe sollte dabei nur auf kleiner Flamme köcheln.

1 Std. – ✳ ✳

6 Portionen:

140 g Rinderleber
2 Semmeln
50 ml Wasser
1 Zwiebel
1 Knoblauchzehe
1 Bund Petersilie
40 g Butter
1 EL Majoran
Prise Salz, Pfeffer
2 Eier
60 g Semmelbrösel
3,5 l Rinderbrühe

Aus dem Pippe

Tipp: Man kann die Knödel auch als Variation in einem Kloßteig servieren, wie es auf dem Bild zu sehen ist. Dazu einfach Leberknödel und den Kloßteig wie auf S. 149 zubereiten und anschließend den Teig um die Leberknödel herumkneten.

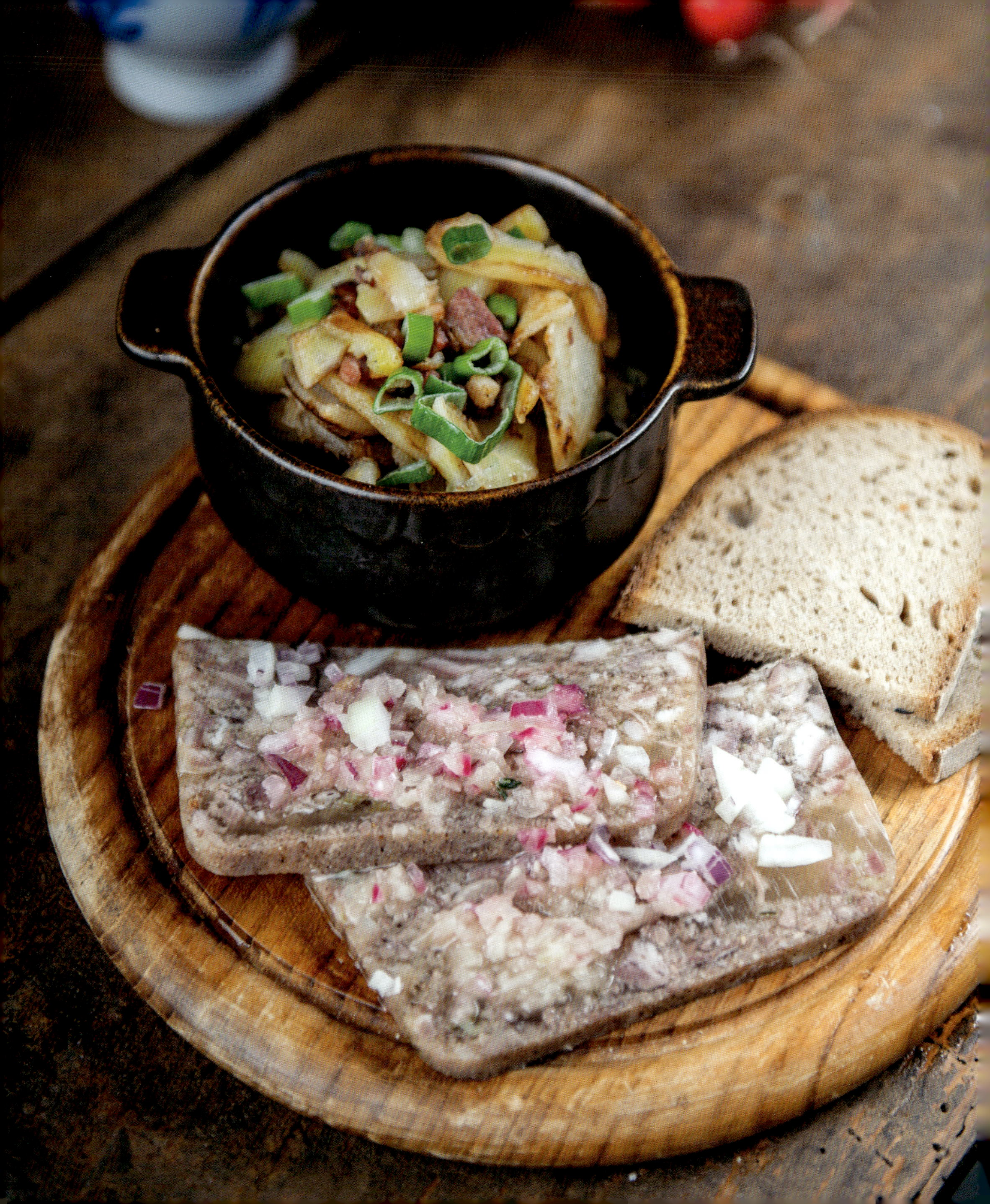

Hausgemachte Schweinskopfsülze

Das Fleisch in einen großen Topf geben und mit Wasser gerade so bedecken. Die Gewürze hinzugeben und **ca. zwei Stunden** kochen lassen, bis es sich leicht vom Knochen löst. Karotten waschen und als Ganze während der letzten **20 Minuten** zum Fleisch geben. Anschließend das Fleisch und die Möhren aus dem Topf nehmen.

Den Sud durch ein Sieb abschütten. Einige Gewürzkörner aus dem Sieb wieder dem Sud zugeben und dabei auf Knochensplitter achtgeben.

Das Fleisch in mittelgroße Würfel schneiden; dabei ist alles zu verwenden, auch die Schwarte. Die gegarten Karotten würfeln, Zwiebeln schälen und ebenfalls würfeln und zusammen mit den Gurken und einem Esslöffel Senfkörnern auf das gewürfelte Fleisch streuen.

Nun den Sud säuern. Branntweinessig in den Sud geben und immer wieder kosten, damit es nicht zu viel oder zu wenig ist. Tipp: Ist man unsicher, sollte man etwas Sud auf einen flachen Teller geben und z. B. auf der Fensterbank gelieren lassen und erst im kalten Zustand die Säure abschmecken. Im warmen Zustand wirkt es wesentlich saurer, als es nachher ist.

Zum Schluss kommt alles wieder in den gesäuerten Sud und wird **15 Minuten** gut heiß aufgekocht, so dass auch die Zwiebelwürfel und die Senfkörner weich werden. Die Gelierprobe machen, eventuell mit Gelatine andicken.

Die Sülze nun in die sauberen und vorbereiteten Sturzgläser füllen, dabei etwa 1 cm Abstand zum Deckel lassen. Sofort die heißen Gläser verschließen und zum schnellen Auskühlen kaltstellen.

1 Tag – ✹✹✹

4 Portionen:

1 Schweinekopf, halbiert
600 g Schweinebauch
1 Schweinezunge, gepökelt
3 Lorbeerblätter
1 TL Wacholderbeeren
2 TL Pfefferkörner, grob gemahlen
3 TL Senfkörner
1 TL Pimentkörner
Salz
4 Karotten
5 Gewürzgurken
3 Zwiebeln
1 Tasse Branntweinessig
1 Tüte Gelatinepulver
4 Sturzgläser

Aus dem Dippe

Tipp: Zum Servieren die Sülze nicht in zu dünne Scheiben schneiden und mit Bratkartoffeln, ein paar Gewürzgurken und Remoulade anrichten.

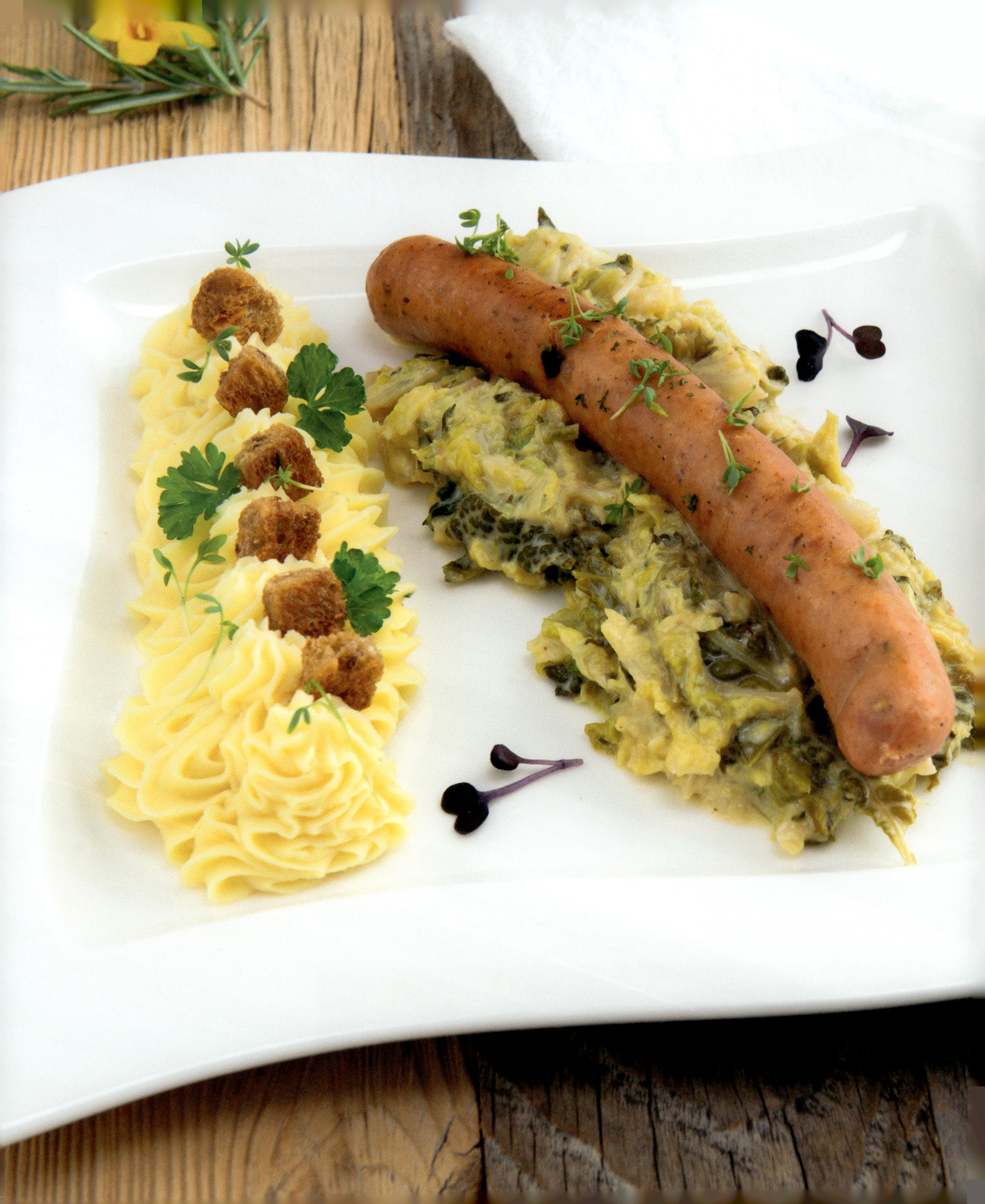

Rahmwirsing mit Bratwürstchen und Kartoffelpüree

Den Wirsing halbieren, Strunk entfernen und in feine Streifen schneiden. Anschließend in ein Sieb geben, gut durchwaschen und abtropfen lassen. Die Zwiebel schälen und in feine Würfel schneiden.

Butter in einem Topf zerlassen und die Zwiebelwürfel darin glasig andünsten. Den Wirsing dazugeben, durchrühren und unter stetigem Rühren zusammenfallen lassen.

Mit Salz, Pfeffer und etwas Kümmel würzen und anschließend mit Gemüsebrühe und Sahne aufgießen. Weiter rühren und so die Sahne reduzieren, bis die gewünschte Sämigkeit entsteht.

Für das Püree:

Kartoffeln schälen, waschen und weichkochen. In der Zwischenzeit einen Topf mit der Milch, Sahne, Salz, Pfeffer, Muskat und Butter erwärmen. Die Kartoffeln abgießen, kurz ausdämpfen und durch eine Kartoffelpresse drücken. Anschließend dem Topf mit der Milch-Sahne-Mischung zugeben und einrühren.

Info: Ein Kartoffelbrei ist kein Stampf! Deshalb ist es wichtig, dass sie durchgepresst werden, damit die Konsistenz schön cremig ist.

30 Min – ✳

4 Portionen:

1 kg Wirsing
2 Zwiebeln
2 EL Butter
Salz, Pfeffer
Etwas Kümmel, ganz
250 ml Gemüsebrühe
200 ml Sahne

Kartoffelpüree:

400 g Kartoffeln
80 ml Milch
80 ml Sahne
80 g Butter
Salz, Pfeffer
Muskat

Aus dem Dippe

Tipp: Wer mag, gibt zu den Zwiebeln am Anfang noch ein paar Bauchspeckwürfel dazu.

Jede Art von Bratwürstchen passt dazu geschmacklich perfekt!

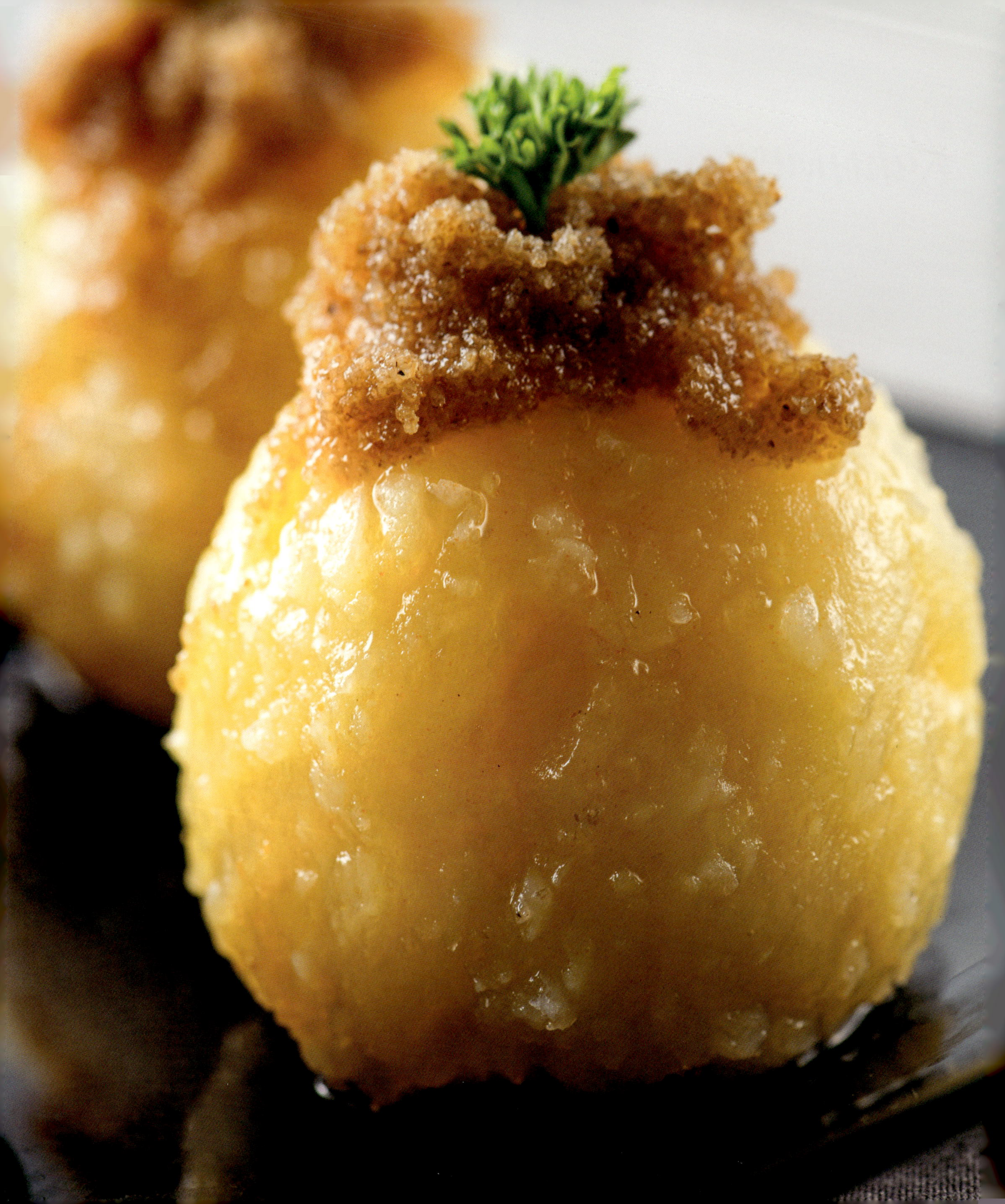

Kartoffelklösse

Kartoffeln waschen. Mit Wasser bedeckt **ca. 20 Minuten** kochen. Anschließend kurz abkühlen lassen und pellen. Die Kartoffeln abdämpfen lassen, d. h. so lange erhitzen, bis die gesamte Restflüssigkeit verdampft ist. Butter schmelzen und leicht abkühlen lassen. Kartoffeln durch die Kartoffelpresse stampfen, anschließend das Eigelb gründlich unterrühren. Da der Stärkegehalt der Kartoffeln unterschiedlich, aber wichtig für die Bindung ist, erst einmal nur 50 g Stärke unterarbeiten. Ist der Teig danach immer noch zu klebrig, kann weitere Stärke hinzugefügt werden. Im nächsten Schritt die flüssige Butter untermischen und den Teig mit Salz, Pfeffer und frisch geriebener Muskatnuss abschmecken.

Den Teig mit den Handflächen (Handflächen am besten mit etwas Stärke einreiben) zu mittelgroßen Klößen rollen.

Tipp: Aus dem Teig einen kleinen Probekloß formen und im siedenden (nicht kochenden!) Wasser garen. Fällt der Kloß dabei auseinander, zusätzlich 1–2 Esslöffel Stärke unterkneten.

Reichlich Salzwasser in einem großen Topf aufkochen, dann die Temperatur etwas verringern, denn das Wasser zum Garen der Kartoffelknödel darf nicht kochen, sonst zerfallen die Klöße. Die Kartoffelklöße im siedenden Wasser **ca. 15 Minuten** gar ziehen lassen, bis sie hochsteigen. Danach noch weitere **10 Minuten** ziehen lassen. Klöße herausheben und gut abtropfen lassen.

Klassische Butterschmelze:

Butter und Semmelbrösel in einem Topf erhitzen, gut verrühren und auf die Klöße geben.

Tipp: Für besonders feine Kartoffelknödel die Kartoffeln gleich zweimal durch die Kartoffelpresse geben! Zudem können die Klöße nach Belieben etwa noch mit Brotbröseln gefüllt werden.

45 Min – ✳

4–6 Portionen:

1,3 kg Kartoffeln, mehlig
2 EL Butter + 100 g für die Butterschmelze
2–3 Eigelb
50–100 g Kartoffelmehl (alternativ: herkömmliche Speisestärke)
Salz, Pfeffer
Muskat, frisch gerieben
100 g Semmelbrösel

Aus dem Dippe

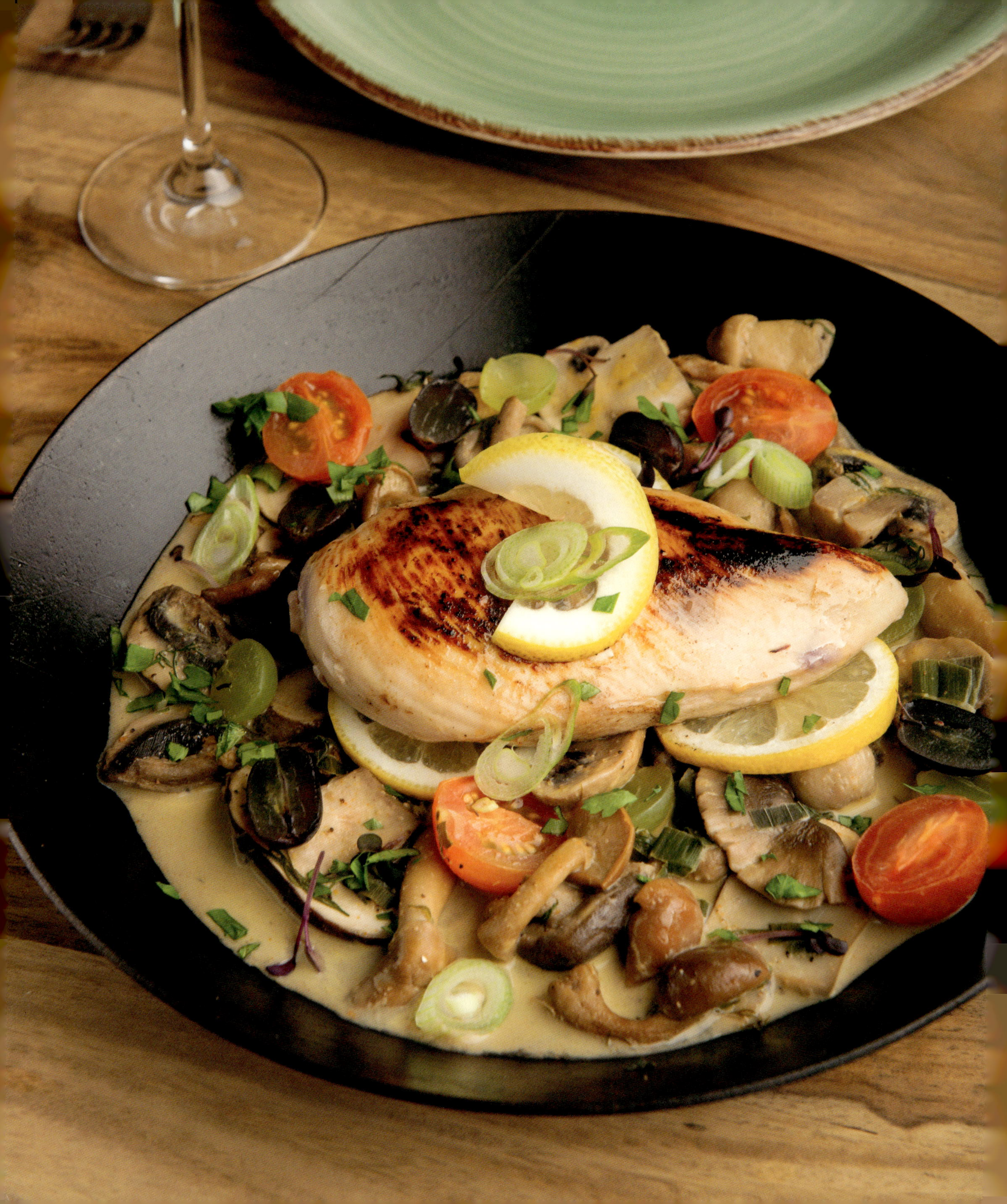

Rieslinghähnchen

Die Hähnchenbrüste waschen und abtupfen. Mit Salz, Pfeffer und einer Messerspitze Zimt würzen und in einer Pfanne mit etwas Fett von allen Seiten anbraten.

Die Zwiebel schälen und fein würfeln, die Champignons putzen und in Viertel schneiden. Zusammen in einem Schmortopf andünsten und mit Riesling ablöschen. Das Hähnchen hinzugeben und bei geschlossenem Deckel **ca. 15 Minuten** auf mittlerer Stufe schmoren lassen.

Das Hähnchen aus dem Schmortopf entnehmen. Sahne und Crème Fraîche in den Sud einrühren, mit Salz, Pfeffer und etwas Zitronensaft abschmecken und die Soße einen kleinen Moment lang einreduzieren. Anschließend das Hähnchen wieder in den Topf geben.

Trauben halbieren, Pinienkerne rösten und ungefähr **drei Minuten** vor dem Anrichten mit zugeben. Das Hähnchen wird heiß in der Soße serviert.

45 Min – ✹✹

4 Portionen:

4 Hähnchenbrüste (etwas dicker)
1 Msp. Zimt
Salz, Pfeffer
3 EL Butter
1 Zwiebel
250 g Champignons
½ l Riesling
120 g Schlagsahne
100 g Crème Fraîche
Saft einer ½ Zitrone
200 g Trauben, hell und dunkel
20 g Pinienkerne

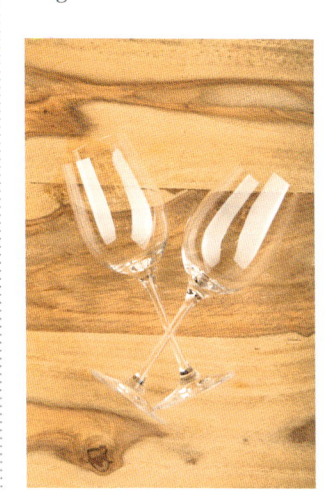

Aus dem Dippe

Tipp: Gebratener Reis passt hervorragend dazu!

Aus dem Ofen

Frankfurter (Weihnachts-) Gänsebraten
(Rezept S. 163)

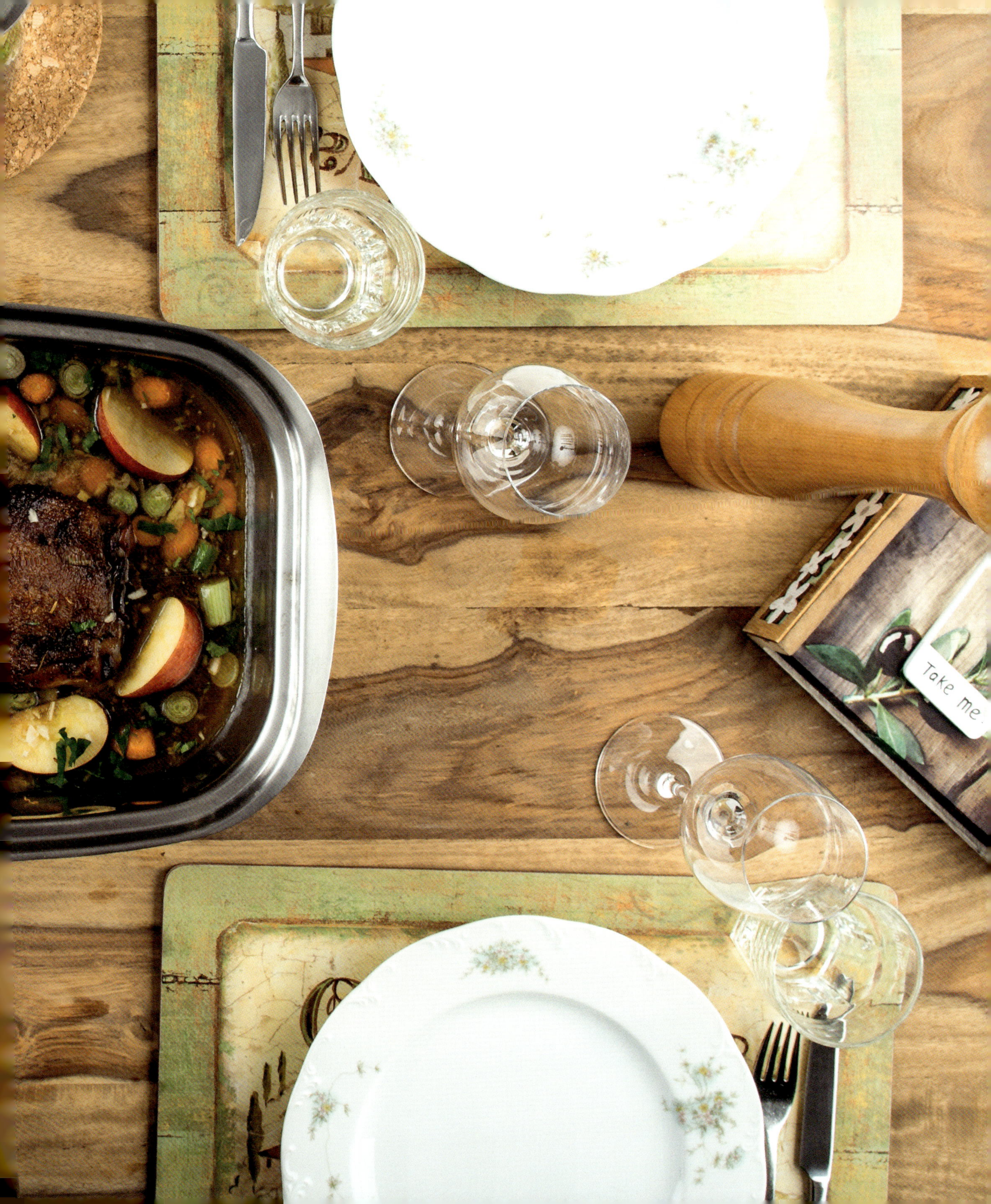
Take me

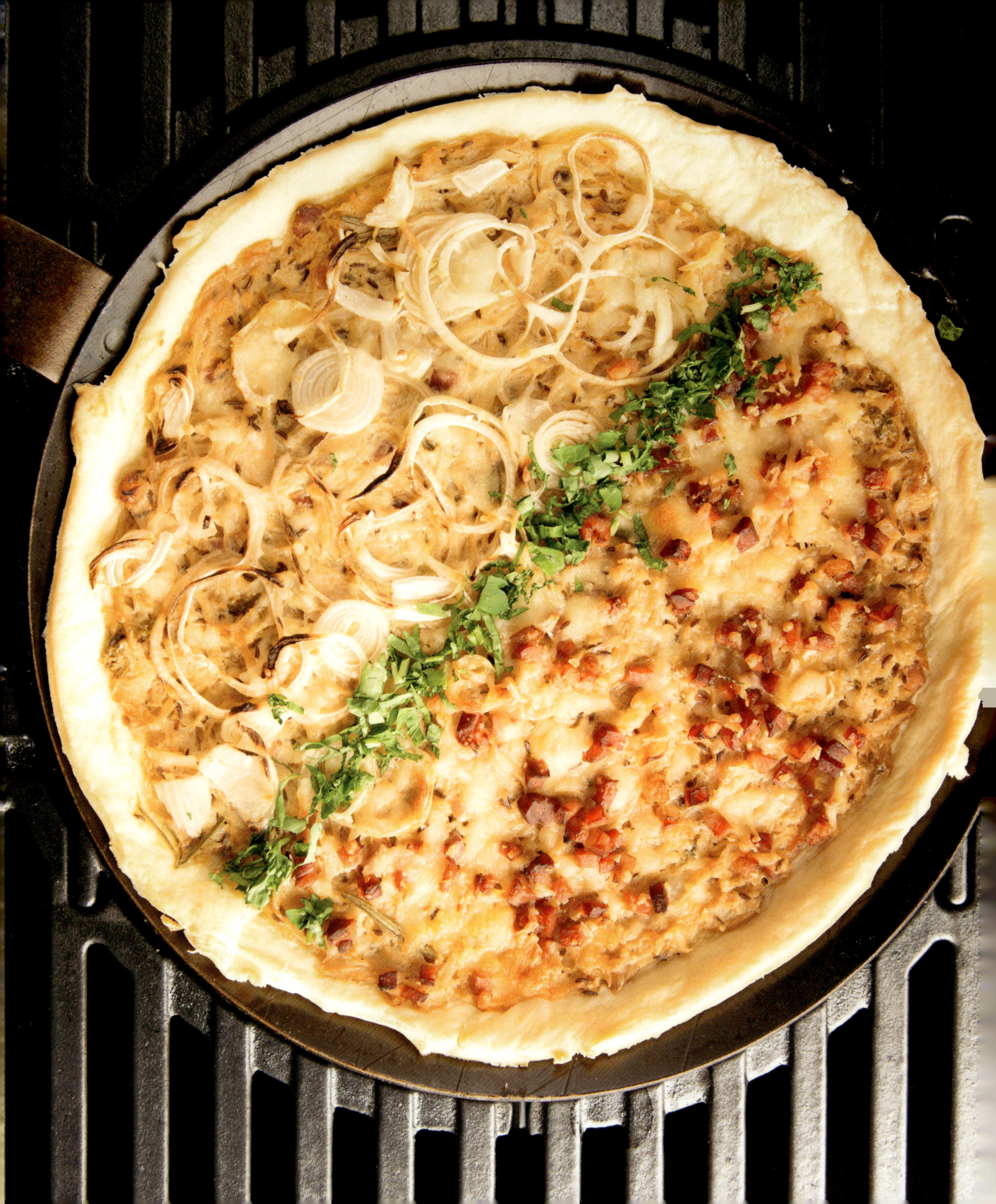

Frankfurter Zwiwwelkuche

Für den Hefeteig:

Das Mehl durch ein Sieb in eine Schüssel geben. In der Mitte eine Mulde bilden und die Hefe einbröckeln. Milch und Butter erwärmen und über die Hefe gießen. Anschließend gut durchkneten, Salz hineinstreuen und das Eigelb einarbeiten. Der Teig wird so lange mit dem Knethaken geschlagen, bis er sich von der Schüssel löst und Bläschen bildet. Den Ofen auf ca. 45 Grad vorheizen und den Teig dort gehen lassen, bis er sein Volumen verdoppelt hat.

Danach den Hefeteig in eine eingefettete Springform geben und an den Rändern der Form hoch andrücken. Den Ofen auf 190–200 Grad vorheizen.

Für die Masse:

Zwiebeln schälen, in feine Ringe schneiden und in einer Pfanne mit Butter glasig andünsten. Die Zwiebeln mit einem Löffel gleichmäßig auf dem ausgelegten Teig verteilen und etwas Kümmel darüberstreuen.

In einer Schüssel Eier, Schmand und Sahne gut verrühren, mit Salz und Pfeffer würzen und über den Zwiebeln verteilen. Anschließend im vorgeheizten Ofen **ca. 25–30 Minuten** backen, bis der Teig aufgegangen ist und eine schöne, goldgelbe Farbe hat. Mit der Zahnstocher-Probe lässt sich prüfen, ob der Teig fertig ist.

Optional:
Wird zu den Zwiebeln durchwachsener Speck ausgelassen, entsteht ein herzhafter Speckkuchen.

2 Std. – ✳ ✳

Hefeteig:
370 g Mehl
25 g Hefe, frische
6–8 EL Milch
80 g Butter
1 Eigelb
1 Msp. Salz

Zwiebelfüllung:
700 g Zwiebeln
50 g Butter
1 EL Kümmel
3 Eier
250 g Schmand
5 EL Sahne
Salz, Pfeffer

Optional:
300 g Speck, gewürfelt

Aus dem Ofen

Tipp: Für Grillprofis: Klappt auch super in einer Pfanne/Form auf dem Grill wie auf unserem Bild!

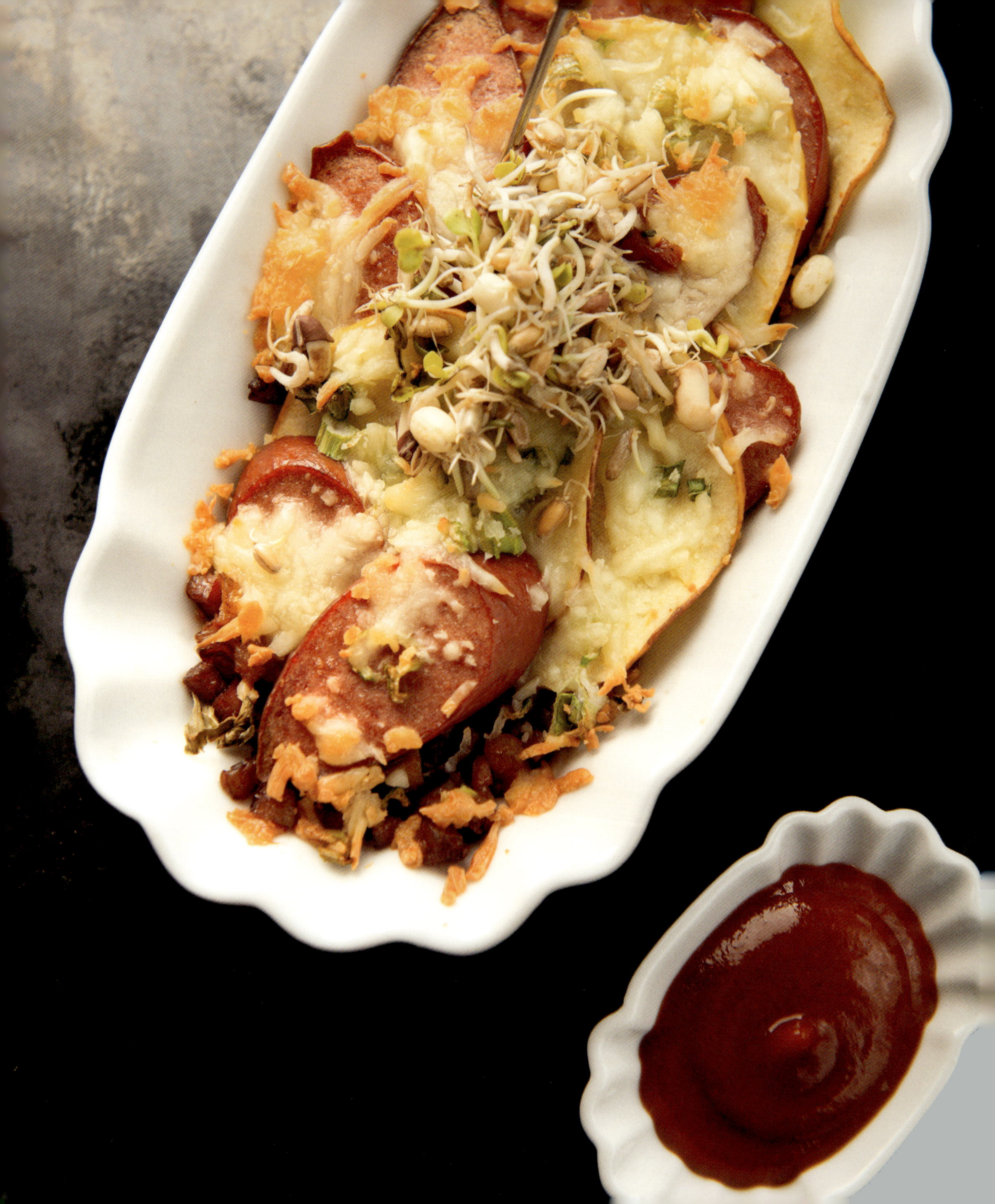

Rindswurst à la Sasch

Den Backofen auf 160 Grad vorheizen. Eine feuerfeste Form mit Dörrfleisch auslegen. Die Rindswurst in Längsstreifen schneiden und auf das Dörrfleisch legen. Apfel und Tomaten waschen, in feine Scheiben schneiden und auf die Wurst geben, danach geriebenen Käse darüber streuen und oben ein paar feine Baconstreifen darüberlegen.

Die Form für **ca. 15–20 Minuten** in den Ofen geben.

Zwiebel schälen und in kleine Würfel schneiden, anschließend in der Pfanne rösten. Essiggurke ebenfalls fein würfeln und zusammen mit den Röstzwiebeln auf dem Fleisch garnieren.

50 Min – ✳

4 Portionen:

4–5 Rindswürste
250 g Dörrfleisch
1 Apfel
1–2 Tomaten
200 g Mozzarella oder Gouda, gerieben
4–5 Scheiben Bacon
1 Zwiebel
1 Essiggurke

Aus dem Ofen

Tipp: Dazu passen ein kühles Bier oder ein junger Landwein.

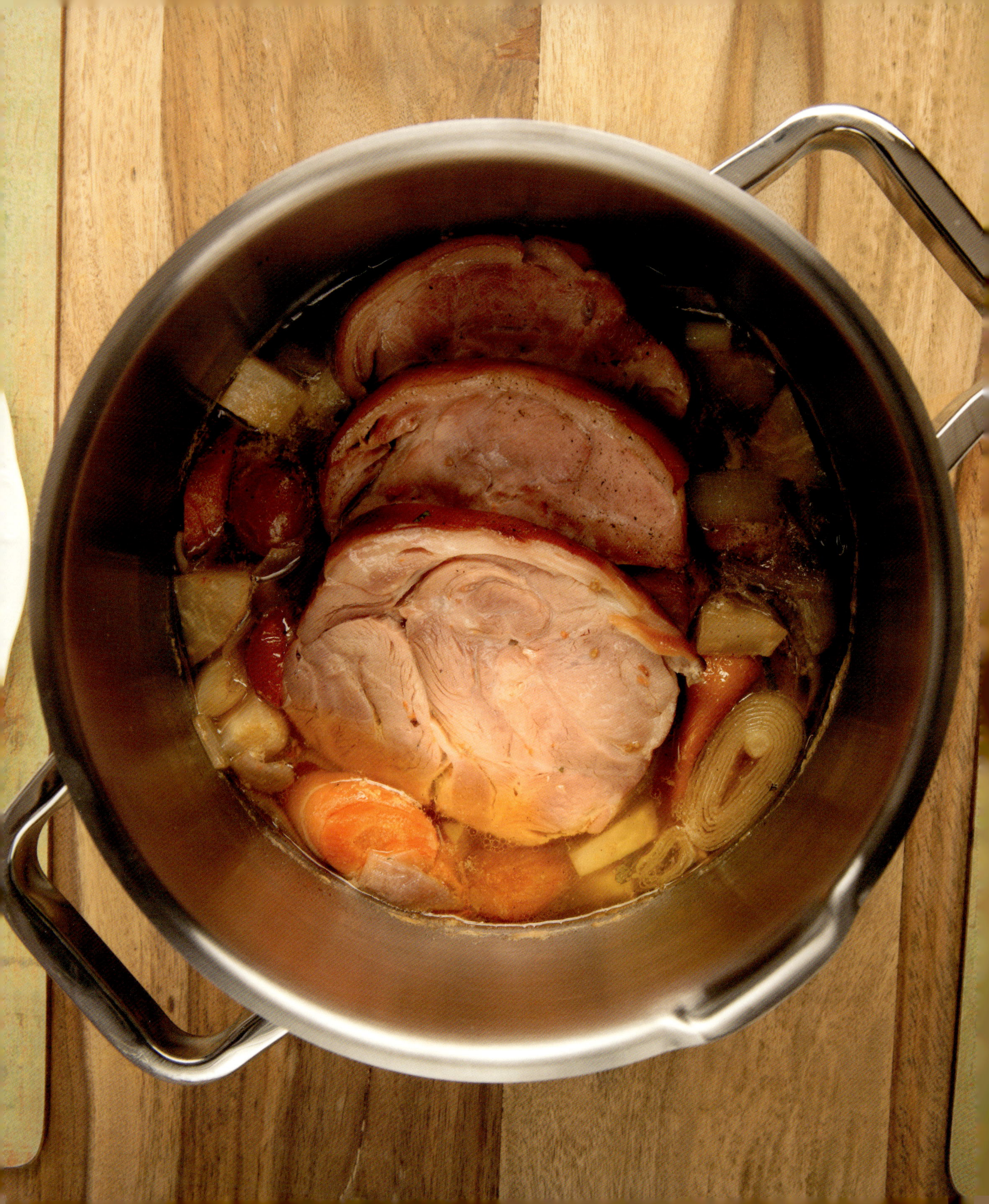

Spanferkelschinken in Apfelwein

Apfelwein, Brühe, Lorbeerblätter, Wacholderbeeren und Pfefferkörner in einen Bräter füllen und den Spanferkelschinken hineingeben. Alles zusammen bei schwacher Hitze **ca. eine Stunde** lang köcheln lassen.

Karotten, Zwiebeln und Knollensellerie schälen und in kleine Stücke schneiden. Anschließend das Gemüse ebenfalls in den Bräter geben und nochmals **eine knappe Stunde** kochen.

Den Ofen auf 220 Grad vorheizen. Schinken herausnehmen und kreuzweise auf der Schwarte einschneiden. Danach in einen separaten Topf legen, etwas von der gekochten Brühe hinzugeben, mit etwas Honig (oder Zucker) die Schwarte einpinseln und im Ofen **ca. 10–12 Minuten** knusprig karamellisieren.

Währenddessen die Äpfel schälen und in kleine Würfel schneiden. Apfelwürfel in Butter anbraten, mit ½ l des Fleischsafts ablöschen, Apfelschnaps dazugeben, alles pürieren und anschließend durch ein Sieb abpassieren. Anschließend noch mit Salz und Pfeffer abschmecken.

Den Schinken in Scheiben schneiden und mit der Soße servieren.

2 1/2 Std. – ✳

4–6 Portionen:

1 Spanferkelschinken, gepökelt/geräuchert
2 l Apfelwein
1 l Brühe, ungesalzen
4 Lorbeerblätter
3 Wacholderbeeren
3 Pfefferkörner
2 Karotten
1 Knollensellerie
5 Zwiebeln
Zucker oder Honig
5 Äpfel
2 EL Butter
2 cl Apfelschnaps
Salz, Pfeffer

Aus dem Ofen

Tipp: Sauerkraut und Butterkartoffeln passen hervorragend dazu. Der Schinken lässt sich auch sehr gut in kaltem Zustand zu einer Brotzeit servieren (sofern überhaupt etwas übrigbleibt…)

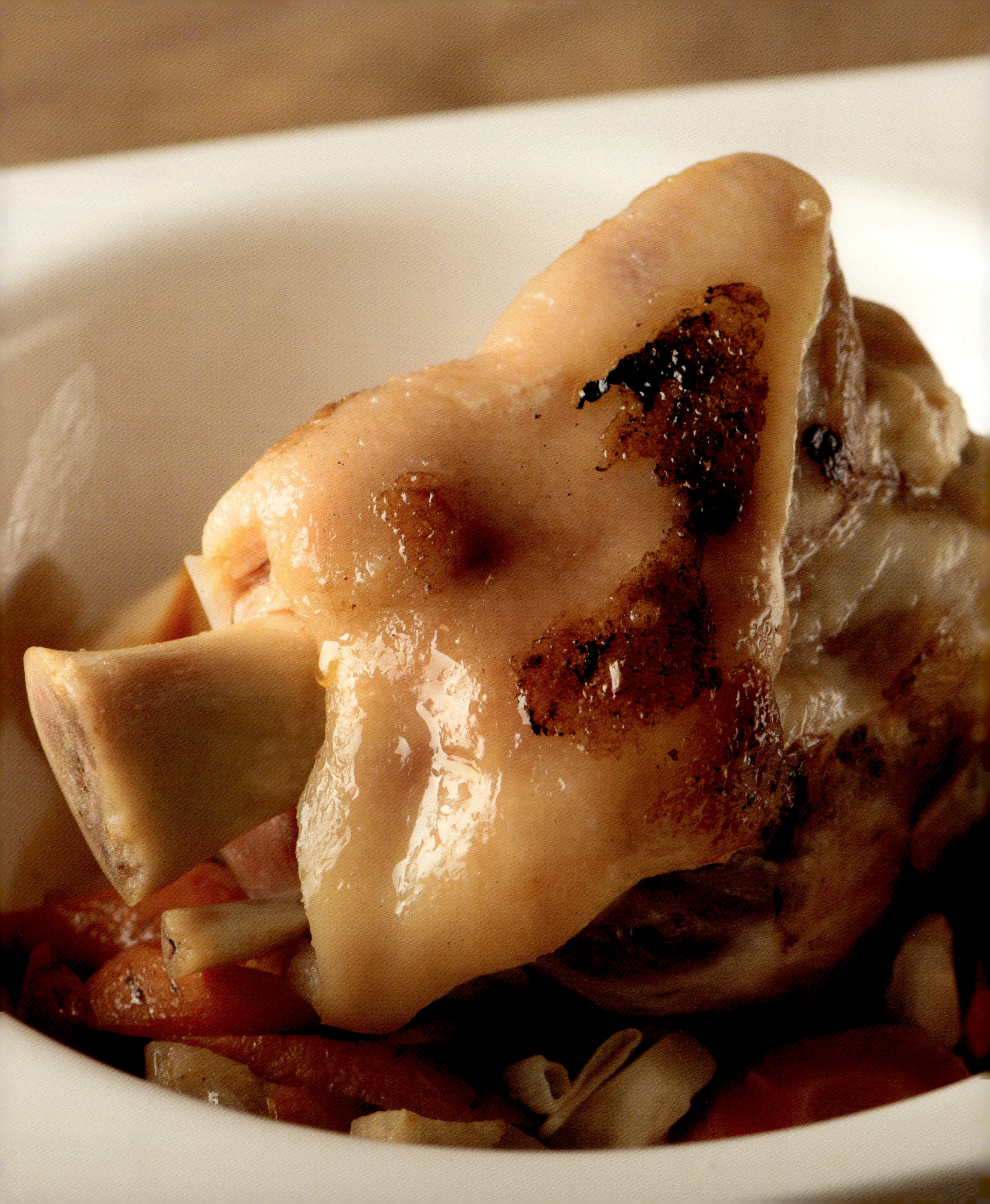

Geschmorte Schweinshaxen

Bräter mit Wasser füllen, so dass die Schweinshaxen später komplett bedeckt sind. Das Wasser zum Kochen bringen und Schweinshaxe in den Topf geben.

Den Ofen auf 150–175 Grad vorheizen. Ingwer schälen, Frühlingszwiebeln abziehen und beides kleinschneiden. Zusammen mit dem Kandiszucker, Apfelwein, Szechuan-Pfefferkörnern, Sternanis und dem Lorbeerblatt in den Bräter geben. Im Ofen bei mittlerer Hitze **ca. eine Stunde** schmoren.

Den Bräter herausnehmen, Salz hinzugeben und auf dem Herd bei schwacher Hitze weitere **ca. 20 Minuten** köcheln lassen.

2 Std. – ✻

4 Portionen:

4 Schweinshaxen
2 Frühlingszwiebeln
40 g Ingwer
20 g Kandiszucker
50 ml Apfelwein
½ TL Szechuan Pfefferkörner
2 Sternanis
1 Lorbeerblatt

Aus dem Ofen

Info: Den Sud kann man abpassieren und daraus eine Soße ziehen.

Tipp: Passt perfekt zu Sauerkraut und einem krossen Bauernbrot mit etwas Senf.

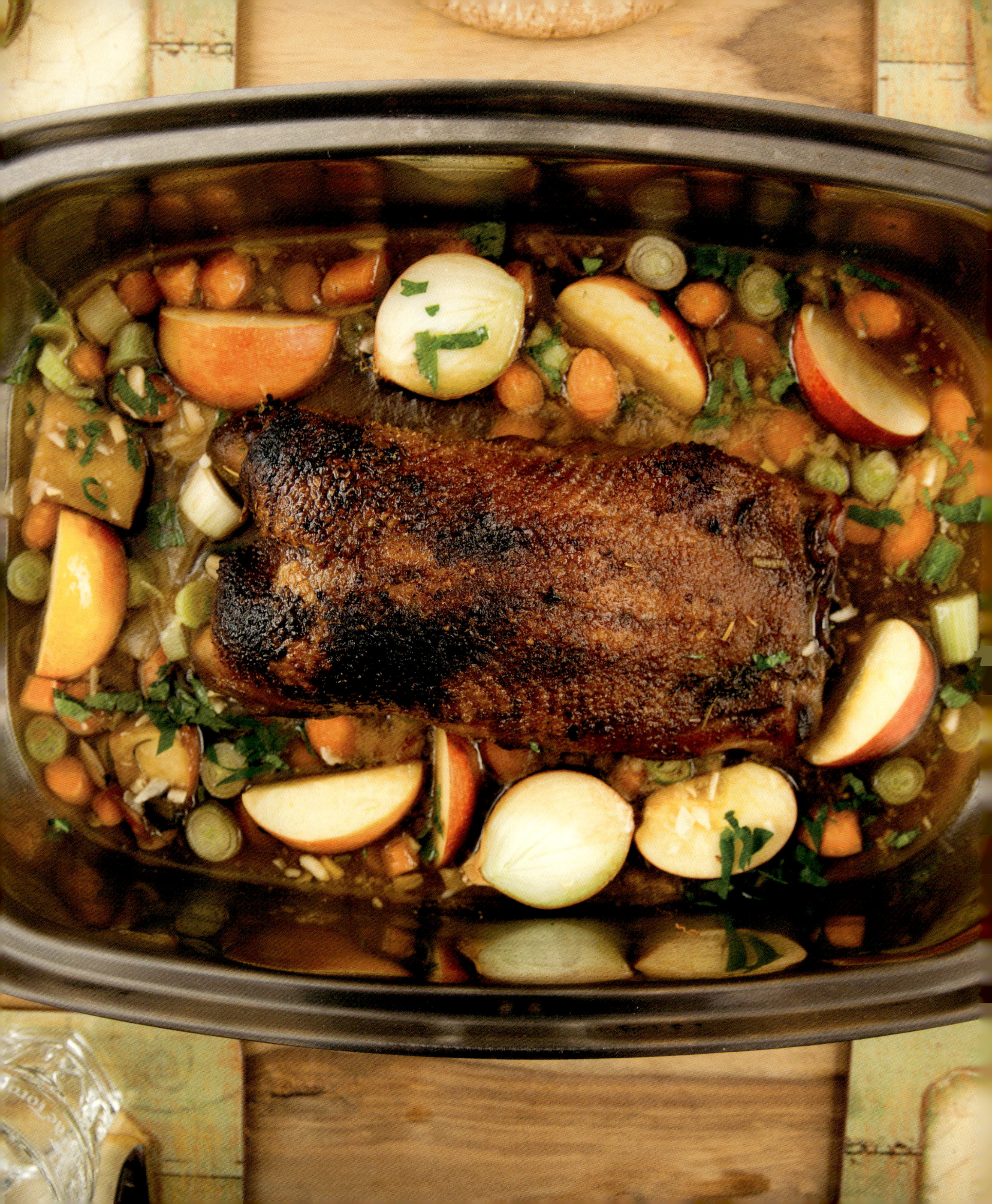

Frankfurter (Weihnachts-)Gänsebraten

Die Bauerngans zunächst gründlich auswaschen und trocken tupfen. Das überflüssige Fett der Gans entfernen und zu Gänseschmalz auslassen. Das Innere der Gans vor dem Füllen mit Majoran ausstreichen und ordentlich salzen und pfeffern (von innen und außen).

Vier Äpfel waschen und vierteln. Die Gans mit den Pistazien, Pinienkernen, Mandeln, Maronen, Rosinen, Apfelvierteln, Rosmarin und Thymian großzügig füllen.

Info: Wer mag, kann die Innereien kleinhacken und mit in die Füllung geben.

Die Gans mit Küchengarn zunähen oder mit Fleischnadeln zustecken. Im heißen Öl (oder Schmalz) rundherum anbraten. Den Ofen auf 200 Grad vorheizen.

Die Zwiebeln schälen und in Ringe schneiden, einen Apfel und die Karotten vierteln, Knoblauch und Ingwer abziehen und hacken, Sellerie schälen und würfeln, alles zu der Gans geben und kurz mit andünsten. Anschließend mit ½-1 Liter Rotwein ablöschen. Die Gans für **ca. zwei Stunden** im vorgeheizten Ofen garen, zwischendurch immer wieder mit Fleischbrühe begießen, damit die Haut nicht austrocknet.

In der Zwischenzeit in einem Topf Apfelwein mit Zucker aufkochen, den Blütenhonig hineingeben und diese Mischung am Schluss über den Gänsebraten pinseln und nochmals 10 Min. im Ofen knusprig bräunen.

4 Std. – ❄❄❄

6 Portionen:

1 Bauerngans
Etwas Majoran
Salz, Pfeffer
5 große Äpfel
Pistazien, Pinienkerne, Mandeln, Maronen, Rosinen
Etwas Rosmarin und Thymian, frisch
3 Zwiebeln
3 Karotten
½ Knollensellerie
2 Knoblauchzehen
Etwas Ingwer
1 l Rotwein
300 ml Fleisch- oder Gemüsebrühe
300 ml Apfelwein
3 EL Zucker
1 EL Blütenhonig

Aus dem Ofen

Tipp: Dazu passen unser leckeres Apfelrotkraut und auch Maronenklöße, begleitet von einem kräftigem Spätburgunder.

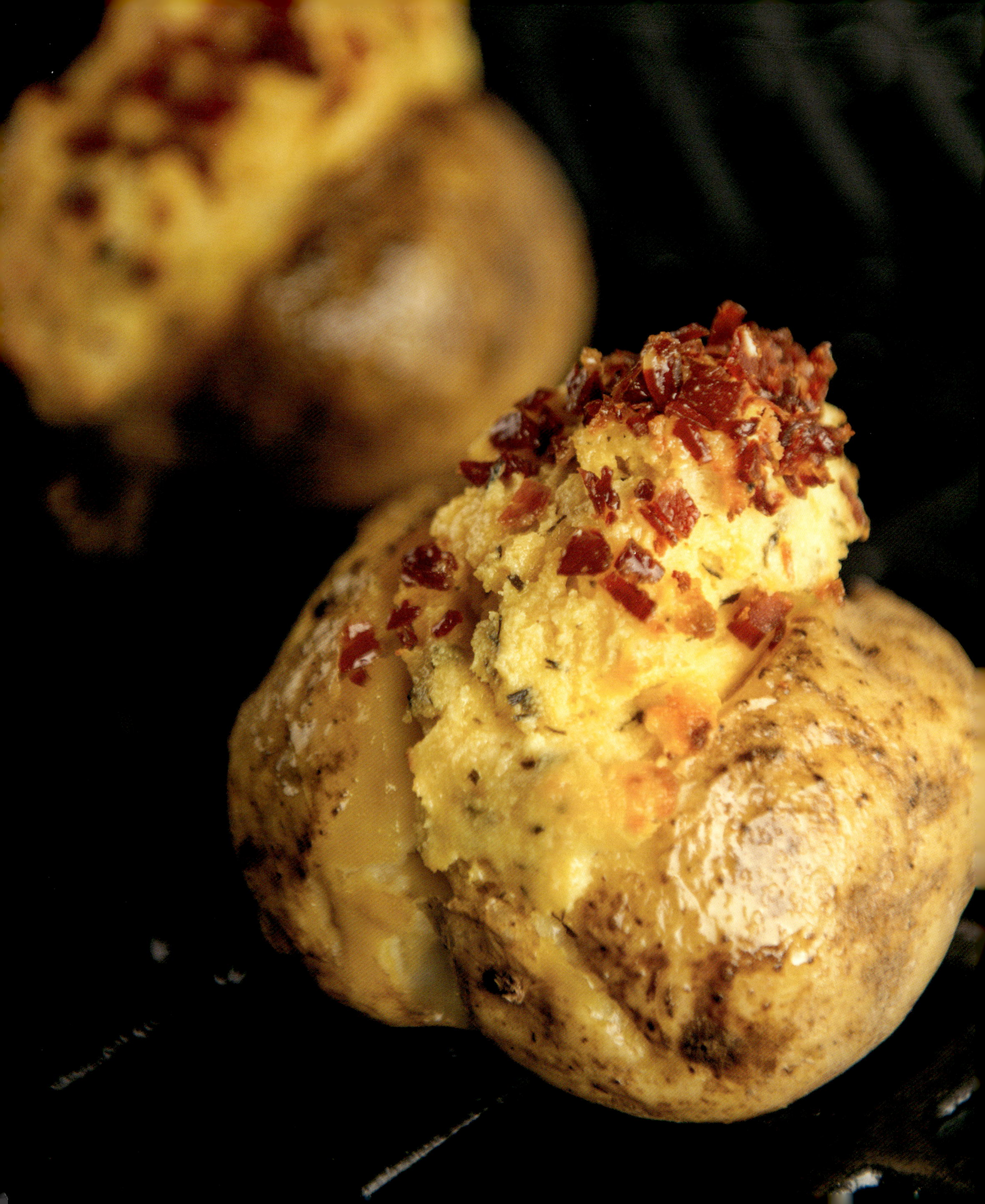

Odenwälder Ofenkartoffeln

Ofen auf 180 Grad vorheizen. Die Kartoffeln gut waschen und in Meersalz wälzen. Anschließend in Alufolie wickeln und **ca. 45 Minuten** (je nach Größe der Kartoffeln) im Ofen oder auf dem Grillrost backen.

Währenddessen einen Topf mit Wasser erhitzen und in einer Schüssel im Wasserbad die Eier, Butter, Crème Fraîche und den mittelscharfen Senf zu einer steifen Masse schlagen. Danach mit Salz, Pfeffer und einem Spritzer Zitronensaft abschmecken.

Die Kartoffeln aus dem Ofen oder vom Grill nehmen (den Ofen jedoch weiterhin beheizt lassen), aus der Folie auspacken und oben einschneiden. Anschließend einen guten Schlag der Eiermasse in die Kartoffeln füllen, eine dünne Scheibe rohen Schinken darüberlegen und für weitere **15–20 Minuten** backen.

Zum Schluss den Schnittlauch waschen und feinschneiden, über die Kartoffeln geben und der Grilltag kann beginnen!

45 Min – ✻✻

4 Portionen:

4 große, neue Kartoffeln, mehlig
Meersalz
Pfeffer
2 Eier
75 g Butter
150 g Crème Fraîche
Etwas mittelscharfer Senf
Spritzer Zitronensaft
100 g roher Schinken, hauchdünn geschnitten
1 Bund Schnittlauch

Aus dem Ofen

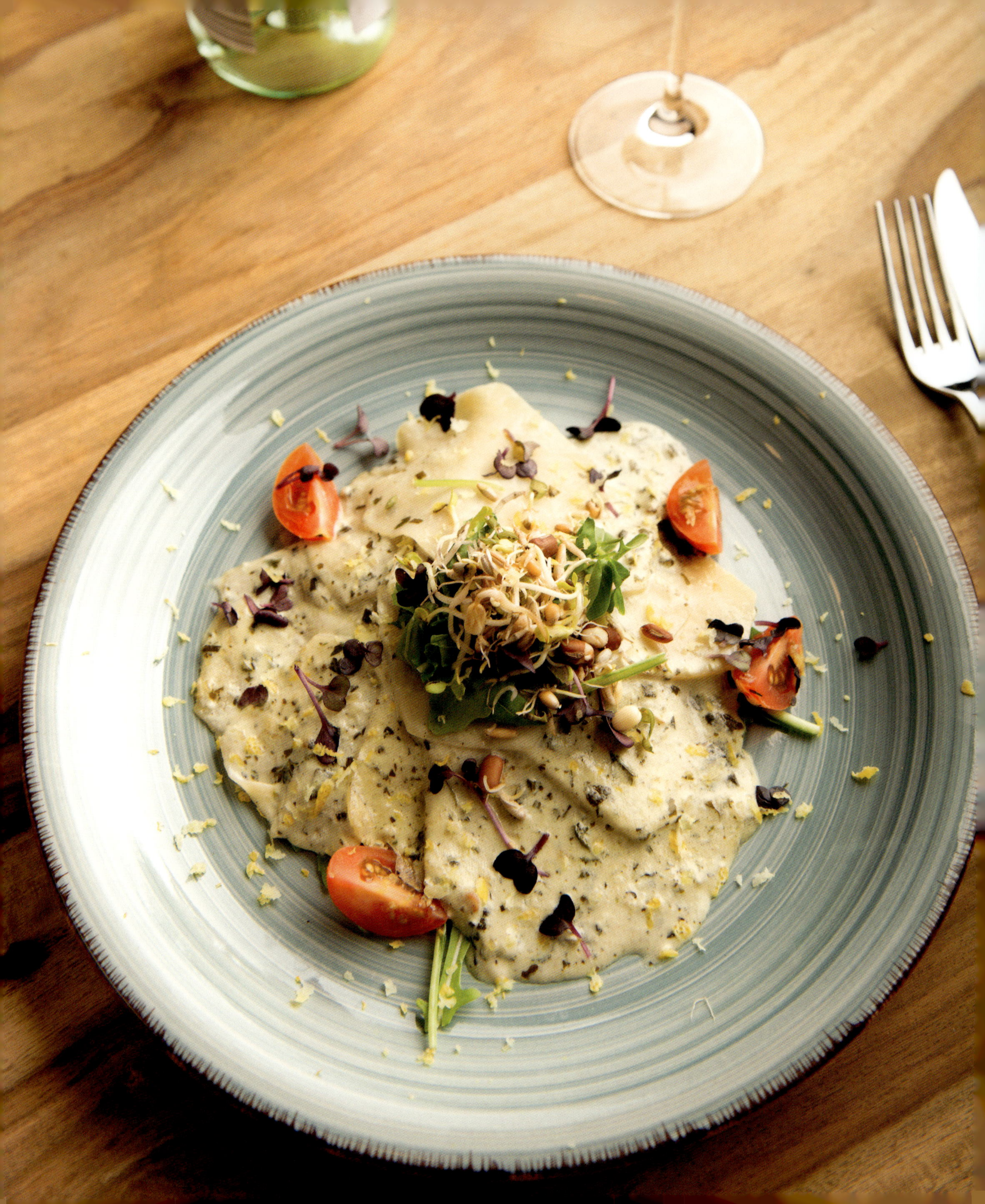

Kohlrabigratin

Zunächst vom Kohlrabi die zarten Herzblättchen abzupfen, abbrausen, gut trocken tupfen und hacken. Kohlrabi schälen und in sehr feine Scheiben schneiden oder hobeln. Zwiebel schälen und in feine Würfel schneiden, Knoblauch ebenfalls schälen und kleinschneiden.

Zwiebelwürfel und Knoblauch in Butter glasig anschwitzen, mit der Milch und Sahne auffüllen und verrühren. Crème Fraîche und die gehackten Kohlrabiblätter untermischen und mit Salz, Pfeffer und ein wenig Muskat abschmecken. Den Ofen auf 200 Grad vorheizen.

Kohlrabi dachziegelartig in zwei Schichten in eine kleine ofenfeste Form legen und mit der Sahnemischung bedecken.

Die Sonnenblumenkerne in einer Pfanne ohne Fett rösten und über den Kohlrabi streuen. Im heißen Backofen auf der mittleren Schiene für **20 Minuten** backen.

Geriebenen Parmesan oder Mozzarella darüberstreuen und das Gratin weitere **15–20 Minuten** überbacken, bis der Käse goldgelb zerlaufen ist.

40 Min – ✳✳

4 Portionen:

1 kg Kohlrabi + Blätter
1 Zwiebel
1 Knoblauchzehe
Etwas Butter, zum Anbraten
100 ml Sahne
200 ml Milch
100 g Crème Fraîche
100 g geriebenen Käse, Parmesan oder Mozzarella
Salz, weißer Pfeffer
1 Msp. Muskat, gerieben
2 EL Sonnenblumenkerne

Aus dem Ofen

Tipp: Zum Garnieren empfehlen wir etwas Rucola oder frischen Babyspinat mit Kirschtomaten, leicht mariniert. Kartoffelrösti eignen sich als guter Begleiter.

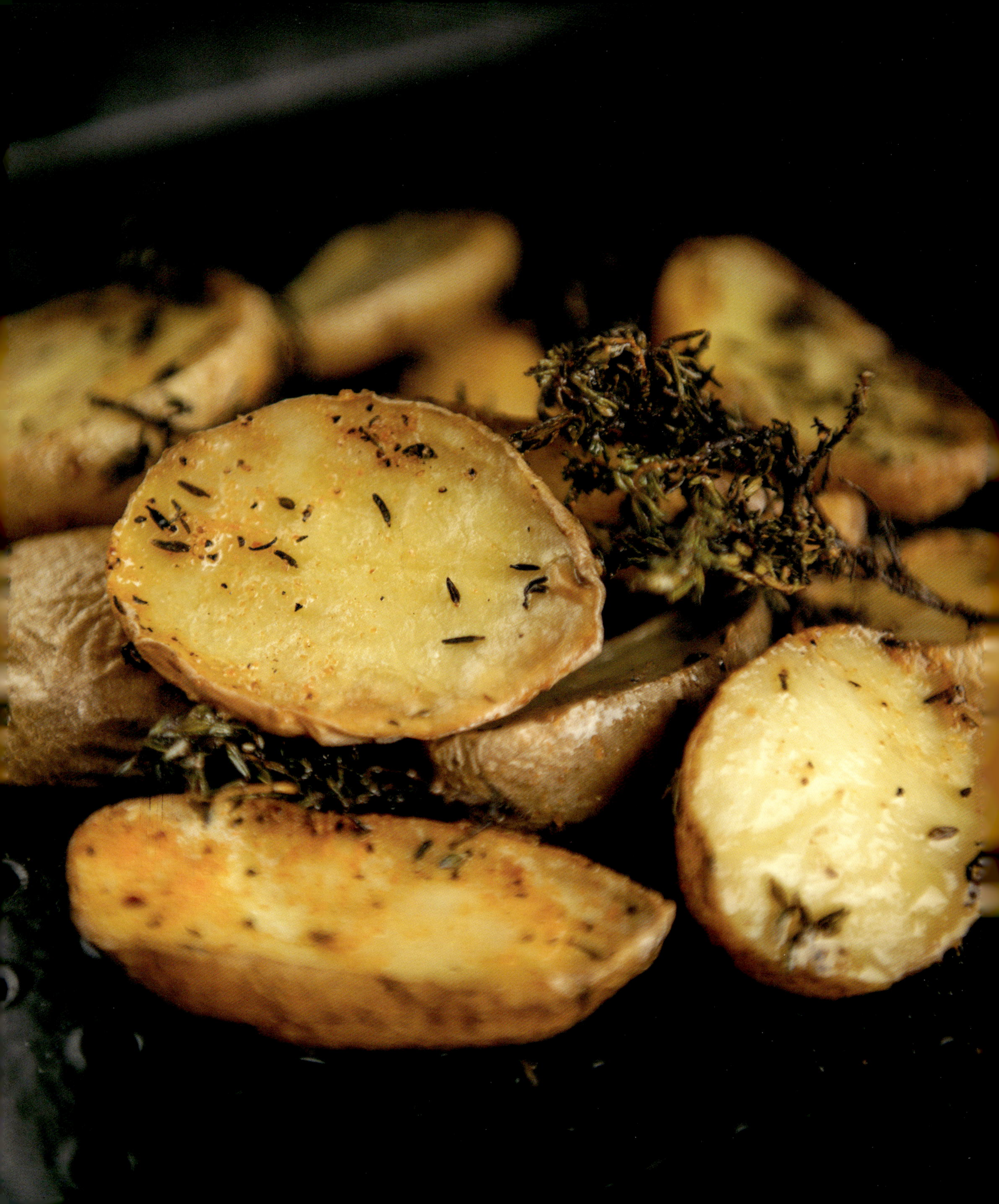

Rosmarinkartoffeln

Die Kartoffeln nicht schälen, nur gründlich waschen, trockentupfen und der Länge nach durchschneiden. Den Ofen auf 200 Grad Ober-/Unterhitze vorheizen.

Die Rosmarinnadeln etwas kleiner hacken und den Knoblauch schälen und pressen, anschließend in einer Schüssel zusammen mit den Kartoffeln, Öl, Salz und den anderen Gewürzen gut mischen. Auf ein mit Backpapier ausgelegtes Backblech legen. Für **ca. 25 Minuten** im Ofen garen.

35 Min – ✳✳

4 Portionen:

750 g neue Kartoffeln
2 EL Olivenöl
1 EL Rosmarin, gestrichen
1 TL grobes Meersalz
1 Knoblauchzehe
1 Msp. Paprika, edelsüß
Etwas Pfeffer aus der Mühle
(Wer es scharf mag, noch etwas Chili)

Aus dem Ofen

Tipp: Die Kartoffeln lassen sich auch wunderbar auf dem Grill zubereiten.

Info: Die Garzeit hängt natürlich von Größe und Dicke der Hälften ab, ist also hier nur als Richtwert zu sehen.

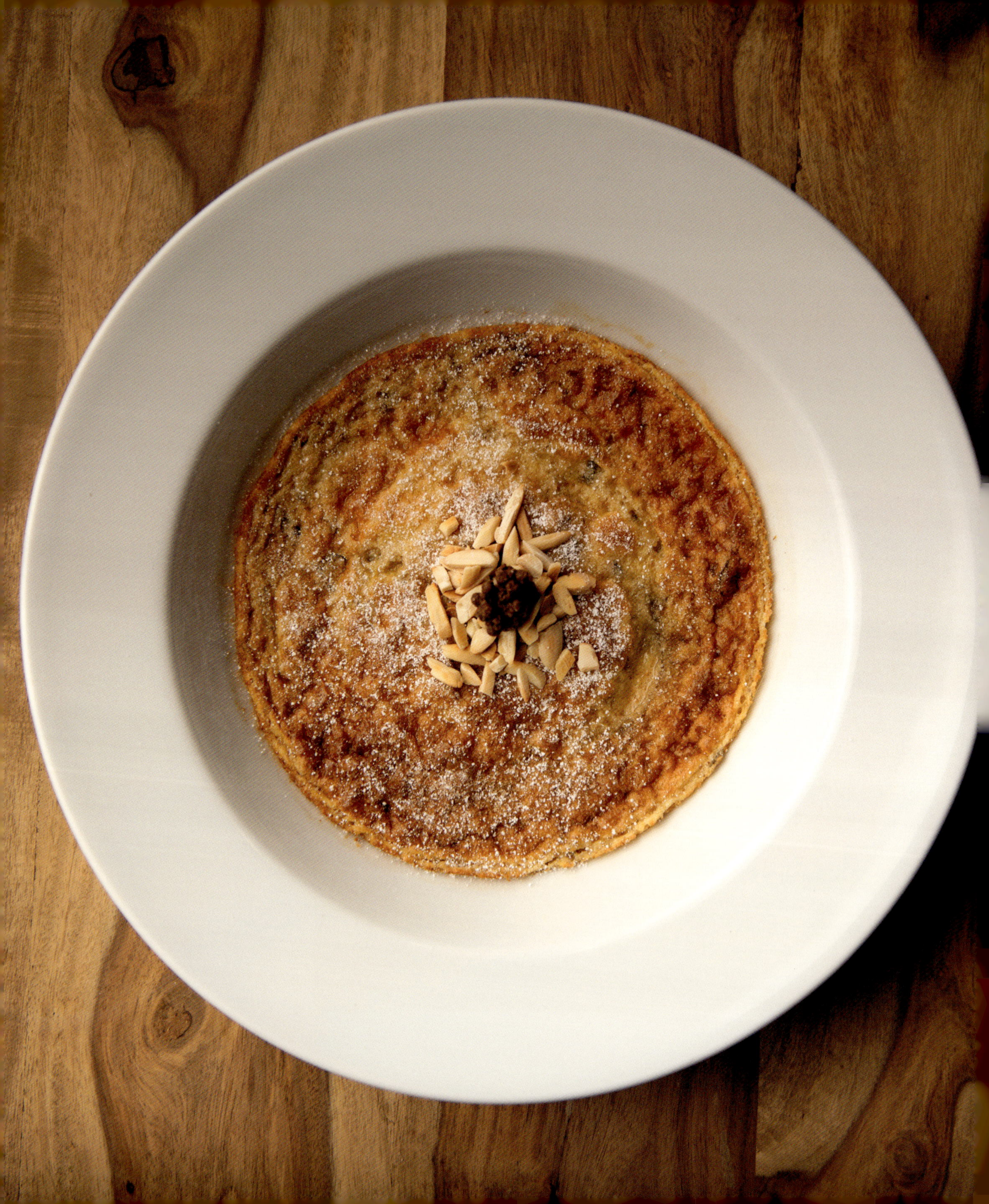

Ebbel-Auflauf

Die Äpfel schälen und in Spalten schneiden. Eine flache Auflaufform mit Butter ausstreichen und die Äpfel einfüllen. Den Backofen auf 180 Grad vorheizen.

Zucker und Vanillezucker mit Eiern und Öl schaumig aufschlagen. Mehl, Milch und Eierlikör zugeben, alles gut durchmixen und über die Äpfel gießen.

Im vorgeheizten Backofen etwa 50 Minuten backen. Danach mit Zimtzucker bestreuen.

45 Min – ✳

3–4 Portionen:

500–600 g Äpfel
Butter, für die Form
3 Eier
100 g Zucker
1 Päckchen Vanillezucker
5 EL neutrales Pflanzenöl
140 g Mehl
120 ml Eierlikör
125 ml Milch
Zimtzucker

Aus dem Ofen

Tipp: Man kann den Eierlikör natürlich auch weglassen.

Info: Apfelsorten wie „Dorheimer Streifling", „Cromelor" oder „Siebenschläfer" sind hessische Lokalsorten!

Aus de Maa

Vogelsberger Forelle
(Rezept S. 179)

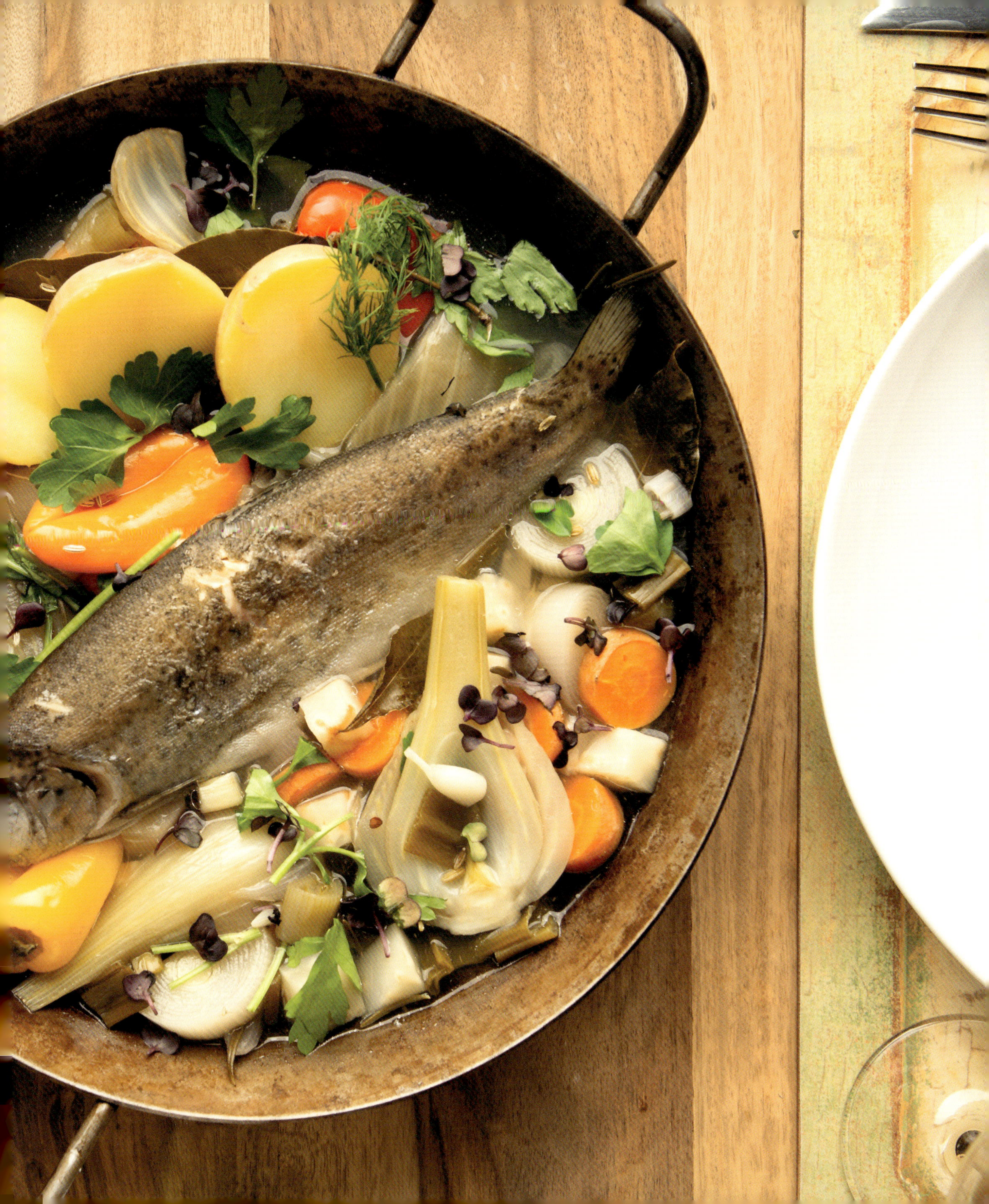

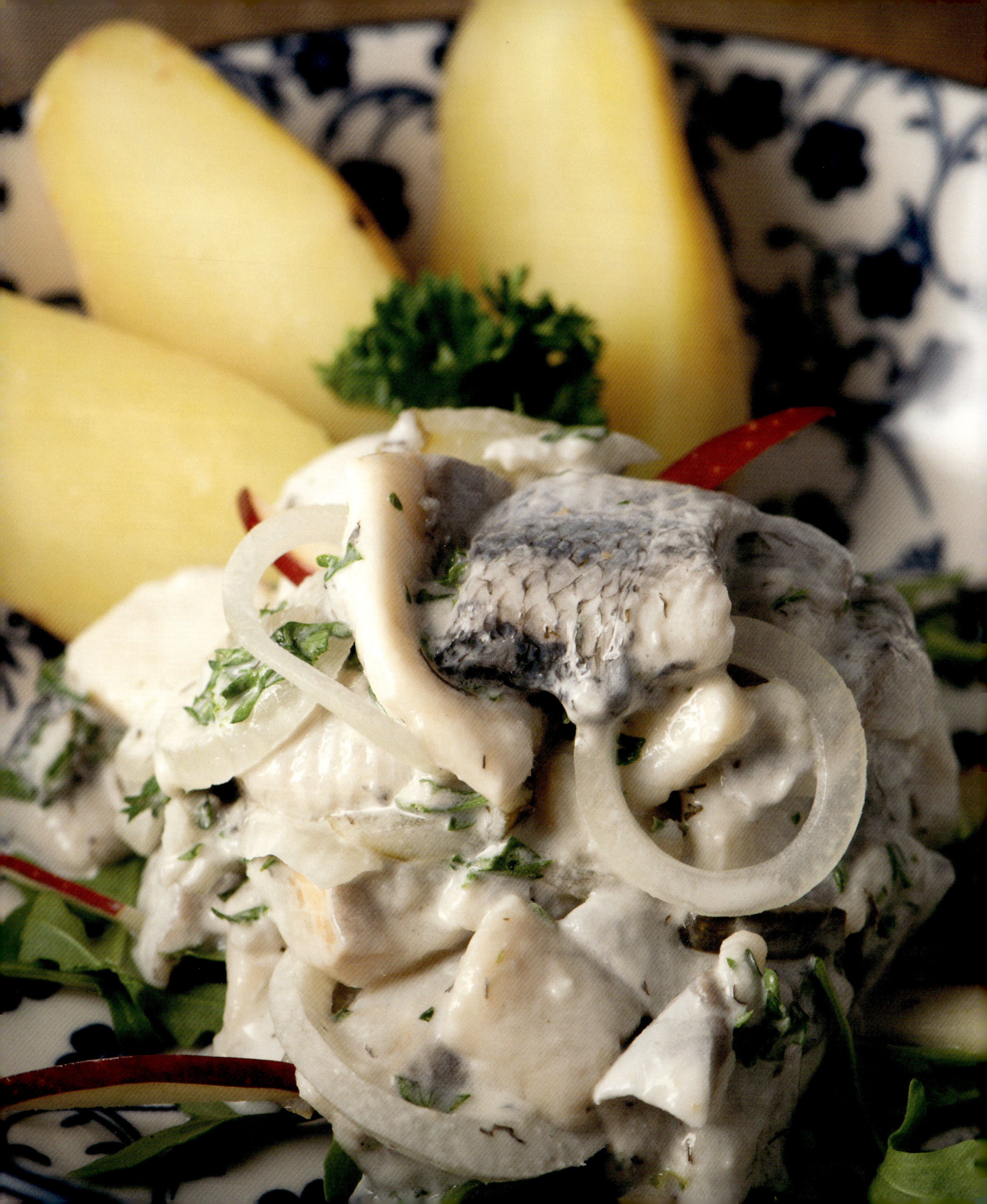

Heringssalat mit Apfel

Heringsfilets abtropfen, abbrausen und mit einer Küchenrolle trocken tupfen.

Zwiebel schälen, halbieren und in feine Streifen schneiden. Lauch waschen, putzen und in Ringe schneiden. Äpfel waschen, schälen, vierteln, das Kerngehäuse herausschneiden und die Viertel klein würfeln.

Für das Dressing saure Sahne mit Joghurt, Mayonnaise, Apfelessig und Zitronensaft glatt rühren. Mit einer Prise Salz, Zucker und Pfeffer würzen. Dill kleinhacken und dem Dressing hinzugeben.

Das Gemüse und die Heringfilets mit dem Dressing vermengen und ungefähr **15 Minuten** durchziehen lassen, anschließend servieren.

30 Min – ✳

4 Portionen:

12 Heringfilets
1 Zwiebel
150 g Lauch
2 Äpfel
100 g saure Sahne
100 g Joghurt
50 g Mayonnaise
3 EL Dill, frisch
1–2 EL Apfelessig
1 TL Zitronensaft
Salz, Pfeffer
1 Msp. Zucker

Aus de Waa

Tipp: Als Beilage eignen sich sehr gut Salzkartoffeln.

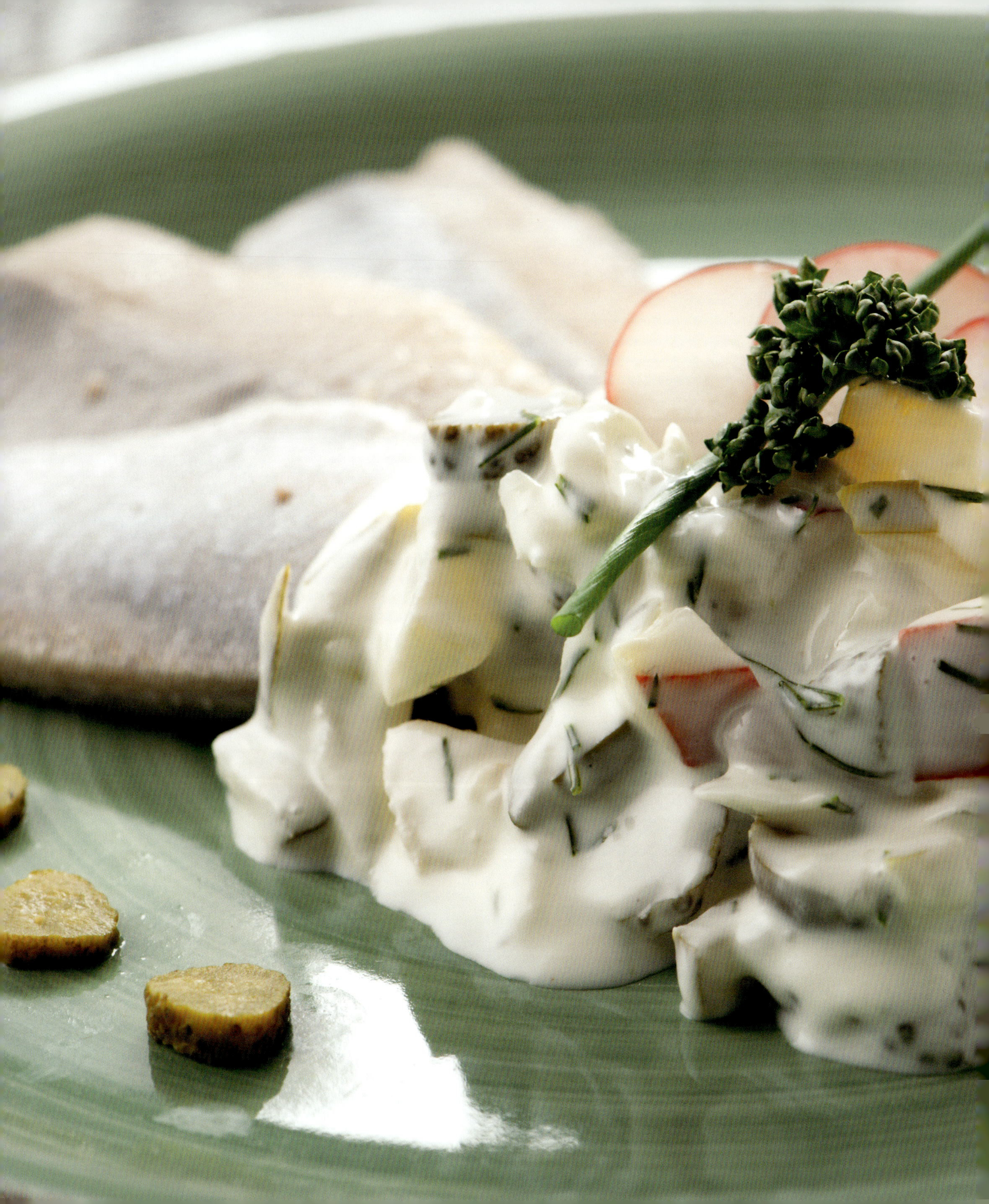

Matjesfilets Hausfrauenart

Die Matjesfilets unter fließendem Wasser kurz abspülen. Ein Stück vom Fisch probieren. Wenn er noch zu salzig ist, die Filets **ca. 30 Minuten** in Milch legen.

Aus Sahne, saurer Sahne, Mayonnaise und dem Gurkenwasser eine Soße anrühren und mit Zucker, frisch gemahlenem Pfeffer und Zitronenabrieb abschmecken.

Info: Salz ist in aller Regel nicht notwendig, da der Fisch noch genügend Salz in die Soße abgibt.

Die Äpfel waschen, schälen, entkernen und in kleine Würfel schneiden, ebenso die Gewürzgurken fein würfeln. Die Zwiebeln abziehen, in feine Ringe schneiden und mit den Apfel- und Gurkenwürfeln in die Soße geben. Alles gut unterheben und **ca. zwei Stunden** im Kühlschrank durchziehen lassen.

Die Matjesfilets auf Tellern anrichten und die „Hausfrauen-Soße" darübergeben. Zum Schluss mit Dill ausgarnieren.

2 1/2 Std. – ✳✳

4 Portionen:

12 Matjesfilets
¼ l Milch
150 g Sahne
150 g saure Sahne
4–5 EL Mayonnaise
2 EL Gurkenflüssigkeit
1 TL Zucker
Etwas Zitronenabrieb, bio
Pfeffer aus der Mühle
3 saure Äpfel
2 Zwiebeln
3 Gewürzgurken
Etwas Dill

Aus de Muа

Tipp: Pellkartoffeln oder ein kräftiges Vollkornbrot zum Matjes reichen.

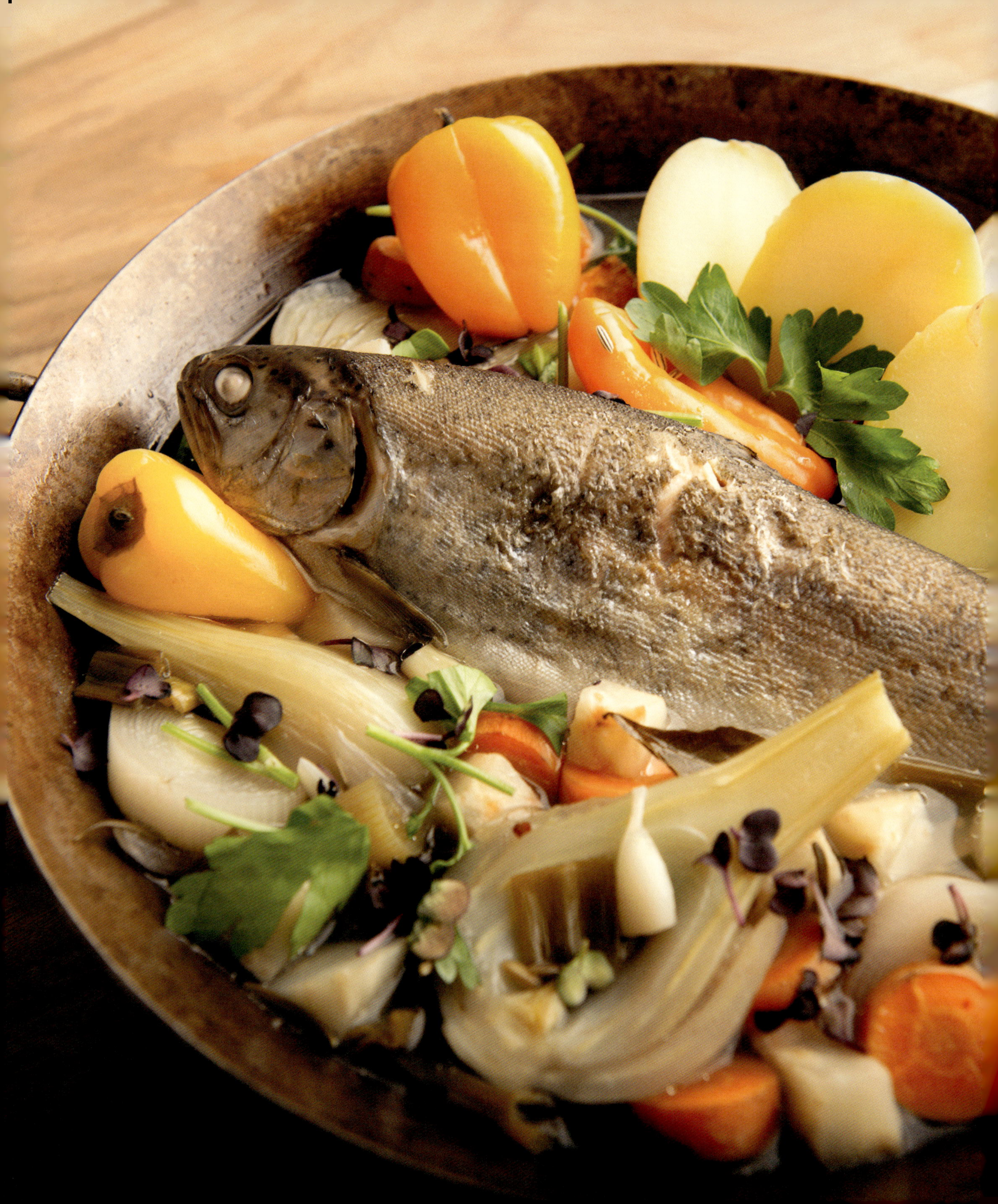

Vogelsberger Forelle

Karotte, Lauch, Petersilienwurzel, Schalotten und Fenchel schälen, fein schneiden und mit zwei Litern Wasser in einen Topf oder Bräter geben. Lorbeerblatt, Senfsaat, Rosmarin- und Thymianzweig zugeben und **ca. 25 Minuten** köcheln lassen. Anschließend abkühlen lassen.

Die Forelle gut unter kaltem Wasser abspülen und trocken tupfen. **Achtung:** Aufpassen, dass man die Schleimhaut nicht verletzt! Danach von innen und außen schön salzen.

Den Sud wieder auf kleiner Stufe aufsetzen und den Weißwein sowie einen Schuss Weißweinessig hineingießen. Die Forellen nun mit in den Sud legen und sanft pochieren. Die Forellen sind gar, wenn sich die Rückengräte leicht herausziehen lässt.

1 Std. – ✳✳

4 Portionen:

1 Karotte
2 Schalotten
1 Stange Lauch
1 Fenchel
1 Petersilienwurzel
2 l Wasser
1 Zweig Thymian
1 Zweig Rosmarin
1 TL Senfsaat
1 Lorbeerblatt
4 Bach- oder Regenbogenforellen
250 ml Weißwein
Ein Schuss Weißweinessig
Etwas glatte Petersilie

Aus de Maa

Tipp: Dazu passen feste Kartoffeln und ein leckerer Salat, am besten in Kombination mit einem halbtrockenen Weißwein.

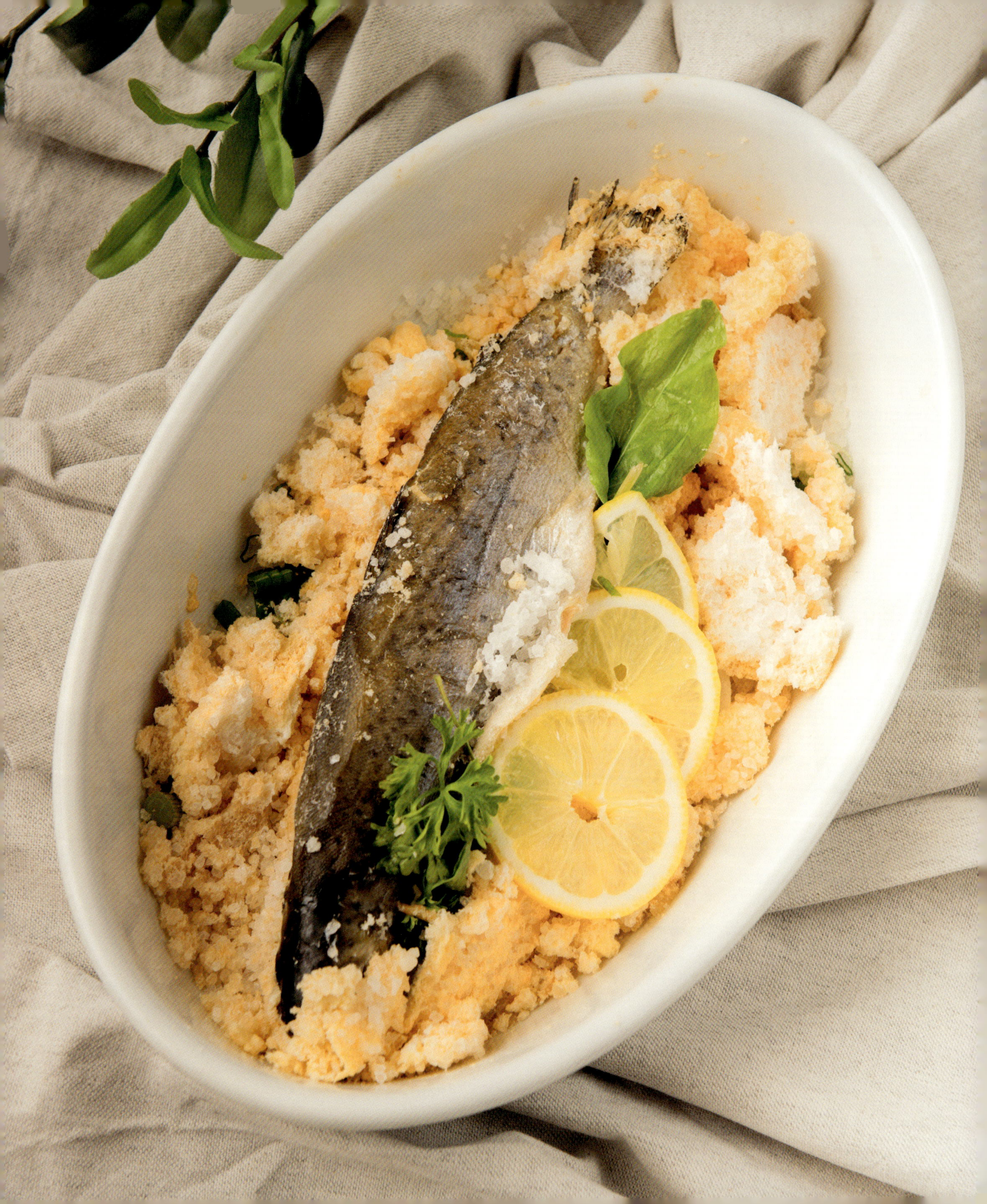

Forelle in der Salzkruste

Den Backofen auf 200 Grad Ober-/Unterhitze vorheizen. Ein Backblech mit Alufolie oder Backpapier auslegen.

Die Forellen vorsichtig waschen und trocken tupfen. Die Zitronen waschen und in Scheiben schneiden, den Knoblauch schälen und ebenfalls in Scheiben schneiden. Estragon und Rosmarin gründlich waschen.

Die Forelle innen und außen mit Salz und Pfeffer würzen und die Bauchhöhle mit den Zitronenscheiben, Kräuterzweigen und dem Knoblauch füllen.

Das Meersalz in eine große Schüssel geben. Die Eiweiße steif schlagen, unter das Salz heben und nach Bedarf noch etwas Wasser zugeben.

Ein Drittel der Salzmasse auf dem Backblech verteilen, die Forelle darauflegen und mit dem übrigen Salz vollständig bedecken. Im vorgeheizten Ofen **ca. 25 Minuten** backen.

Zum Servieren die Alufolie samt Fisch auf eine Platte heben und die Salzkruste vorsichtig aufbrechen.

1 Std. – ✳✳✳

4 Portionen:

4 Forellen, ausgenommen
2 Zitronen, bio
4 Zweige Estragon
4 Zweige Rosmarin
2 Knoblauchzehen
Salz, Pfeffer aus der Mühle
6 Eiweiß
Wasser (nach Bedarf)
1 kg grobes Meersalz

Aus de Maa

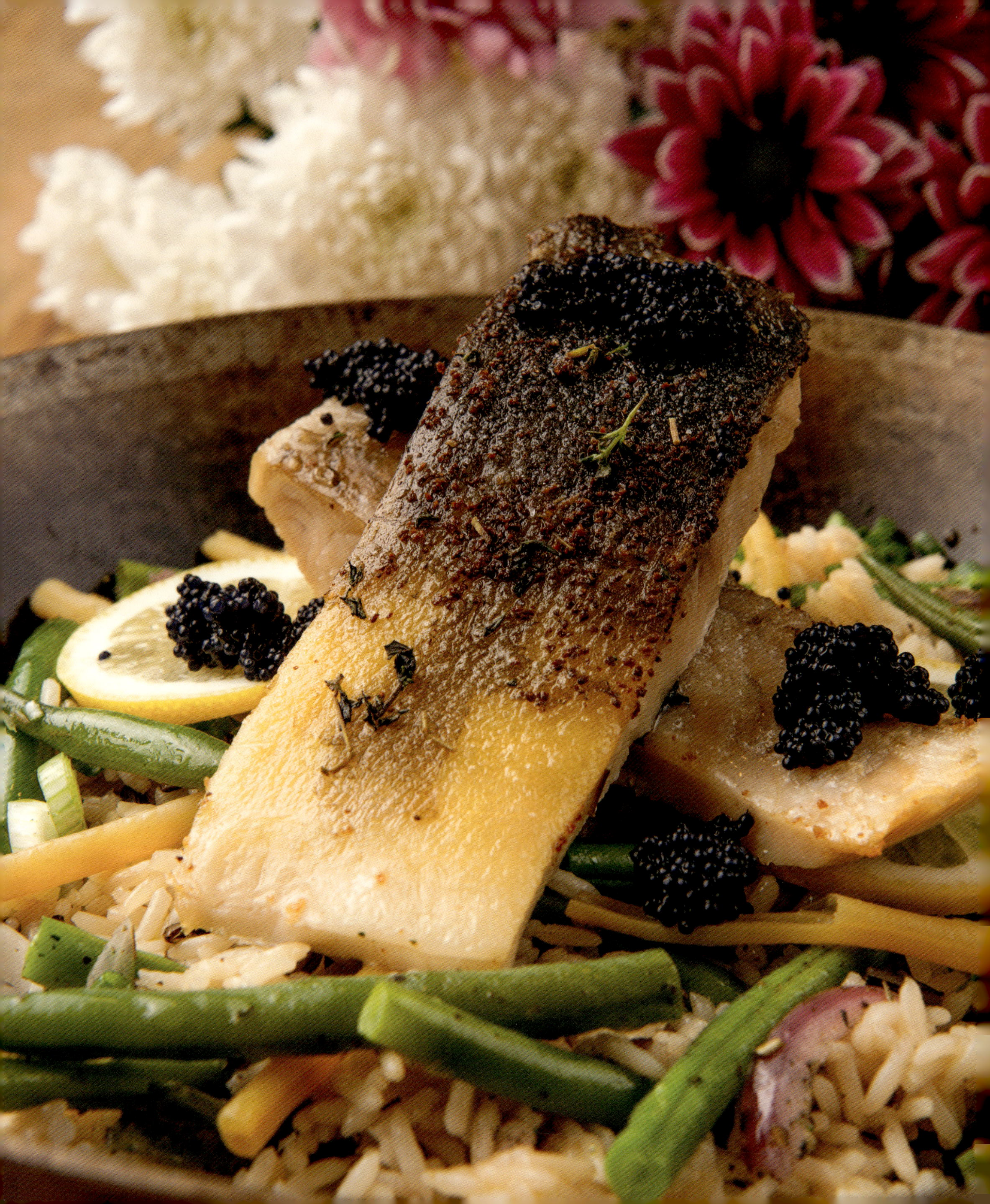

Gebackener Karpfen

Karpfen waschen, trocken tupfen und die Haut schräg einschneiden. Mit Salz und Pfeffer einreiben, die Zitrone auspressen und den Fisch mit Zitronensaft beträufeln. Den Backofen auf 180 Grad vorheizen.

Kräuter waschen und trocken schütteln. Die Hälfte der Petersilie, die abgezogenen Knoblauchzehen und den Thymian in den Bauch stecken. Zwiebel schälen und mit dem Suppengrün kleinschneiden.

Etwas Butter in einem großen Bräter zerlassen und das Gemüse darin andünsten. Karpfen dazugeben, mit restlicher Butter belegen und Gemüsebrühe sowie Fischfond angießen. Im vorgeheizten Backofen **ca. 30–40 Minuten** garen, dabei immer wieder mit Bratenfond begießen.

Danach den fertigen Karpfen aus dem Bräter nehmen und warm halten.

Den Bratenfond und das Gemüse mit dem Stabmixer zerkleinern, durch ein Sieb streichen und in einem Topf zum Kochen bringen. Sahne und Eigelb verrühren und unter die Soße ziehen. Die restliche Petersilie fein hacken und untermischen. Mit Salz, Pfeffer und Zitronensaft abschmecken. Den Karpfen auf einer Platte anrichten und die Soße getrennt servieren.

50 Min – ✳✳

4 Portionen:

1 Spiegelkarpfen
Salz, Pfeffer
1 Zitrone
2 Knoblauchzehen
1 Bund Petersilie
3 Zweige Thymian
1 Zwiebel
1 Bund Suppengrün
40 g Butter
250 ml Gemüsebrühe
125 ml Fischfond, aus dem Glas
125 ml Schlagsahne
1 Eigelb

Aus de Muu

Tipp: Am besten harmoniert der Karpfen mit Reis und Bohnen!

Süssmäulchen

Kreppel
(Rezept S. 187)

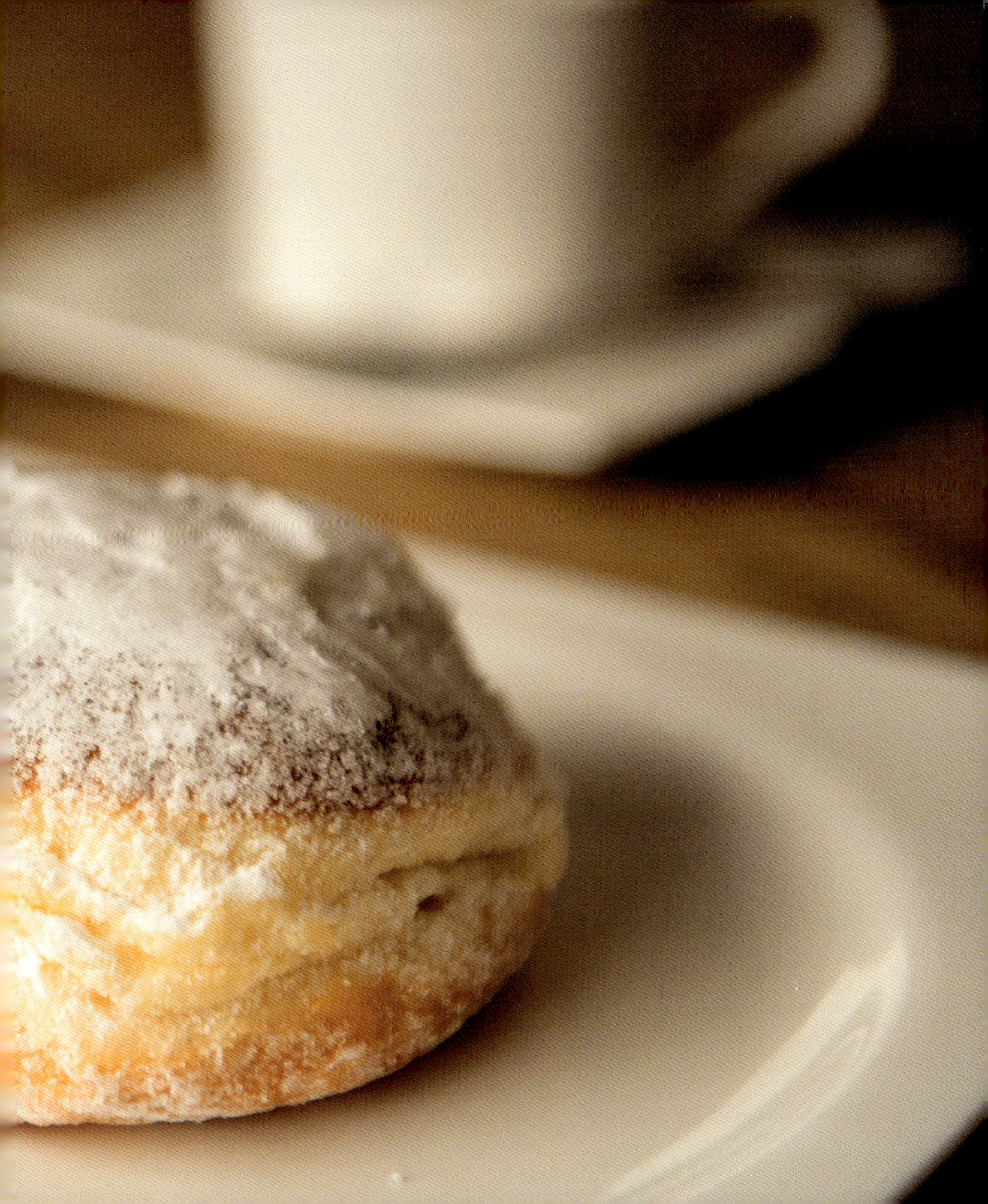

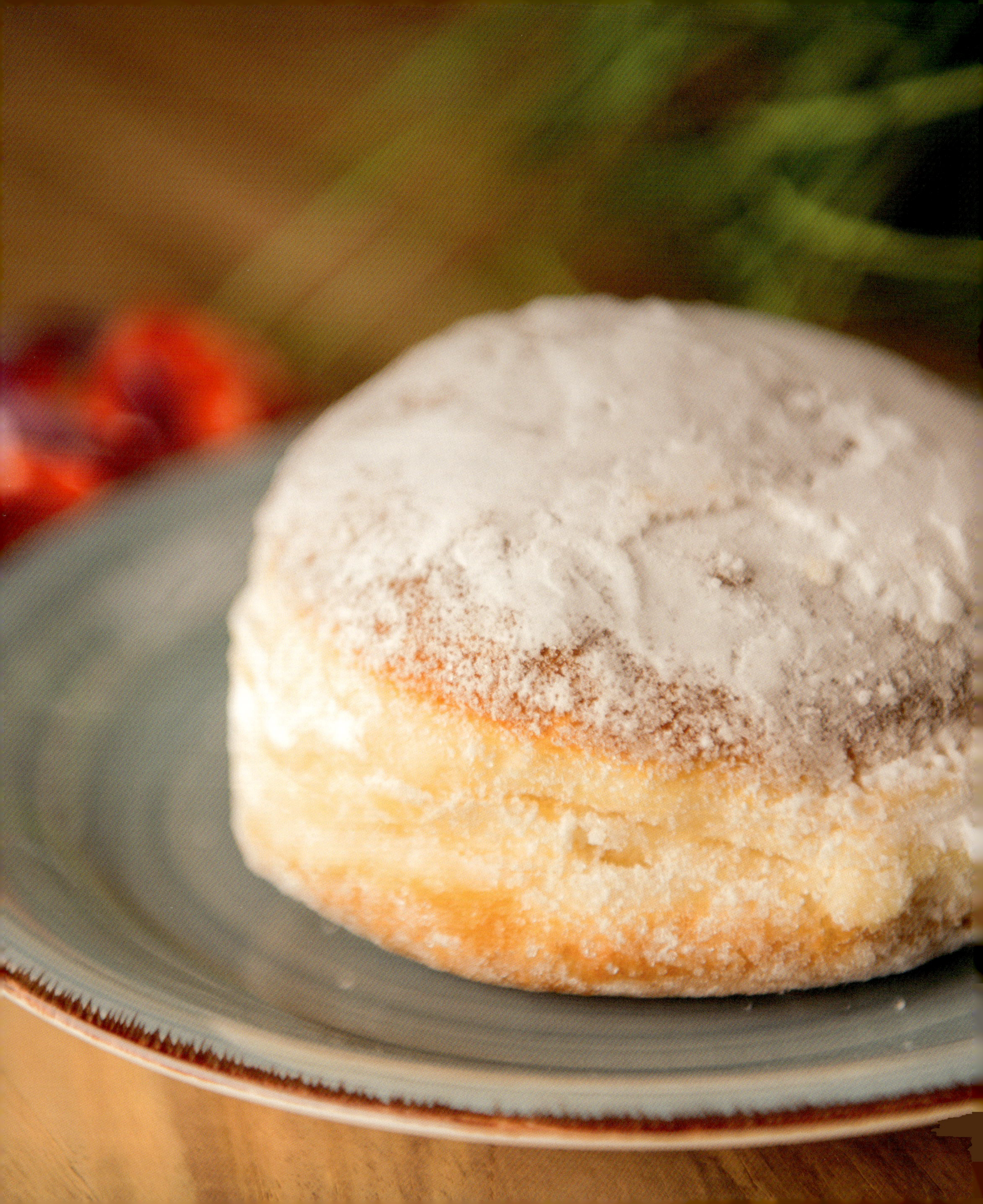

Kreppel

Mehl in eine große Schüssel geben, Hefe in die Mitte hineingeben. Zucker, Salz, Eier, geschmolzene Butter, Rum und lauwarme Milch dazugeben und alles mit dem Knethaken zu einem geschmeidigen Teig kneten. Anschließend den Teig **ca. 1,5 Stunden** an einem warmen Ort gehen lassen.

Teig etwa daumendick ausrollen. Kreise ausstechen und diese dann **ca. 20 Minuten** abgedeckt erneut gehen lassen.

In der Zwischenzeit Pflanzenfett in einem Topf heiß werden lassen. Ausgestochene Kreppel in heißes Fett geben, Deckel auflegen, **ca. eine Minute** backen lassen, dann die Kreppel drehen (Topf nicht mehr abdecken). Anschließend mit der Schaumkelle herausnehmen und in Zucker oder Puderzucker wälzen.

2 Std. – ✳ ✳

8 Portionen:

1 kg Mehl
1 Päckchen Trockenhefe
3 EL Zucker
1 TL Salz
3 Eier
100 g warme, geschmolzene Butter
½ l lauwarme Milch
1 EL Rum
1 kg Pflanzenfett, zum Ausbacken
Zucker oder Puderzucker

Süssmäulchen

Info: Durch das Abdecken des Topfes entsteht der weiße Ring an den Kreppeln.

Tipp: Nach Belieben mit Hilfe eines Spritzbeutels mit Marmelade füllen.

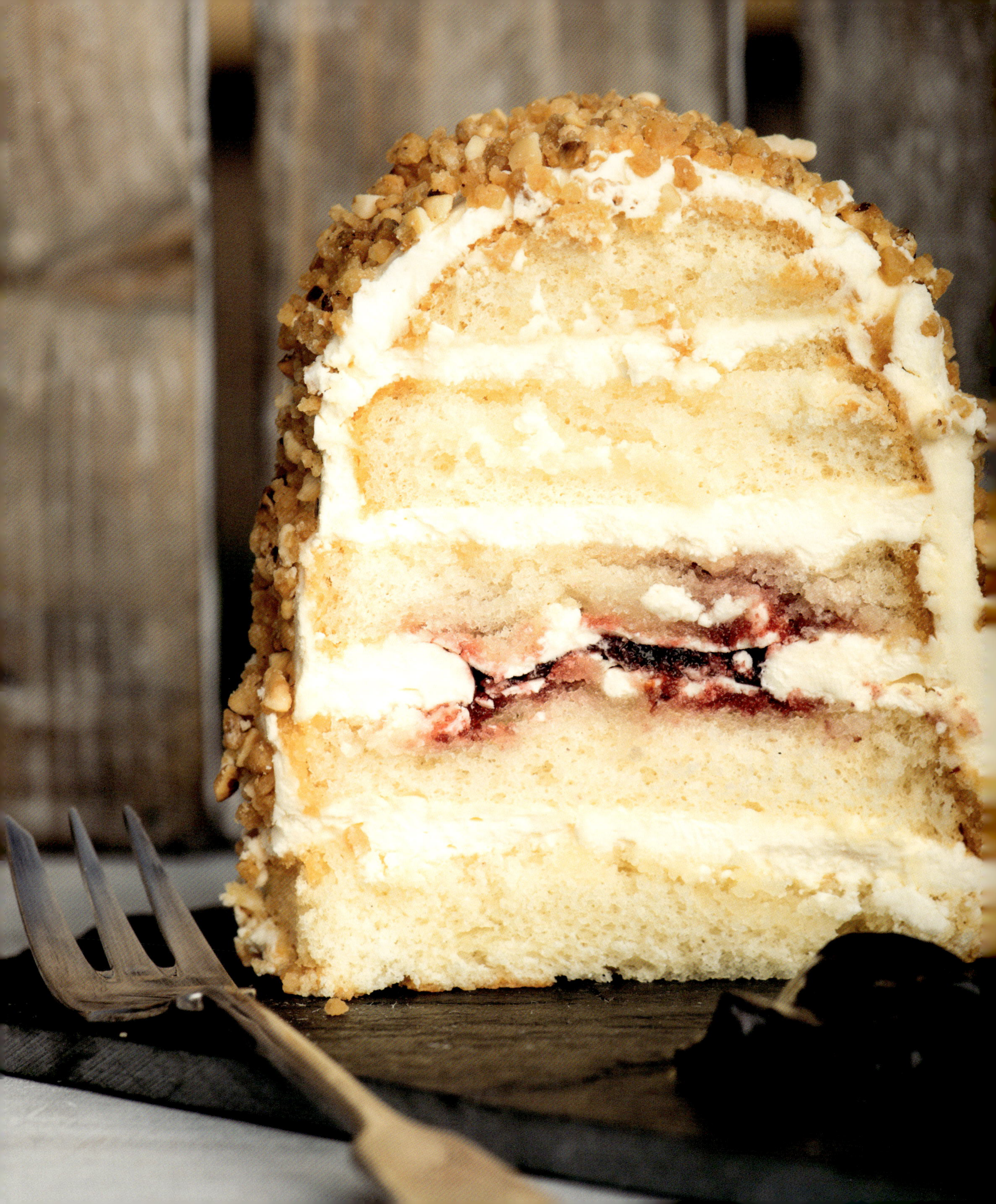

Frankfurter Kranz

Butter oder Margarine in einer Rührschüssel mit einem Mixer (Rührstab) geschmeidig rühren. Nach und nach Zucker und Vanillezucker hinzufügen, bis eine gebundene Masse entsteht. Jedes Ei etwa **eine Minute** auf höchster Stufe unterrühren. Mehl mit Backpulver mischen und in zwei Portionen kurz auf mittlerer Stufe einrühren. Den Teig in die Kranzform füllen und glatt streichen. Die Form auf dem Rost in das untere Drittel des Backofens schieben und etwa **40 Minuten** backen.

Kuchen **10 Minuten** in der Form stehen lassen, dann lösen, auf einen mit Backpapier belegten Kuchenrost stürzen und abkühlen lassen.

Für den Krokant die Butter, Zucker und Mandeln in einer Pfanne unter Rühren bei mittlerer Hitze so lange erhitzen, bis alles gebräunt ist. Den Krokant auf Backpapier geben und erkalten lassen.

Für die Buttercreme zunächst Butter in einer Rührschüssel mit einem Mixer geschmeidig rühren. Pudding esslöffelweise unterrühren, dabei darauf achten, dass Butter und Pudding Zimmertemperatur haben.

Kokosfett zerlassen und im heißen Zustand langsam mit dem Mixer unter die Creme rühren. Gut fünf Esslöffel der Buttercreme beiseitestellen.

Den Kuchen dreimal waagerecht durchschneiden. Übrige Buttercreme in einen Spritzbeutel mit Lochtülle geben und auf den unteren Boden drei Kreise spritzen (gut ein Viertel der Buttercreme). Fruchtaufstrich in einen Gefrierbeutel geben, eine kleine Ecke abschneiden und die Zwischenräume füllen. Den zweiten Boden auflegen, zwei dicke Cremekreise (etwa ein Viertel Creme) spritzen, mit Fruchtaufstrich füllen und den dritten Boden auflegen. Wieder zwei Cremekreise spritzen, mit Fruchtaufstrich füllen und den letzten Boden auflegen. Mit dem übrigen Viertel Creme den Kranz vollständig einstreichen. Den Kranz mindestens **vier Stunden** in den Kühlschrank stellen.

Krokant aufstreuen und andrücken. Übrige Creme glattrühren, in einen Spritzbeutel mit Sterntülle geben und Tuffs aufspritzen. Jeden Tuff mit einer halbierten Belegkirsche dekorieren.

---

1 Std. – ✻✻✻

Rührteig:
250 g Butter oder Margarine, weich
250 g Zucker
1 Päckchen Vanillezucker
6 Eier
250 g Weizenmehl
4 TL Backpulver

Krokant:
2 TL Butter
100 g Zucker
200 g Mandeln, gehackt

Buttercreme:
375 g weiche Butter
1 kg Sahnepudding Bourbon Vanille
25 g Kokosfett

Außerdem:
etwa 350 g samtiger Johannisbeer-Fruchtaufstrich
etwa 10 Sauerkirschen

Kranzform (26 Ø) fetten und mehlen. Backofen etwa auf 180 Grad Ober-/Unterhitze vorheizen.

Süssmäulchen

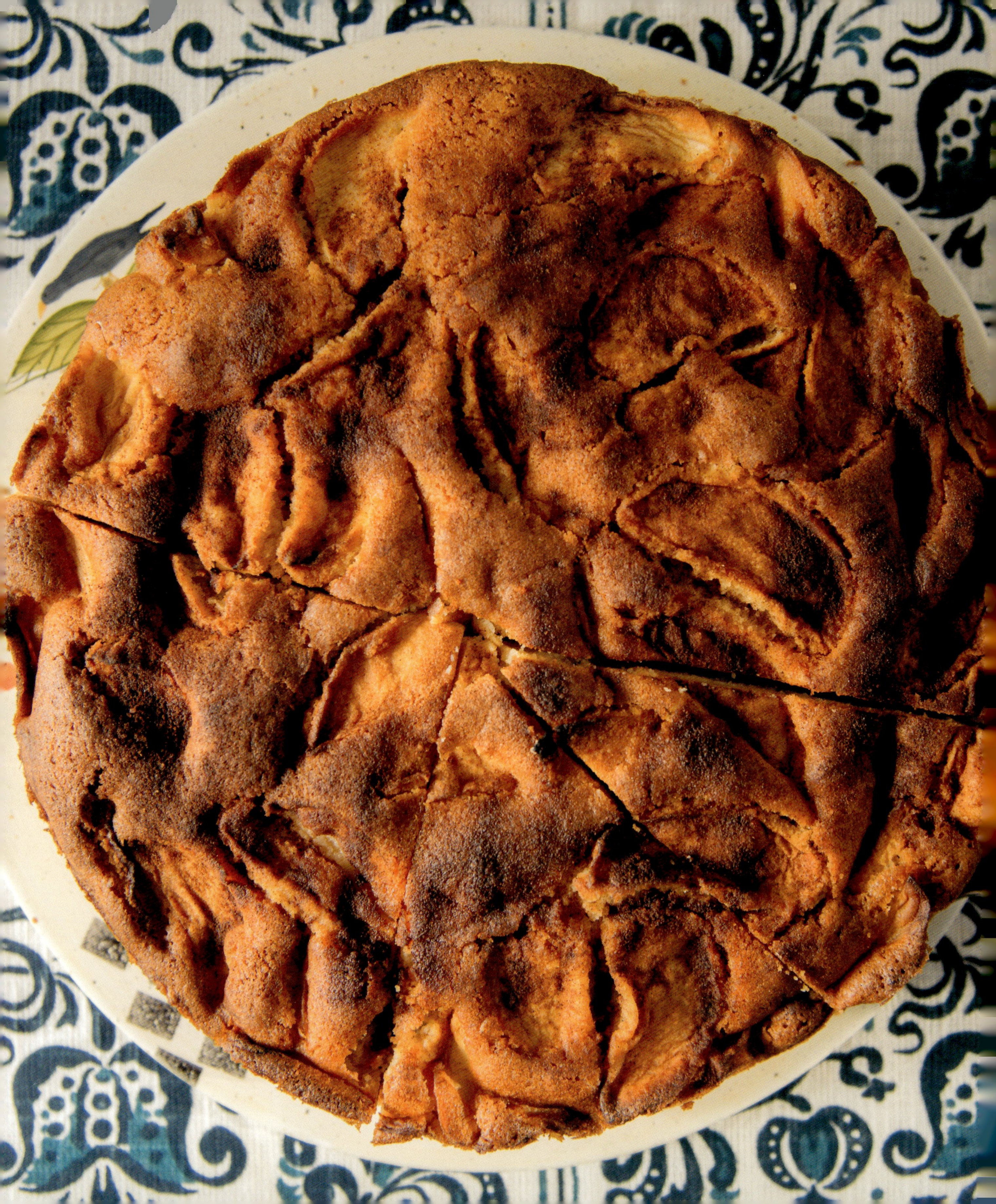

Apfelkuchen mit Crunch

Den Ofen auf 200 Grad Ober-/Unterhitze vorheizen.

Butter, Zucker und Eier vermengen, Mehl und Backpulver hinzugeben und zum Rührteig kneten. Äpfel schälen, in kleine Stücke schneiden und unter den Teig heben. Eine Springform (26 Ø) einfetten und anschließend den Teig hineingeben. Im vorgeheizten Ofen ca. **50–55 Minuten** backen. Nach **45 Minuten** Backzeit den Kuchen für einen extra Crunch mit Butter und Zucker oder Zimtzucker bestreichen.

1 Std. – ✶✶

125 g Butter, weiche
125 g Zucker
3 Eier
1 Päckchen Backpulver
250 g Mehl
1,5 kg Äpfel
Butter, zum Bestreichen
Etwas Zucker oder Zimtzucker

Süssmäulchen

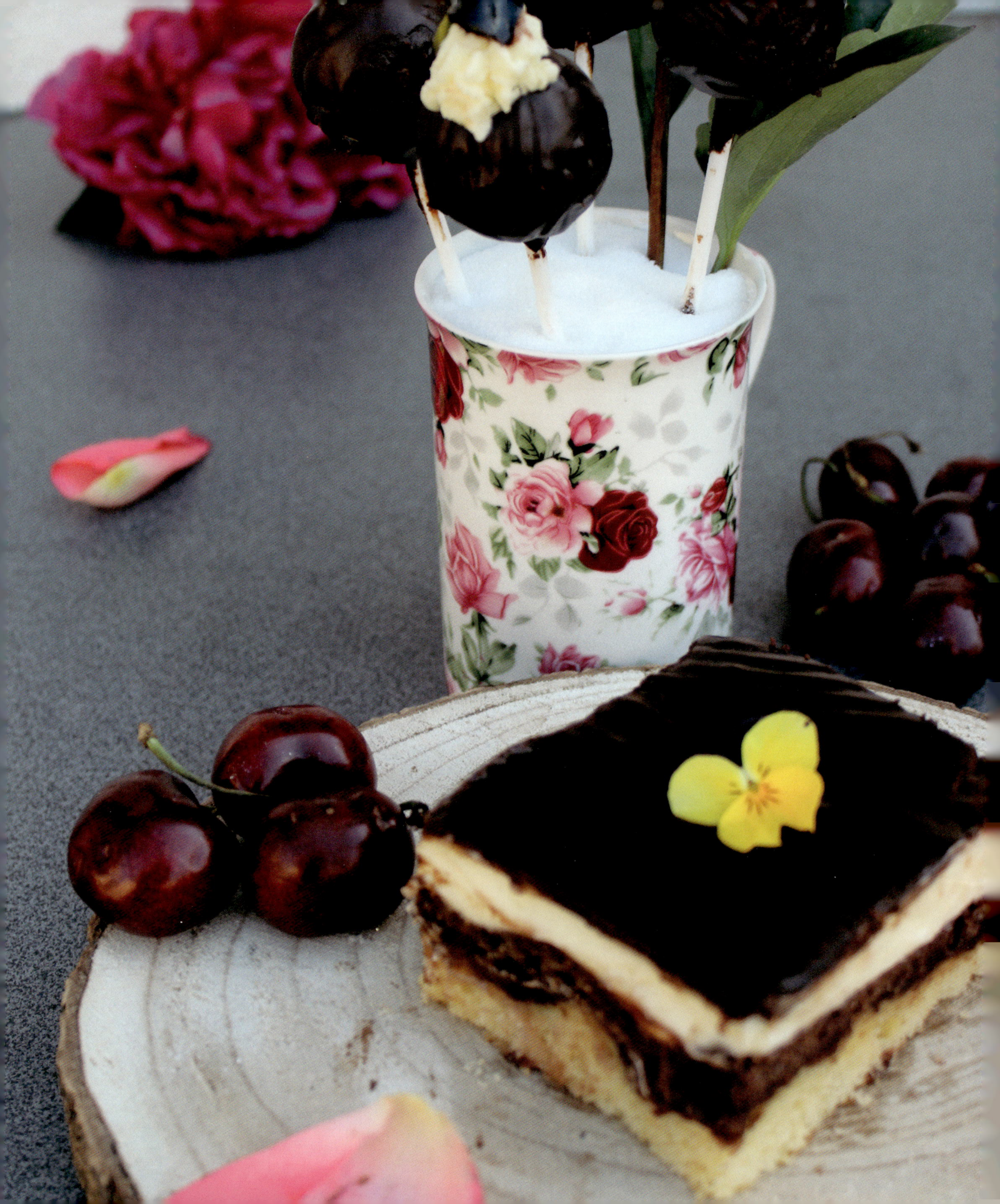

Hessischer Landfrauen-Kuchen

Margarine, Zucker und Eier schaumig schlagen. Mehl mit Backpulver mischen und dazugeben. Milch nach Bedarf zugießen. Ofen auf 190 Grad vorheizen. Gut die Hälfte auf ein mit Backpapier belegtes Blech geben (in kleine Häufchen), dann in den restlichen Teig zwei Esslöffel Kakao, ein Päckchen Vanillezucker und, wenn nötig, noch ein Schlückchen Milch geben. In die freien Stellen auf dem Backblech den Schokoladenteig setzen und mit einer Gabel etwas vermengen. Jetzt die entsteinten, abgetropften Kirschen darauf verteilen. Im vorgeheizten Backofen ca. 25 Minuten backen.

Für die Buttercreme zunächst die Milch aufkochen und das Puddingpulver einrühren. Anschließend auf Zimmertemperatur abkühlen lassen und die weiche Butter unterrühren.

Für den Schokoguss die Schokolade über einem Wasserbad schmelzen. Danach die Buttercreme auf den erkalteten Kuchen streichen und zum Schluss den Schokoguss mit einem Pinsel wellenförmig darauf verteilen.

Rezept von Alexandra Müller, dekoriert mit einem Michelin-Stern im Restaurant Nova, Val-de-Charmey.

1 Std. – ✻✻

250 g Margarine
250 g Zucker
4 Eier
500 g Mehl
1 Päckchen Backpulver
1/2 Tasse Milch
2 EL Kakao
1 Päckchen Vanillezucker
1 TL Rum
1 kg Kirschen

Buttercreme:
250 g Butter
1 Päckchen Vanillepudding-Pulver
½ l Milch

Schokoguss:
150 g Schokolade oder Kuvertüre, 60 % Kakao

Tipp: Wer mag, kann den Kuchen wie auf unserem Bild auch als Cake-Pop machen!

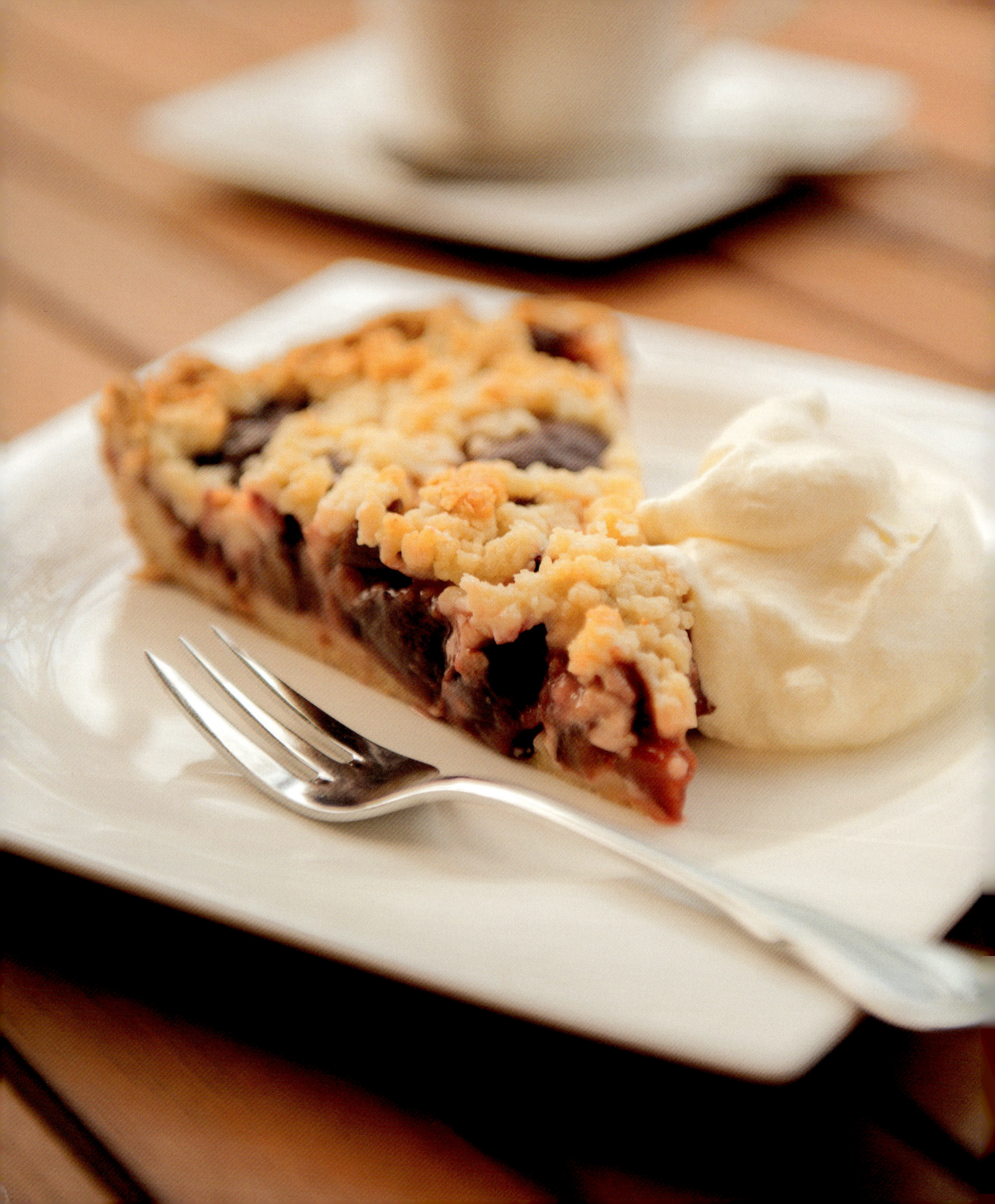

Zwetschge-Kuchen mit Zimtstreuseln

Mehl mit Salz und Zucker vermischen. Butter und Ei hinzugeben und alles kurz zu einem glatten Teig verkneten. Teig in Folie verpackt **30 Minuten** kaltstellen.

In der Zwischenzeit Zwetschgen waschen, entsteinen und halbieren. Backofen auf 200 Grad (Umluft: 180 Grad) vorheizen. Springform (Ø 26 cm) einfetten.

Mürbeteig auf einer leicht bemehlten Arbeitsfläche dünn ausrollen. Form damit auslegen und dabei einen ca. 4 cm hohen Rand andrücken. Teigboden mehrmals mit einer Gabel einstechen. Semmelbrösel auf den Teigboden streuen. Zwetschgenhälften hochkant in die Form stellen, so dass der Boden komplett bedeckt ist.

Für die Streusel Butter mit Zucker, Vanillezucker, Salz und Zimt verkneten. Mehl zugeben und zu groben Streuseln verarbeiten. Üppig auf den Zwetschgen verteilen.

Ca. 35 Minuten backen. Komplett in der Form erkalten lassen, dann aus der Form lösen und servieren.

1 ½ Std. – ✹

Mürbeteig:
250 g Mehl
1 Prise Salz
70 g Zucker
125 g Butter
1 Ei

700 g Zwetschgen
3 EL Semmelbrösel
Butter, für die Form

Streusel:
125 g Butter
100 g Zucker
1 Päckchen Bourbon-Vanillezucker
1 Prise Salz
1 TL Zimt
180 g Mehl

Süssmäulchen

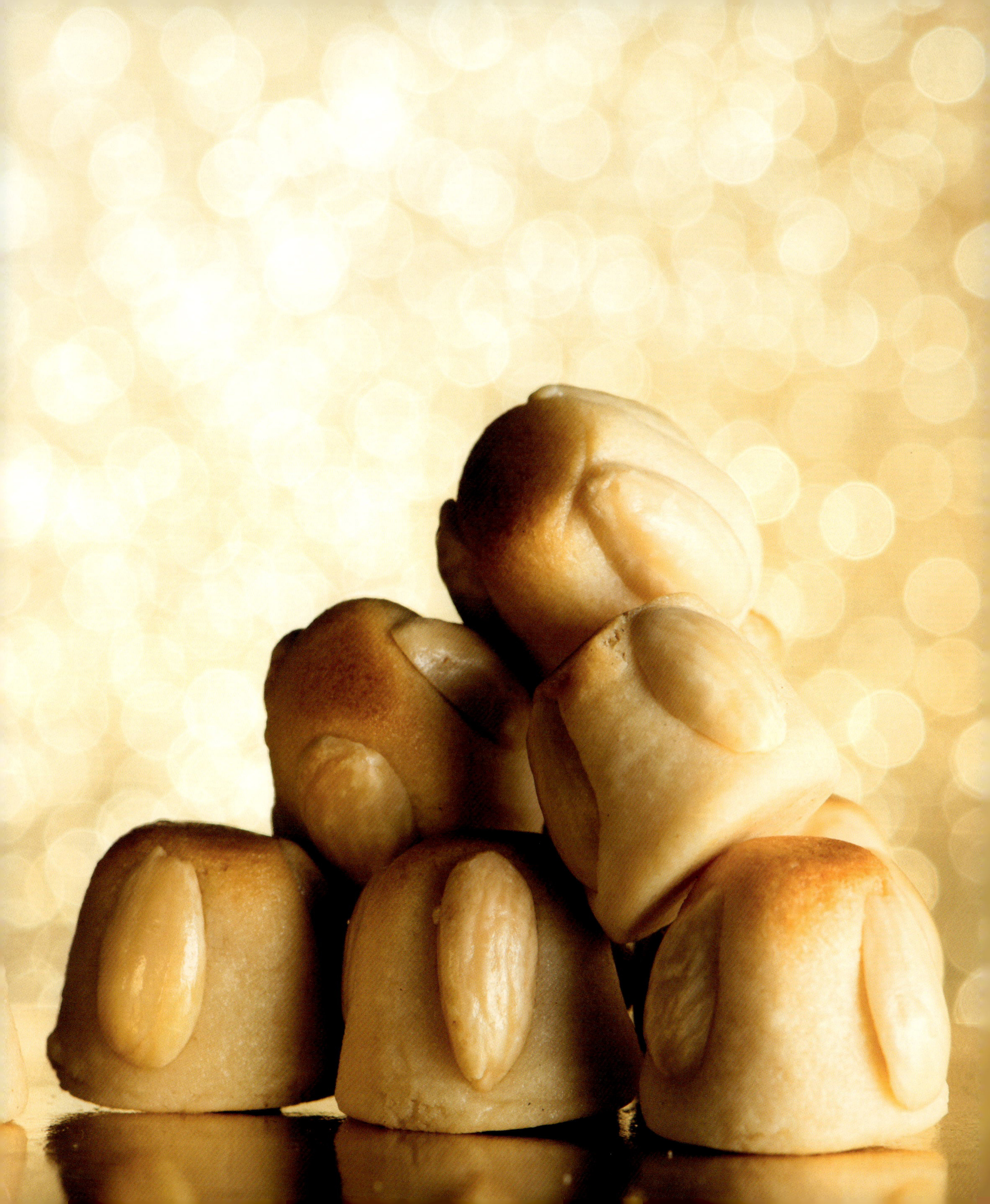

Frankfurter Bethmännchen

Ofen auf 175 Grad Ober-/Unterhitze vorheizen.

Marzipan grob hacken, Puderzucker darübersieben. Gemahlene Mandeln hinzugeben. Ei trennen und das Eiweiß ebenfalls zum Teig zugeben, das Eigelb aufheben. Zum Schluss das Rosenwasser untermengen. Alles miteinander verkneten.

Mit den Händen kleine Kugeln formen und auf ein mit Backpapier ausgelegtes Backblech setzen. Eigelb mit Milch verquirlen. Die Mandeln der Länge nach halbieren. Jeweils drei blanchierte Mandelhälften an eine Teigkugel drücken. Zum Schluss Teigkugeln mit der Eigelb-Milch-Mischung bepinseln. **Ca. 12–15 Minuten** backen. Vollständig abkühlen lassen.

Rezept von Alexandra Müller, dekoriert mit einem Michelin-Stern im Restaurant Nova, Val-de-Charmey.

40 Min – ✳

Rezept für ca. 25 Stück:

200 g Marzipanrohmasse
50 g Puderzucker
50 g Mandeln, geschält gemahlene
1 Ei
Etwas Milch
40 g ganze Mandeln
1 EL Rosenwasser

Süssmäulchen

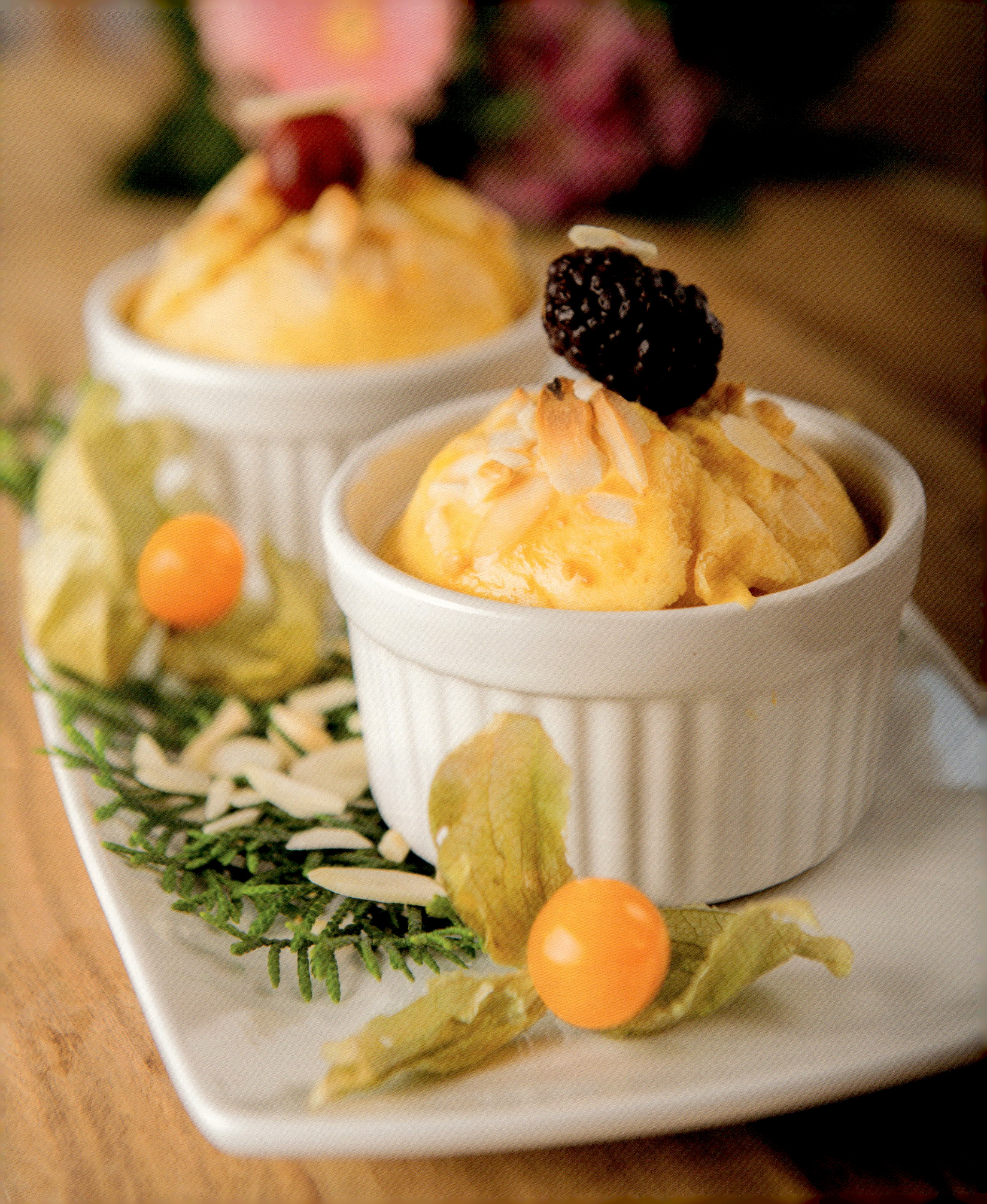

Frankfurter Pudding

Die Eier trennen. Die Löffelbiskuits zu Bröseln zerkleinern. Den Backofen auf 180 Grad (Umluft 160 Grad) vorheizen.

250 g Zucker mit dem Eigelb, Biskuitbröseln, Butter und Zitronensaft in einer Schüssel schaumig rühren. Mit Zimt und Nelken würzen. Den Rum mit den gemahlenen Haselnüssen hinzufügen und untermischen.

Das Eiweiß in einer Schüssel mit dem restlichen Zucker steifschlagen. Eischnee unter die Bröselmasse heben. Den Teig in einen Spritzbeutel füllen und in gefettete Puddingförmchen spritzen.

Die Förmchen im Ofen in ein Wasserbad stellen und den Frankfurter Pudding etwa **35 Minuten** backen.

45 Min – ✳

4 Portionen:

5 Eier
100 g Löffelbiskuits
250 g Zucker
125 g Butter
Saft von 1 Zitrone
Zimt
Nelken, gemahlen
20 ml Rum
100 g Haselnüsse, gemahlen

Süssmäulchen

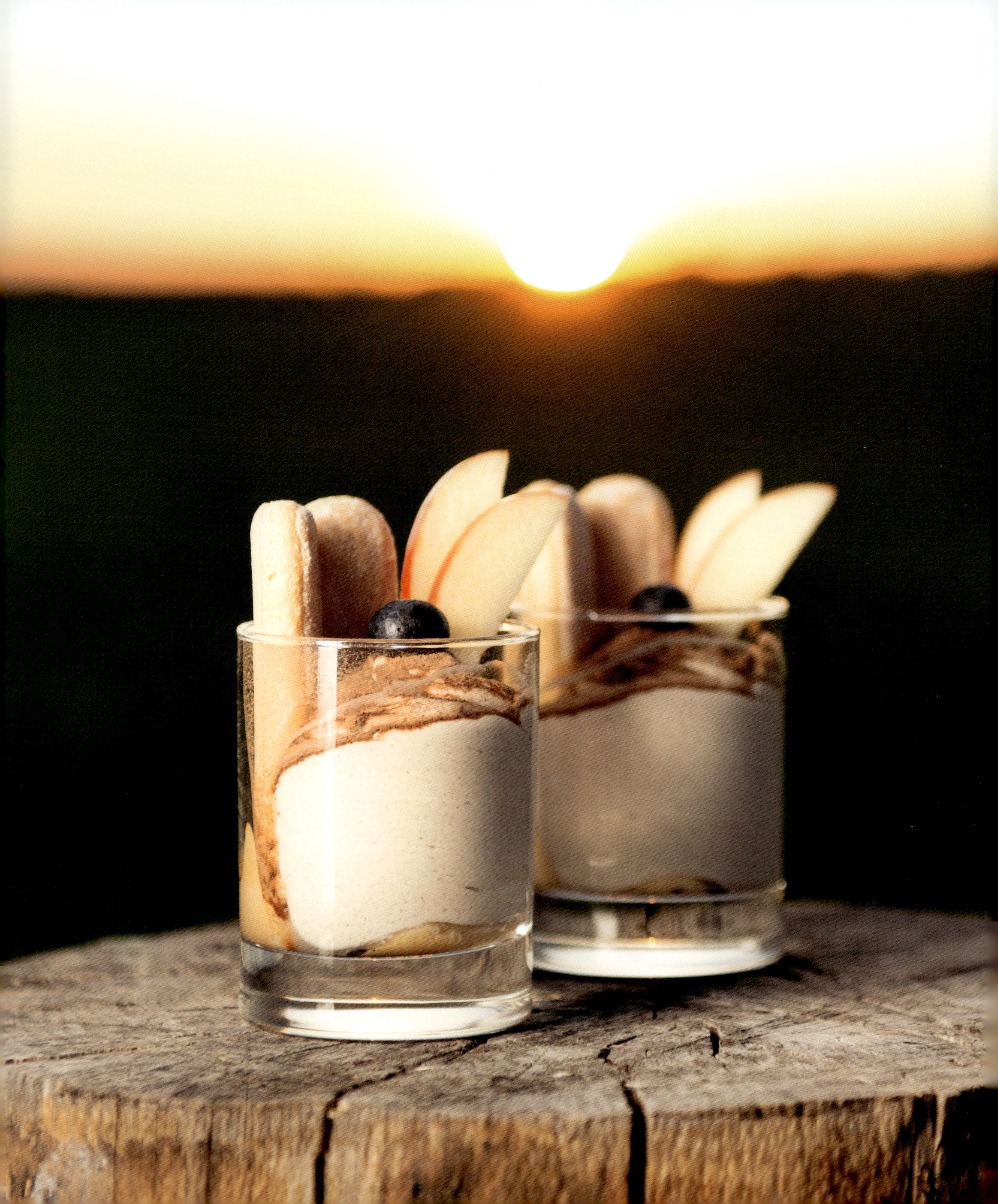

Hessisches Tiramisu

In Förmchen oder Gläsern den Löffelbiskuit auslegen, mit Calvados beträufeln und das Apfelmus darauf verteilen. Anschließend die Sahne steifschlagen. Mascarpone, Quark, Zucker, Vanillezucker und Sahne vermischen und auf das Apfelmus streichen. **Ca. drei Stunden** im Kühlschrank ziehen lassen.

Vor dem Servieren mit Zimt bestäuben und gerne noch mit Apfelscheiben garnieren.

3 Std. – ✳

4–6 Portionen:

250 g Löffelbiskuits
6 EL Calvados oder Apfelschnaps
400 g Apfelkompott, mit Stücken
100 g süße Sahne
250 g Mascarpone
180 g Quark
70 g Zucker
1 Päckchen Vanillezucker
Zimt
Apfelscheiben

Süssmäulchen

Tipp: Für Kinder Apfelsaft statt Calvados nehmen. Lässt sich beispielsweise auch für Partys super in einer großen Auflaufform vorbereiten.

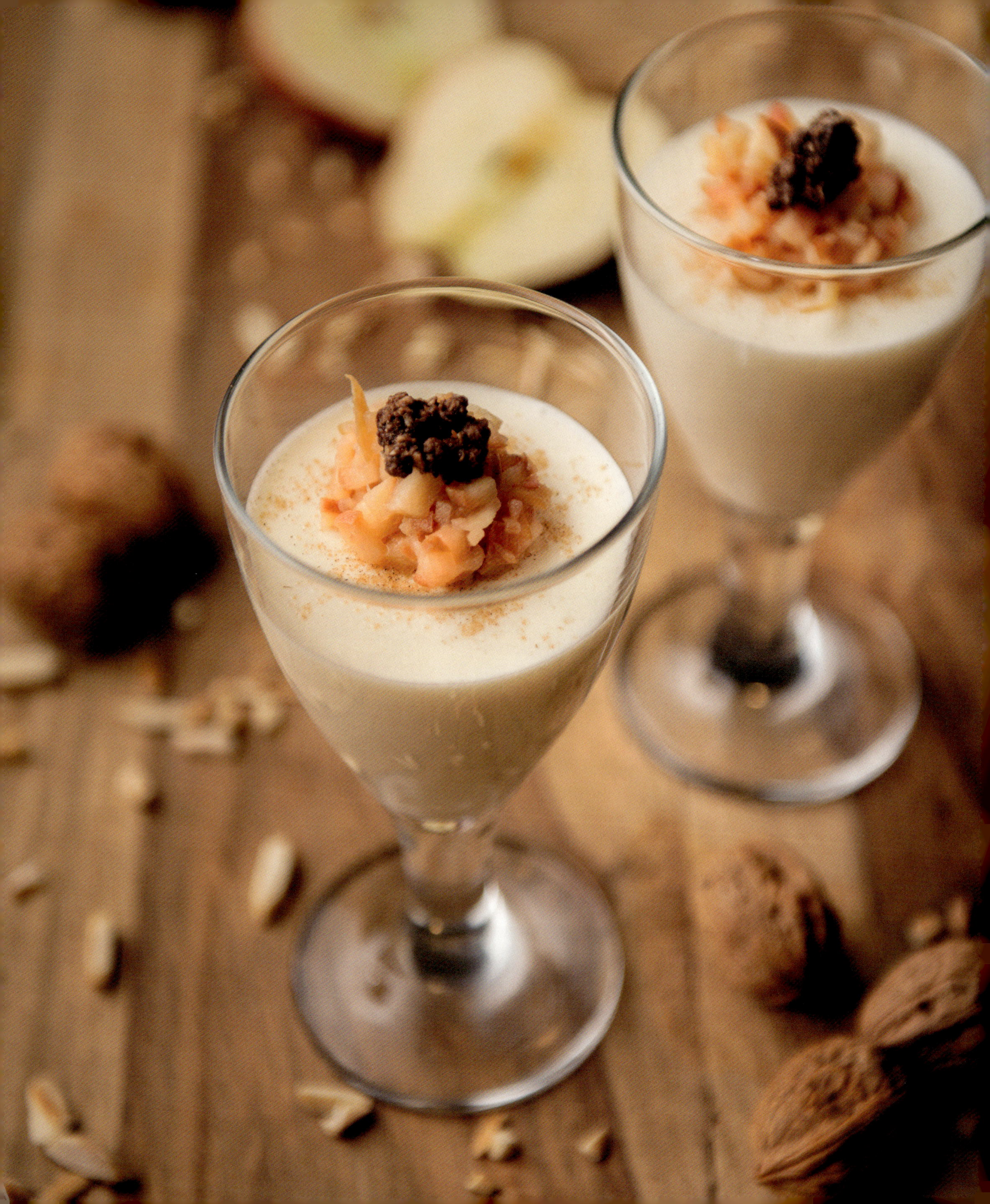

Frankfurter Apfelcreme

Die Äpfel waschen, schälen, von den Kerngehäusen befreien und in Achtel schneiden. Mit der Vanilleschote und dem Zitronensaft in einen Topf geben und mit so viel Apfelsaft auffüllen, dass die Äpfel knapp bedeckt sind. Den Zucker zugeben und die Äpfel in etwa **20 Minuten** weichkochen.

Zimtstange, Nelken und Sternanis zugeben und am Ende wieder aus dem Fond rausnehmen.

Die Apfelmasse abkühlen lassen und pürieren. Mascarpone und Calvados unterrühren und etwa **eine Stunde** kaltstellen. Mit Apfelspalten servieren.

1 ½ Std. – ✳

4 Portionen:

8 Äpfel
½ Vanilleschote
1 Zitrone, abgeriebene Schale
Ca. 1 l Apfelsaft
30 g Zucker
1 Zimtstange
1 Sternanis
2 Nelken
3 EL Mascarpone
2 EL Calvados
Apfelspalten zum Garnieren

Süssmäulchen

Info: Wenn die Creme auch für Kinder sein soll, kann man den Calvados einfach weglassen!

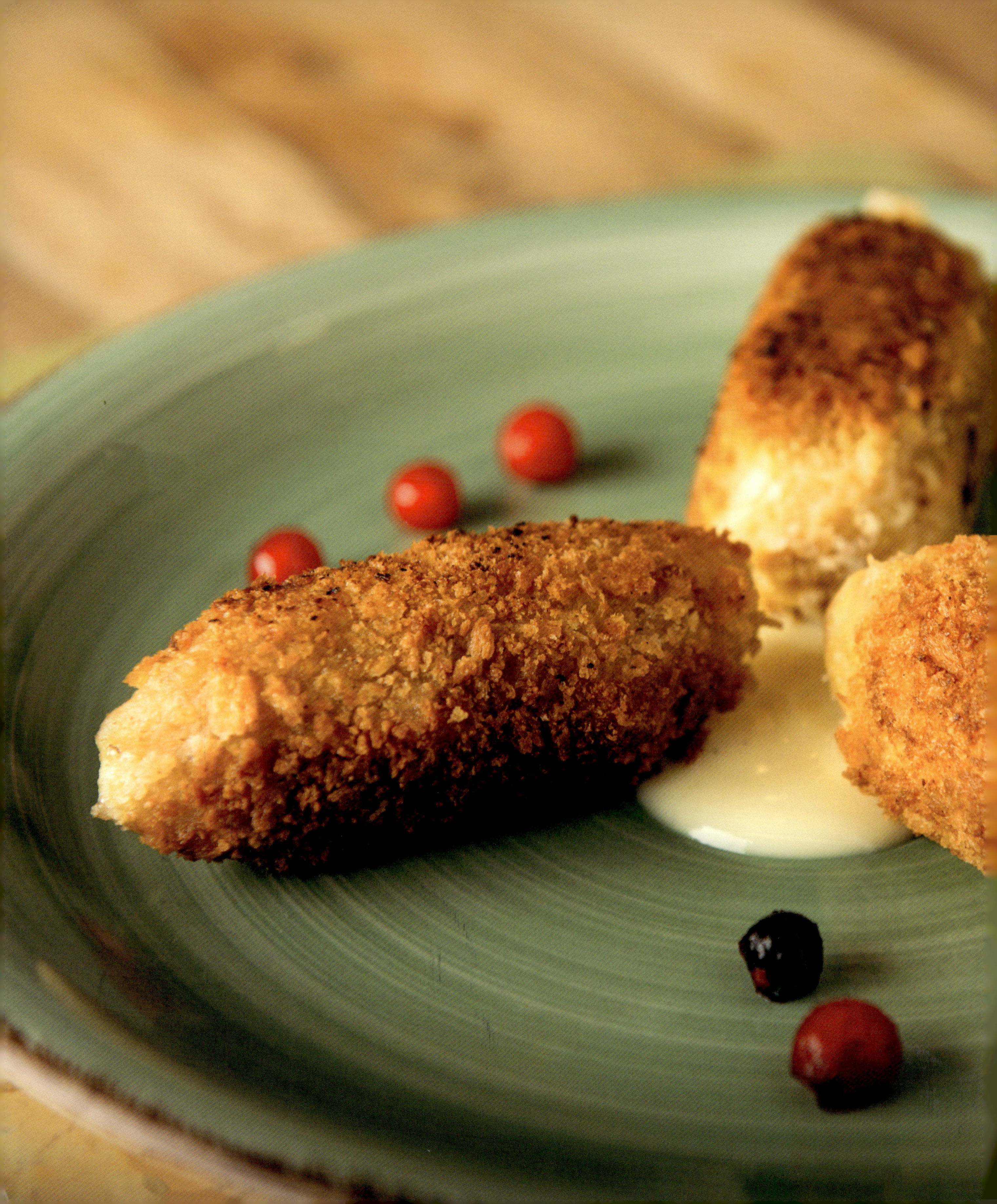

Karthäuser Kloss

Vanilleschote längs aufschneiden und das Mark auskratzen. Sahne, Milch und Vanilleschote in einem Topf leicht erwärmen und 20 g Zucker darin auflösen. Vanillemilch und 3 Eigelb verquirlen und in eine flache Schale füllen.

Brötchen längs halbieren und die Rinde auf der feinen Seite einer Reibe sehr fein abreiben. Die entstandenen Brösel mit den Semmelbröseln in einer Schüssel mischen. Die Brötchenhälften in der warmen Vanillemilch etwa **20 Minuten** einweichen, dabei mehrmals wenden (die Brötchen sollen sich vollsaugen, aber noch ihre Form und Struktur behalten).

Orangenschale fein abreiben. Die restliche Vanillemilch, 40 g Zucker, das ausgekratzte Vanillemark und die restlichen Eigelb in einem runden Schlagkessel mit einem Schneebesen verquirlen.

In einem passenden Topf im kochenden Wasserbad etwa **4–5 Minuten** cremig (dicklich) aufschlagen. Orangenschale unterrühren. Die Schüssel mit der Vanillesoße aus dem Wasserbad nehmen, warmhalten und immer wieder mal rühren.

Brötchenhälften etwas abtropfen lassen, dann in den Bröseln wenden. Restlichen Zucker und Zimt in einer Schale mischen.

Butterschmalz in einer weiten, beschichteten Pfanne erhitzen. Brötchen in Butterschmalz bei mittlerer Hitze knusprig braten, dabei mehrfach wenden. Herausnehmen, kurz abtropfen lassen und im Zimtzucker wälzen.

Karthäuser Klöße zusammen mit der Vanillesoße heiß servieren.

50 Min – ✱✱

4 Portionen:

1 Vanilleschote
60 g Schlagsahne
400 ml Milch
150 g Zucker
6 Eigelb
4 Brötchen, etwa 2–3 Tage alt
50 g Semmelbrösel
1 Orange, bio
1 TL Zimt, gemahlen
100 g Butterschmalz

Süssmäulchen

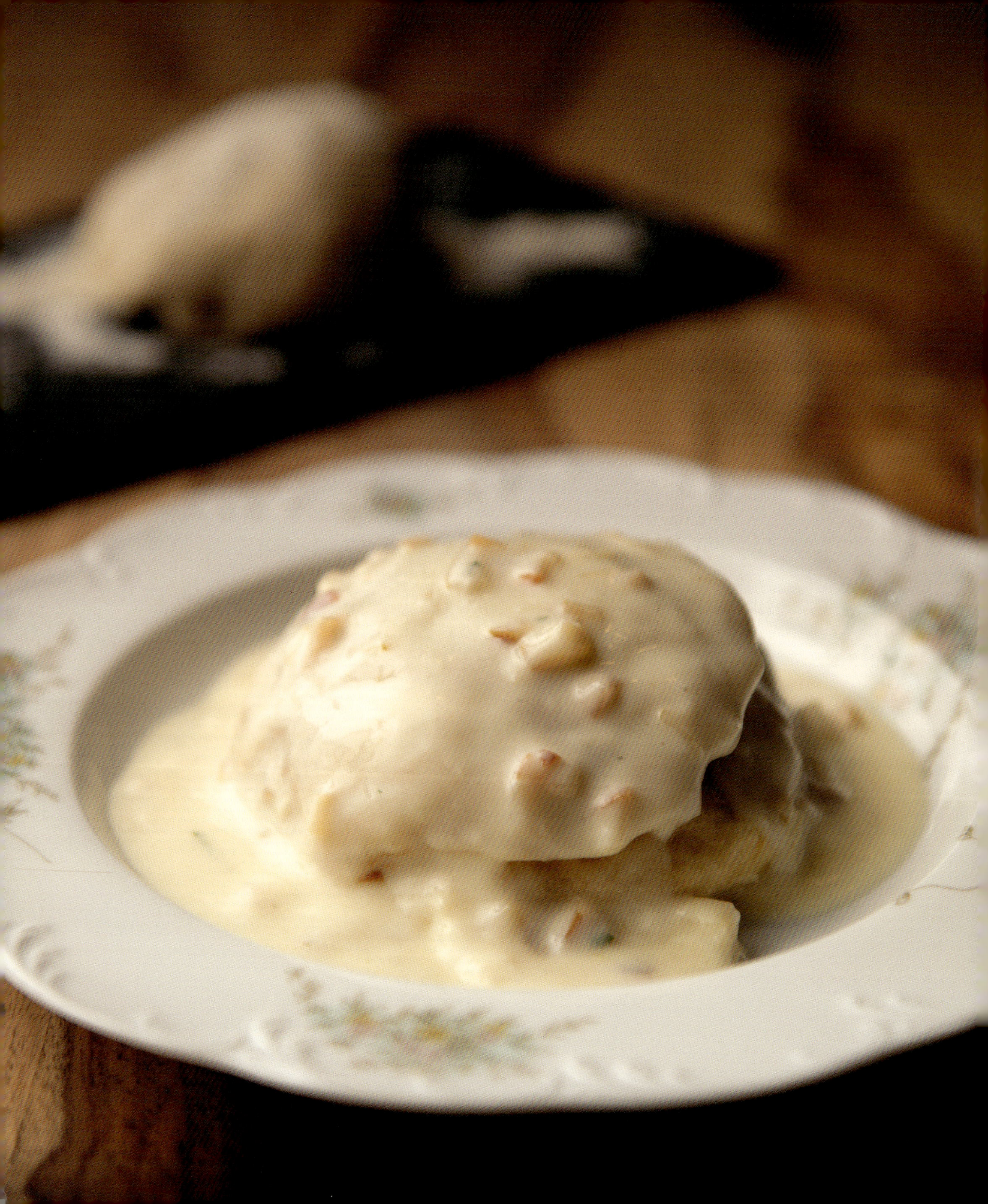

Dampfnudeln mit Weinsosse

Mehl in eine Backschüssel geben, in die Mitte eine Vertiefung eindrücken. Die zerbröckelte Hefe mit zwei Teelöffel Zucker in die Mulde geben, mit etwas lauwarmer Milch übergießen und mit etwas Mehl verrühren, so dass ein Vorteig entsteht. Zudecken, warmstellen und etwa **20 Minuten** gehen lassen.

Die Eier verquirlen und die Butter vorsichtig schmelzen. Anschließend nach und nach die restlichen Zutaten, Zucker, Milch, Eier, die flüssige, lauwarme Butter und etwas Salz dem Hefeteig hinzufügen. Den Teig gut verkneten und nochmal **20 Minuten** gehen lassen.

Daraus etwa 16 gleich große, runde Stücke von etwa 6 cm Durchmesser formen. Auf ein mit Mehl bestäubtes Backblech setzen und zugedeckt weitere **25 Minuten** gehen lassen, bis sich der Teig in etwa verdoppelt hat.

In einer großen Pfanne oder einem gusseisernen Topf etwa 3–4 Esslöffel Öl, eine Tasse Wasser und etwas Salz dazugeben und einmal aufkochen lassen. Die Dampfnudeln vorsichtig hineinsetzen und den Deckel fest schließen. Bei geringer Hitze zwischen **15 und 20 Minuten** garen, bis die Flüssigkeit verdampft ist und sich eine schöne Kruste an der Unterseite gebildet hat. Den Deckel auf keinen Fall zuvor öffnen. Die Dampfnudeln sollten noch warm serviert werden.

Weinsoße:

Die Vanilleschote längs aufschneiden und das Mark gründlich herauskratzen. Die sechs Eier trennen und die Eigelbe mit dem Zucker in einer Schüssel über einem heißen Wasserbad unter Rühren schaumig schlagen. Langsam die Milch, Vanillemark und Weißwein hinzugeben und zu einer cremigen Masse verrühren.

Die fertigen Dampfnudeln nun aus dem Topf nehmen, auf Tellern anrichten und mit der heißen Weinsoße und einer Prise Zimt servieren.

---

1 1/2 Std. – ✶✶

4–6 Portionen:

Dampfnudeln:

1 kg Mehl
40 g Hefe, frische
80 g Zucker
½ l Milch, lauwarm
4 Eier
100 g Butter
Salz
Öl, zum Backen

Weinsoße:

1 Vanilleschote
6 Eier
140 g Zucker
350 ml Milch
120 ml Weißwein

Süssmäulchen

Sascha Scherer (li.), Frankfurter durch und durch, absolvierte seine Ausbildung zum Koch 1997 in Dreieich-Götzenhain. Danach u. a. als Küchenchef im Park Plaza Hotel in Offenbach. Zudem Ausbildung zum Barkeeper und drei weitere Jahre als Barista hinter dem Tresen. Danach vier Jahre selbstständig in der Produktfotografie und rund zwei Jahre im Bereich People-Fotografie in einer kleinen Studiokette. Anfang 2017 hat er sich einen Traum erfüllt und ein eigenes Fotostudio in Neu-Isenburg mit den Schwerpunkten Food und Beverage eröffnet.

Daniel Gross (re.), gebürtiger und stolzer Hesse, durchlief nach seiner Ausbildung Stationen von der Sterneküche bis zur Gutbürgerlichen Küche. Nach einer Saison in der Normandie – Fisch jeden Morgen frisch aus dem Meer in die Küche – gewann er 2013 den „Concours des Jeunes Chefs Rotisseur". Damals plötzlich zum besten Jungkoch Hessens dekoriert, wirkt Daniel Groß heute in einem großen Frankfurter Hotel- und Restaurationsbetrieb, wo er die hessische Küche teilweise ganz klassisch, aber auch mit eigener Handschrift neu interpretiert.